Pietro Bandini

Voodoo

Von Hexen, Zombies und schwarzer Magie

Knaur

Besuchen Sie uns im Internet:
www.droemer-knaur.de

Originalausgabe August 1999

Redaktion: Redaktionsbüro Dr. Andreas Gößling, München
Umschlaggestaltung: Agentur Zero, München
Umschlagfoto: Das Fotoarchiv/Henning Christoph
Satz: Ventura Publisher im Verlag
Druck und Bindung: Clausen & Bosse, Leck
Printed in Germany
ISBN 3-426-77424-0

5 4 3 2

Inhalt

5
Die Magier des Voodoo

Anhang

Einführung

»Göttliche Reiter auf tanzenden Menschenpferden«

Die heute in der westlichen Welt vorherrschenden Bilder vom Voodookult sind überwiegend durch grelle Kinofilme geprägt. Wer *Voodoo* hört, denkt an hohläugige Zombies und skrupellose Zauberer, die bei Vollmond schwarze Hühner schlachten und fingergroße Puppen mit Nadeln durchbohren. Darüber hinaus bringt der durchschnittlich informierte Europäer den Voodookult allenfalls noch mit Versammlungen ekstatischer Kultanhänger in Verbindung, die in ritueller Trance zu hypnotischen Trommelrhythmen tanzen und den Eindruck erwecken, einer Massenpsychose anheimgefallen zu sein. Insgesamt dürfte hierzulande die Überzeugung vorherrschen, daß Voodoo eine Art Satanskult sei, in dem die Mächte der Finsternis beschworen würden, um arglose Mitmenschen bis ins Grab hinein zu terrorisieren.

Solche Zerrbilder werden zweifellos dadurch begünstigt, daß rituelle Besessenheit im Voodoo tatsächlich eine zentrale Rolle spielt: Gottheiten des Kultes dringen in den Betreffenden ein und ergreifen vorübergehend Besitz von ihm. Den Zustand, in den Besessene hierdurch geraten, bezeichnet man auch als Enstase – im Gegensatz zur Ekstase, während der sich die Seele auf Wanderschaft befindet. Besessen aber kann man nach christlicher Anschauung einzig von Satan und seinen höllischen Heerscharen sein – womit abermals bewiesen scheint, daß es sich beim Voodoo um einen abscheulichen Teufelskult handeln müsse.

Diese Einschätzung ist jedoch von der Wirklichkeit des haitianischen Voodoo in Vergangenheit und Gegenwart weit entfernt. Tatsächlich wäre es nur eine geringfügige Übertreibung zu behaupten, daß der Voodooismus nicht etwa ein Teufels-, sondern ein *Engelskult* sei. Worauf man jedoch eilends hinzufügen müßte, daß die Engel (*Loas*, *Mystères*, *Zanj*) des Voodoo keinerlei Ähnlichkeit mit jenen pausbäckigen Kindergestalten aufweisen, zu denen der Katholizismus die abendländischen Himmelsscharen herabgewürdigt hat.

Sehnsucht nach Guinea: die Götterwelt des Voodoo

Indessen sind die Greuelbilder vom meuchelmörderischen und sogar kannibalistischen Voodookult weitaus älter als die heutigen Zombies aus Zelluloid. Seiner Herkunft nach ist der haitianische Voodooismus eine Sklavenreligion, gefügt aus kulturellen Trümmern, aus bruchstückhafter Erinnerung an Götter, Gebete und Rituale, die mit den Sklaven aus Dahome, Kongo oder Nigeria in die Neue Welt verschleppt worden waren.

Die erste Schiffsladung Sklaven traf bereits Anfang des 16. Jahrhunderts an der Küste Haitis ein – wenige Jahre nachdem Kolumbus Amerika »entdeckt« hatte. Nahezu industrielle Ausmaße aber nahm die Verschleppung der Afrikaner ab der zweiten Hälfte des 17. Jahrhunderts an.

Der offizielle Vorwand für dieses hunderttausendfache Unrecht lautete, daß man die Sklaven zum Christentum bekehren und mit den Segnungen der weißen Zivilisation vertraut machen müsse. Die Wirklichkeit jedoch sah anders aus: In Massentaufen wurden die Schwarzen von katholischen Priestern flüchtig mit Weihwasser besprengt und anschließend auf Zuckerrohrplantagen und in die Goldminen getrieben. Dort kamen sie zu Zehntausenden unter der Peitsche zu Tode oder starben einfach an Hunger, Elend, Krankheit, Unterernährung – glücklicherweise aber mit der Aussicht auf ein ewiges Leben im Jenseits des weißen Mannes.

Mit der organisierten Gewalt gegen die schwarzen Sklaven wuchs jedoch auch die Angst ihrer Peiniger vor der Rache der Entrechteten. Um ihr Gewissen zu beschwichtigen, verteufelten die christlichen Herren ihre »heidnischen« Opfer als Satansbrut, die keine bessere Behandlung verdient habe. So entstanden die ersten abergläubischen Legenden und von Hysterie genährten Gerüchte um teuflische Praktiken der Voodooisten, die beispielsweise weiße Kinder entführten und den gesottenen Leichnam rituell verzehrten.

Währenddessen versuchten die Priester und Adligen, die in beträchtlicher Zahl aus den afrikanischen Königreichen verschleppt worden waren, aus den überlieferten Bruchstücken einen religiösen Ritus zu fügen, der Bedürfnissen und Gewohnheiten aller bunt zusammengewürfelten Volksgruppen entsprach. Weitaus bedeutsamer als kulturelle Unterschiede in der Bezeichnung, Anrufung oder Verehrung einzelner Götter war das allen gemeinsame überwältigende Gefühl der Entwurzelung und des Verlustes. Das Paradies des Voodoo, die Sphäre der Götter, Engel und unsterblichen Ahnen, wohin jede Seele nach dem Tod zurückkehrt, ähnelt daher weder dem christlichen Jenseits noch der Hölle Satans, dem die Voodooisten angeblich huldigten. Seine Urbilder sind vielmehr die verlorene Heimat der Verschleppten, bald schon mythisch entrückte afrikanische Königreiche namens »Dahome« oder »Guinée«.

Die Insel unter dem Meer

Im folgenden Kapitel komme ich noch ausführlich auf die Geschichte des haitianischen Voodoo zu sprechen – einschließlich seiner Abgrenzung von den autochthonen Vodunkulten im heutigen Benin wie auch von den afroamerikanischen Rudimenten des Voodoo, die etwa in der Gegend von New Orleans unter dem Namen »Hoodoo« bekannt sind. An dieser Stelle geht es vor allem um eine erste Annäherung an das Jenseitskonzept des haitianischen Voodooismus und die Beziehungen zwischen den Welten, wie diese Religion sie lehrt und in ihren Riten umzusetzen sucht.

Das mythische »Dahome« oder »Guinée« des Voodoo, Gegenstand ritualisierter Anrufungen während der Zeremonien, hat sich von den realen afrikanischen Landschaften namens Guinea oder Dahome (im heutigen Benin) vollständig abgelöst. Gewiß trifft es zu, daß etliche der wichtigsten Gottheiten des Voodoo ursprünglich aus einstigen Königreichen Afrikas stammen, aus denen sie gleichsam in den Köpfen der Versklavten mit verschleppt wurden. Aber im Verlauf der Jahrhunderte haben auch sie sich, ebenso wie Kultur und Menschen Haitis, so sehr gewandelt, daß die Unterschiede heute in mancherlei Hinsicht schwerer wiegen als verbliebene Gemeinsamkeiten mit den alten afrikanischen Stammesgöttern. Wenn also im Voodooismus heute erklärt wird, daß »Dahome« oder »Guinée« die Heimat der Götter und Geister sei, so ist selbstverständlich allen Beteiligten klar, daß nicht das wirkliche Afrika gemeint ist. Vielmehr beziehen sich diese Anrufungen auf eine mythische Unterwasserwelt, zu der die Voodooisten durch rituelle Praktiken in Kontakt treten.

Auftritt der Götter

Im Zentrum dieser Riten steht die Besessenheit: Die angerufene Gottheit taucht aus der Unterwelt empor und manifestiert sich in der Menschenwelt, indem sie sich in einem Ritualteilnehmer verkörpert. Bevor wir uns diesem – für westliche Beobachter – spektakulärsten Teil des Ritus zuwenden, gilt es zu klären, wie genau Voodooisten sich die Kontaktaufnahme zwischen Menschen- und Geisterwelt und den Übertritt der angerufenen Gottheit in unsere Welt vorstellen.

Die Gottheiten und Geister selbst, sofern sie nicht provisorisch einen Menschen in Besitz nehmen, sind unsichtbar. Als Gesamtheit nennt man sie daher auch *»les Invisi-*

bles«, ein Begriff, der von den höchsten Göttern bis zu den geringsten Geistern alle unverkörperten Wesen umfaßt. Ihre Welt ist uns verborgen, für unsere Sinne nicht faßbar, und doch wissen wir, daß sie vorhanden ist, ja daß unsere sichtbare Menschenwelt ohne die Sphäre der unsichtbaren Geister nicht bestünde.

Dieses Paradox löst sich für die Voodooisten im Symbol des »tiefen Spiegels« auf, einem Spiegel, dessen Oberfläche das Bild des Betrachters zurückwirft, darunter jedoch eine zweite, unendliche Welt verbirgt. Das Urbild dieses Spiegels wiederum, seiner Tiefe ebenso wie der das Auge narrenden Oberfläche, ist das Wasser, der Spiegel des Meeres: Wie so viele Mythen stellt auch die Kosmologie des Voodoo die Menschenwelt als auf dem Wasser schwimmende Insel vor. Darunter, lotrecht abwärts in unausmeßbarer Tiefe, befindet sich das sagenhafte »Guinée« oder »Dahome«, die Welt der Invisibles, der Götter, Engel und verewigten Ahnen.

In der Bildlogik des Voodoo berühren sich diese beiden Welten nur an einem einzigen Punkt, dargestellt als Schnittpunkt im Zentrum eines aufrecht stehenden gleichschenkligen Kreuzes: Der horizontale Balken repräsentiert die Welt der Sterblichen, der vertikale steht für die Achse, die in unvorstellbare Tiefe reicht, bis hinüber in die jenseitige Welt.

Diese symbolische Bedeutung erklärt, weshalb dem Kreuzzeichen in jedem Voodooritual eine zentrale Rolle zukommt: Zur Anrufung der Gottheit, deren Erscheinen man erbittet, zeichnet der Hungan, der Voodoopriester, das Vèvè des betreffenden Invisible auf den Boden – das

Symbolzeichen der Gottheit, dessen Grundgerüst stets aus jenem Achsenkreuz besteht. Auch das zentrale Requisit jedes Voodootempels, der Mittelpfosten oder »Poteau-mitan«, stellt nichts anderes als jene vertikale Achse dar, die den Tunnel zur Götter- und Geisterwelt bildet. In den weiß- und schwarzmagischen Praktiken im Umkreis des Voodookultes spielt dieses Diesseits-Jenseits-Konzept desgleichen eine herausragende Rolle: Um gewisse magische Wirkungen zu erreichen, legen die Zauberer präparierte Gegenstände auf Wegkreuzungen ab (siehe Kapitel 5).

Wenn jedoch immer wieder angeführt wird, die Bedeutung des Kreuzes im Voodoo beweise, daß dieser Kult dem Christentum zuinnerst eng verwandt sei, so beruht diese Annahme schlicht auf einer Mystifikation: Ikonographisch haben das Kreuz der Christen und das gleichschenklige Kreuz der Voodooisten wenig miteinander zu tun. Als Anhänger eines Kultes, der jahrhundertelang von den weißen Herren unterdrückt wurde, hatten die Voodooisten allerdings wenig Veranlassung, ihre Verfolger über diesen Irrtum aufzuklären.

Die Engel im Menschen

Auch wenn Menschen mit ihren körperlichen Sinnen die Invisibles nicht unmittelbar wahrnehmen können, besteht doch zwischen den Geistern aus dem Jenseits und den Sterblichen im Diesseits kein essentieller Unterschied.

Nach der Überzeugung des Voodoo sind lebende Menschen gewissermaßen fleischlich verkörperte Engel, und nichts anderes als Engel unterschiedlichen Ranges sind die »Loa« genannten Geister, die man in den Voodoozeremonien beschwört.[1]

Die geistig-seelische Dimension des Menschen, die in westlichen Konzepten – je nachdem, welcher Aspekt betont werden soll – als Selbst, Psyche oder Seele, als Geist, Charakter oder Persönlichkeit umschrieben wird, heißt im Voodooismus »Gros-bon-ange« (»Großer guter Engel«). Kraft dieses jedem Menschen innewohnenden Engelsaspektes haben wir alle, ob es uns bewußt ist oder nicht, bereits zu Lebzeiten auch an der jenseitigen Welt der Geister teil. Je nachdem, von welcher Welt aus man die Sache betrachtet, ist entweder der »Große gute Engel« der Schatten, den ein lebendiger Mensch in der Geisterwelt wirft – oder aber der Körper gleichsam ein fleischlicher »Schatten« des Engels in der hiesigen Welt.

Aus abendländischer Sicht ist dieses Konzept nicht ganz

1 In den meisten Publikationen zum Thema Voodoo wird das haitianische »Loa« mit »Gott« übersetzt. Angesichts der übernatürlichen Stufenleiter des Voodoo, die sich bis zur allerhöchsten Gottheit namens Bondieu erstreckt (siehe Kapitel 2), scheint es mir jedoch angemessener, die Loas (auch *Mystères* oder *Zanj* genannt) des Voodoo als Engelscharen anzusehen, deren Ränge von den Geistern geringster Ordnung bis hinauf zu machtvollen Engeln von seraphischer Größe variieren. Tatsächlich ist die Distanz zwischen den untersten Loas und den spirituell fortgeschrittensten Gros-bon-anges erheblich geringer als die Kluft zwischen den machtvollsten Loas und der höchsten Gottheit, die in ihrer Weltenferne für Loas und Menschen gleichermaßen unerreichbar scheint.

leicht zu verstehen – was sich schon daran zeigt, daß wir Mühe haben, seine zentralen Begriffe angemessen zu übersetzen. Mit dem christlich geprägten und vor allem moralisch konnotierten Wort »Seele« allein wäre der »Gros-bon-ange« unzureichend bezeichnet. Jedoch hat der im Menschen verkörperte »Engel« des Voodoo mit der Christenseele die Unsterblichkeit gemein; daher greifen auch rein psychologische Konzepte der »Psyche« oder des »Selbst« zu kurz. Auch das Wort »Engel« ist in der Christenwelt auf spezifische Weise besetzt; ich schlage dennoch vor, »Gros-bon-ange« als »Engel« zu übersetzen: Dieses Wort kommt dem voodooistischen Konzept am nächsten, zumal auch die europäische Tradition, die alttestamentarische und apokryphe Überlieferung die Vorstellung des fleischlich verkörperten Engels kennen.

Neben dem Gros-bon-ange benennt der Voodookult noch einen zweiten Engel geringeren Ranges, der gleichfalls jedem Menschen innewohne: Der »Ti-bon-ange« (»Kleiner guter Engel«) hat Ähnlichkeit mit christlichen Vorstellungen vom persönlichen Schutzengel; doch auch die innere moralische Instanz, die wir Gewissen nennen, wird vom Ti-bon-ange repräsentiert. Allerdings fassen die Voodoo-Anhänger dieses Gewissen als recht unpersönliche Instanz auf: Der Ti-bon-ange ist die innere Stimme, die uns von ethisch verwerflichen Taten abzuhalten trachtet, jedoch ohne eine engere Verbindung mit unserer individuellen Persönlichkeit einzugehen.

Wie der einzelne Mensch sich in konkreten Lebenssituationen verhält, hängt also von seinem Gros-bon-ange ab. Dieser ist die Individualität des Menschen als unsterbliche Essenz und als Idee, als abstraktes Konzept, das vor seiner Inkarnation bestanden hat und den physischen Tod überdauert. Der unpersönliche Charakter des Ti-bon-ange zeigt sich auch daran, daß er sofort nach dem körperlichen Ableben eines Menschen freigesetzt wird und wenig später in den Himmel zurückkehrt. Der »Kleine gute Engel« ist sozusagen der Anteil universeller Energie in jedem Menschen; der Licht- und Lebenstropfen, der nach unserem Tod in den kosmischen Energiepool zurückkehrt.

Dagegen gelangt der »Gros-bon-ange«, der individuelle Engel, erst nach langwierigen Zeremonien (siehe Kapitel 4, Seite 225) in die Welt der Geister zurück. Dort kann auch er – der Gros-bon-ange eines jeden Menschen – unter gewissen Voraussetzungen zum Loa aufsteigen, zu einem Engel von gottähnlichem Rang. Auf der energetisch machtvollen Stufe eines Loa aber ist jeder Engel imstande, unter bestimmten Bedingungen einen – energetisch schwächeren – Gros-bon-ange aus seiner fleischlichen Hülle zu vertreiben und diesen Körper für gewisse Zeit zu »übernehmen«, mit seiner eigenen mächtigen Persönlichkeit auszufüllen. Es ist eben diese befristete und zeremoniell geregelte »Entleihung« eines Körpers durch einen Loa, den die Voodooisten als rituelle Trance oder Besessenheit bezeichnen.

Die Allgegenwart des Göttlichen

Im Weltbild des Voodoo manifestiert sich in allen sinnlich erfahrbaren Phänomenen zugleich die übernatürliche Macht. Das gilt zunächst in einem abstrakten und umfassenden Sinn: Der große Schöpfergott Bondieu (»guter Gott«) hat das gesamte Universum erschaffen. Doch anders als der biblische Gott Jahwe hat sich Bondieu für den konkreten Schöpfungsakt zahlreicher demiurgischer Geister bedient. Ähnlich den alttestamentarischen Erz- und Racheengeln werden auch die mit dem Schöpfungswerk betrauten obersten Loas in der mythologischen Überlieferung des Voodooismus als furchtbare Gewalten beschrieben. Anders als die biblischen Engel sind die höchsten Loas jedoch regelmäßig auch in der geschaffenen Welt tätig und präsent. Nur durch ihre rastlose Aktivität wird die göttliche Energie, welche die Schöpfungswelt beseelt, immer wieder erneuert; würden sich die Loas dauerhaft in die jenseitige Welt zurückziehen, so wäre es um die geschaffene Welt schon nach kurzer Zeit geschehen.

Das erklärt, warum rituelle Besessenheit, die Manifestation von Loas während der religiösen Zeremonien, als außerordentlich willkommenes Geschehnis gilt, das die Priester und ihre Gemeinde durch zeremonielle Praktiken zu provozieren trachten: Die Loas nähren die Menschenwelt mit Lebensenergie. Als Gegenleistung fordern sie, von den Menschen durch Opfer geehrt zu werden – wobei sich die himmlischen Geister natürlich nicht von den physischen Opferspeisen, sondern von der Verehrung nähren, die sie seitens der Menschen erfahren.

So unzugänglich der höchste Gott für die Menschen auch sein mag, an ihn und seine Allmacht zu *glauben* ist für den Voodooisten kein Akt freier Wahl. Tatsächlich läßt Voodoo für religiöse Zweifel, gar für gelehrten Skeptizismus keinen Raum: Wie auch könnten die Kultanhänger am Vorhandensein übernatürlicher Mächte zweifeln, die derart handfest von ihren Körpern Besitz ergreifen?

Umgekehrt ist dem Voodoo die mystische Versenkung, die Suche nach dem Göttlichen auf dem Weg kontemplativer Weltentsagung, ebenso fremd: Warum auch sollte man die göttlichen Mächte und ihre Botschaften mühevoll in inneren Labyrinthen suchen, wenn die Geister sich in der äußeren Welt materialisieren, um dort ihre Wünsche unmißverständlich kundzutun?

Übernatürliche Reiter und »Menschenpferde«

Im abendländischen Kontext beschwört der Ausdruck »Besessenheit« Vorstellungen von teuflischer Obsession und mittelalterlichem Exorzismus herauf. »Besessenheit« klingt in westlichen Ohren fast automatisch nach »feindlicher Übernahme«, einem gewaltsamen Akt, der gegen den Willen der betroffenen Person ausgeführt wird.

Ganz anders stellen sich die Dinge in voodooistischer Sicht dar. Das Konzept des Gros-bon-ange läßt sich auch so verstehen, daß »Besessenheit« für lebendige Körper sozusagen ein Normalzustand ist: Der »besitzende« Geist belebt und beseelt den »besessenen« Körper; ohne seinen Input an Lebensenergie wäre der Körper tot. Allerdings empfinden wir mit unseren Sinnen normalerweise nicht, daß wir von unserem »Großen guten Engel« besessen sind: Sinnesapparat und Gros-bon-ange entsprechen einander so harmonisch wie Inhalt und Form oder wie eine Skulptur und das Konzept des Künstlers, das ihr zugrunde liegt. Dennoch ist der Unterschied zwischen der »normalen« Besessenheit durch den Gros-bon-ange und der rituellen durch einen Loa aus Sicht der Voodooisten nur graduell – weshalb »Besessenheit« für sie nicht den Zusammenbruch ihrer psycho-physischen Normalität, sondern eine (allerdings dramatische) Variante des Gewohnten darstellt.

Erst vor diesem Hintergrund läßt sich die eigenartige Metapher verstehen, mit der die Voodooisten den Zustand ritueller Trance bezeichnen: Der Loa, heißt es, »reitet« den Besessenen, der – genauer gesagt, dessen Körper – zum »Pferd« des sich manifestierenden Gottes oder Engels wird. Damit wird stillschweigend vorausgesetzt, daß normalerweise der Gros-bon-ange das betreffende »Pferd« reitet – bis der heranstürmende Loa ihn vom Rücken des Reittiers schleudert und sich selbst in den Sattel schwingt.

Tatsächlich verhalten sich Voodooisten im Initialstadium der Besessenheit nicht sehr viel anders als Pferde, deren Reiter plötzlich von ihrem Rücken stürzt, so daß sie mit ihrem Lenker auch die Orientierung verlieren: Sie bäumen sich auf, werden von Zuckungen geschüttelt und vollführen wilde, unkontrollierte Sprünge. Sie fühlen sich innerlich leer, wie bewußtlos; ihre Knie werden weich, schließlich zittern sie am ganzen Leib.

Nachdem ihr vertrauter »Reiter«, der Gros-bon-ange, vertrieben worden ist, schwingt sich der mächtige Loa in den »Sattel« des ihm zugefallenen Menschenpferdes: Er läßt sich im Kopf des Betreffenden nieder, wie die Voodooisten sagen. Unter diesem Angriff stürzen nicht wenige »Pferde« zu Boden, wälzen sich umher oder fallen kurzzeitig in Ohnmacht. Wenig später scheint der Besessene seine Ruhe und die Kontrolle über seinen Körper zwar wiedergefunden zu haben; sieht man jedoch genauer hin, so zeigt sich, daß er vollständig verwandelt ist. Die individuelle Person, als welche er eben noch vor uns stand, ist verschwunden; übrig geblieben ist nur sein Körper, der unverkennbar von einer anderen Wesenheit übernommen worden ist: Seine Körperhaltung, seine Gesten, seine Mimik, der Blick seiner Augen, ja selbst seine Stimme sind vollkommen verändert; in jeglicher Hinsicht gleicht der Besessene nun dem Loa, der »in seinem Kopf tanzt«.

Da die Merkmale aller großen Loas in der Mythologie des Voodoo penibel überliefert sind, läßt sich jederzeit feststellen, von welchem Engel ein Voodooist besessen ist. So erkennt der erfahrene Voodoopriester einen Loa oftmals schon an Art und Stärke der Konvulsionen des »Menschenpferdes«, mit denen sich sein Eintreffen ankündigt. Spätestens aber Gesten oder Stimmklang des »Gerittenen« verraten den Anwesenden unmißverständlich, welcher Loa sie mit seiner Präsenz beehrt. Üblicherweise halten der Voodoopriester und seine Gehilfen sogar etliche Requisiten – von Sonnenbrillen für Todesgott Gèdè bis hin zu kleidsamer Garderobe für Schönheitsgöttin Ezilie – bereit, damit die Loas ihren Charakter angemessen ausdrücken können. Auch auf diese einzelnen Merkmale der Gottheiten komme ich noch ausführlich zu sprechen (siehe Kapitel 2).

Der Besessene seinerseits kann sich später, wenn der Loa ihn wieder verlassen hat, einzig an die jähe Leere erinnern, die ihn beim Austritt seines Gros-bon-ange befiel. Die Besessenheit selbst aber, die Anwesenheit des Loa in seinem Kopf, hat keinerlei Spuren in seinem Gedächtnis hinterlassen, da sein »Großer guter Engel« – seine Persönlichkeit, sein individuelles Bewußtsein – währenddessen nicht in ihm verkörpert war.

In die christliche Kirche, sagen die Haitianer, geht man, um über Gott zu sprechen. Den Voodootempel aber sucht man auf, um – für kurze Zeit und immer wieder – ein Gott zu *sein*.

In den folgenden Kapiteln möchte ich die wichtigsten Kennzeichen des Voodookultes allgemeinverständlich skizzieren. Ich beginne mit einer Geschichte des Voodoo, die mit der Geschichte der Versklavung und Rebellion der Vorfahren der heutigen Haitianer untrennbar verbunden ist. Auf die ausführliche Vorstellung bedeutender Loas des Voodookults folgt die Darstellung der wichtigsten Zeremonien, Rituale und Würdenträger des Voodoo. Im letzten Kapitel gehe ich auch auf das Umfeld »weißer« und

»schwarzer« Magie ein, das sich vom Voodoo als einer Religion nicht gänzlich trennen läßt.

Glücklicherweise hat mich Pío Martinéz, den seine eigenen Recherchen zu Zusammenhängen zwischen Mayakultur[2] und Voodoo in den letzten Jahren mehrfach nach Haiti geführt haben, durch Untersuchungen vor Ort bei meiner Arbeit unterstützt; hierfür möchte ich ihm aufrichtig danken. Des weiteren gilt mein Dank Dr. Bernhard Hell, der das Manuskript dieses Buches unter fachlichen Gesichtspunkten durchgesehen hat.

2 Als in Deutschland geborener Maya-Nachfahre hat sich Martinéz in den letzten Jahren intensiv mit der Kultur seiner Ahnen beschäftigt. Vgl. sein Werk *Das Götterorakel von Yucatán* (München 1998), zu dem ich eine Einführung verfassen durfte. Im September 1999 erscheint *Der Maya-Kalender. Jahrbuch 2000* (München 1999) von Pío Martinéz.

1

Zwischen Religion und Rebellion: eine kleine Geschichte des Voodoo

Mit unangebrachter Herablassung wird der Voodookult häufig als »synkretistische Religion« bezeichnet – so als ob es die zweifelhafte Ausnahme und nicht die weltgeschichtliche Regel wäre, daß Religionen aus den Versatzstücken anderer spiritueller Kulte zusammengefügt worden sind.

Dieser Regelfall läßt sich anhand eines naheliegenden Beispiels leicht veranschaulichen: Die christliche Religion ging seinerzeit aus Bruchstücken der jüdischen Heiligen Schriften, Lehren und Zeremonien sowie vor allem des Mithrakultes hervor. Ohnehin galt die Jesussekte in römischer Zeit als bloße Kopie der mithräischen Religion[3]; diese war noch im ersten nachchristlichen Jahrhundert einflußreicher und weiter verbreitet als die Heilslehre, die sich in der Folgezeit bekanntermaßen durchgesetzt hat.

In der jüdischen Kultursphäre ist das Bewußtsein dafür, daß das Christentum eine bloße – aus jüdischer Sicht verfälschende – Abspaltung von der eigenen Lehre sei, während Jahrhunderten und Jahrtausenden stets wach geblieben. Umgekehrt versuchen christliche Exegeten bis heute mit einer gewissen Befangenheit zu erläutern, inwiefern die aus dem Judentum adaptierten Texte und Gebräuche gleichwohl originär christlich seien. Sehr viel leichter tun sich die abendländischen Traditionshüter mit den spiritu-

3 Vgl. Pietro Bandini: Drachenwelt. Stuttgart, Wien, Bern 1996.

ellen und symbolischen Versatzstücken, die das Christentum vor beinahe zwei Jahrtausenden vom Mithrakult entlehnt hat. Diese einst so einflußreiche Religion ist heute fast vollständig vergessen – und mit ihr die Tatsache, daß der christliche Kult insbesondere die zentrale Symbolik des sich opfernden und wiederauferstehenden Heilands von diesem wegweisenden Vorläufer des Christentums übernommen hat.

Kurz gesagt: Als »originär« gelten Religionen, deren Ursprünge in Vergessenheit geraten oder durch geschickte Traditionspflege überdeckt worden sind. »Synkretistisch« heißen dagegen solche Kulte, die zu jung, zu wenig siegreich oder zu undogmatisch sind, um ihre Ursprünge in der Manier der »Weltreligionen« zu schönen.

Von Dahome nach Hispaniola

Anders als beispielsweise Buddhismus oder Christentum kennt der Voodooismus bis heute weder kanonische Schriften noch Dogmen oder auch nur feste Riten und Hierarchien. Was unter dem Begriff »Voodookult« zu verstehen sei, wie er sich einerseits von seinen spirituellen Wurzeln (insbesondere von den afrikanischen Vodunkulten) abgrenzt, wo andererseits beispielsweise die Grenze zwischen Voodoo als Religion und voodooistischer Magie verläuft – auf all diese grundlegenden Fragen wird man vom Voodooismus selbst keine oder höchst widersprüchliche Antworten erhalten; denn auch eine offizielle Religionsgeschichtsschreibung ist diesem Kult fremd.

Daher herrscht bis heute im dem Voodooismus gewidmeten Schrifttum erhebliche Begriffsverwirrung. Bereits zwischen den autochthonen Vodunkulten Afrikas und dem haitianischen Voodoo wird vielfach nicht oder nur ungenau unterschieden. Das scheint mir jedoch eine unzulässige Vermischung zu sein: Die Religionen des heutigen Benin und der Voodookult Haitis haben zwar eine Reihe ritueller Anschauungen, Begriffe und Requisiten gemein; aber beide Kulte unterscheiden sich mindestens so sehr wie die jüdische und die christliche Religion.

Auf der anderen Seite wird seit einigen Jahren auch zwischen »Voodoo und Hoodoo« eher nachlässig unterschieden. Bei dem heutigen US-amerikanischen, vor allem in den dortigen Südstaaten anzutreffenden »Hoodoo« handelt es sich jedoch um keinen spirituellen Kult, sondern lediglich um ein Sammelsurium magischer Rudimente, die mit den Vorfahren der heutigen Afroamerikaner teils direkt aus Afrika, teils auch aus Haiti nach Nordamerika gelangten. Im Zuge des New Age sowie afroamerikanischer »Back to the roots«-Bewegungen erfreut sich Hoodoo seit einiger Zeit besonders in der Region um New Orleans wachsender Beliebtheit. Doch Hoodoo ist keine Religion mit Göttern und Kosmogonie, Priestern, Riten und Zeremonien, sondern eine lose Sammlung von Praktiken und Rezepturen, die hauptsächlich magischer Manipulation von Menschen und Dingen dienen.

In diesem Kapitel, das in groben Zügen die historische Entstehung des Voodookultes nachzeichnet, beziehe ich mich ausschließlich auf den haitianischen Voodooismus; die autochthonen Vodunkulte Afrikas werden nur insoweit berücksichtigt, als der haitianische Voodoo Bruchstücke ihrer Götterhimmel und Gebräuche adaptiert hat.

Die Ursprünge: Vodunkult in Dahome

Ehe die europäischen Kolonialmächte im 16. Jahrhundert dazu übergingen, Zehntausende Afrikaner von der »Sklavenküste« des heutigen Benin in die sogenannte Neue Welt zu verschleppen, war der Vodunkult im wesentlichen auf die altafrikanischen Königreiche von Dahome und Yoruba beschränkt. Das Wort *Vodun*, von dem sich das haitianische *Voodoo* herleitet, stammt aus der afrikanischen Fon-Sprache, die auch heute noch in Benin gesprochen wird. *Vodun* bedeutet »Gottheit« ebenso wie »Idol«, wobei stets die Konnotation mitschwingt, daß es sich um furchtbare, machtvolle, unergründliche Wesenheiten handle.

In den autochthonen Kulten der Fon waren Götter- und Ahnenkult noch eng miteinander verknüpft. Jede Sippe, jedes Dorf oder Fürstentum betete eigene Vodun an, die ihnen Schutz und Ansehen gaben und über ebenso ehrfurchtgebietende Stammbäume verfügten wie die Clans und Herrscherdynastien selbst. In komplexen Zeremonien, die ursprünglich nicht nur Ziegen- oder Hühner-, sondern auch Menschenopfer umfaßten, wurden die schrecklichen Gottheiten von den *Huno* – weiblich *Hunsi* – genannten Priestern angerufen und um Beistand angefleht. Bereits damals war es üblich, daß die angerufenen Vodun sich manifestierten, indem sie von einem Priester oder einem initiierten Tempeldiener Besitz ergriffen. Selbst das noch heute im Voodoo geläufige Bild, daß die Gottheit den Besessenen als ihr »Pferd reitet«, stammt aus der alten Kultur von Dahome.

Die oberste Gottheit der Vodunkulte trägt den Namen Mawu-Lisa und ist, wie so viele Urgötter der Völker und Zeiten, androgynen Geschlechts. Idole stellen Mawu-Lisa als doppelgesichtig oder als unzertrennliche Zwillinge dar. Der Kult um die göttlichen Zwillinge *(Marassa)*, der sowohl in den autochthonen Vodunkulten Benins als auch im haitianischen Voodoo bis heute eine bedeutende Rolle spielt, leitet sich von dieser Urgottheit her.

Wie die alte Kultur von Dahome insgesamt, war auch der damalige Vodunkult von aristokratischer Feinheit geprägt. Unter den Göttern spielte Fa, die Gottheit des Schicksals, eine herausragende Rolle. Mit Hilfe des ungemein komplexen Fa-Orakels, das mit Palmnüssen ausgeführt wurde, versuchte man die Ratschlüsse dieses Gottes zu ermitteln. In ebenso vielschichtigen Zeremonien und Ritualen huldigte man der großen Schlangengottheit Damballah oder dem Schwellengott Legba, dem Mittler zwischen den Welten der Geister und der Menschen.

Weniger subtil gaben sich die Könige von Dahome, wenn es um die Verteidigung und Erweiterung ihrer Machtansprüche ging. Kriege mit den Nachbarvölkern, namentlich mit den Yoruba, gehörten zum Alltag. Um ihren Machtbereich auszudehnen, versuchten die Potentaten von Dahome Anfang des 18. Jahrhunderts sogar, ihre Variante des Vodunkultes in ihrem gesamten Herrschaftsgebiet gleichsam als Reichsreligion zu etablieren. So gewaltig der innere Aufruhr war, den diese Tempelsäuberung und die Erhebung dahomeischer Geister zu Göttern der gesamten Region verursachte, so förderlich sollte sich diese Zwangsmaßnahme auf die Entwicklung des Voodookultes in der haitianischen Sklavenkultur auswirken: Wären der Götterhimmel und die wichtigsten Zeremonien der afrikanischen Vodunkulte im 18. Jahrhundert nicht weitgehend vereinheitlicht worden, so wäre es den als Sklaven verschleppten Priestern und Prinzen in Haiti schwerlich gelungen, aus den Trümmern ihrer Herkunftskulturen ein für alle Sklaven akzeptables religiöses System zu formen.

Als Kolumbus Hispaniola entdeckte

Bei seiner Suche nach einem Seeweg nach Indien, deren weltgeschichtliche Folgen bekannt sind, »entdeckte« Kolumbus im Jahr 1492 auch eine ausgedehnte Insel, die er Hispaniola nannte, da ihn die Landschaft an seine spanische Heimat erinnerte. Bei den Einheimischen von den Völkern der Taino und Arauak hieß das Eiland Haiti, was ungefähr »Insel voller Berge« bedeutet. Aber auf »Eingeborene« pflegte der Entdecker bekanntlich keine Aufmerksamkeit zu verschwenden – was allerdings in diesem Fall etliche seiner Leute mit dem Leben büßen mußten.

Da eines seiner Schiffe vor Hispaniola auf Grund gelaufen war, ordnete Kolumbus an, nahe der Küste ein Fort zu errichten; dort sollten sich einige Dutzend Seeleute bis zur Rückkehr der Flotte verschanzen. Als die Expedition ein

Jahr darauf abermals die Insel anlief, fanden sie von dem Fort nur noch ein paar rauchgeschwärzte Balken vor; die Siedler waren verschwunden. Ohne sich mit längeren Suchaktionen aufzuhalten, notierte der Entdecker, daß seine Männer offenkundig von Indianern ermordet worden seien; dann ließ er die Segel setzen und fuhr im Triumph der Heimat entgegen.

Für die indigenen Ureinwohner hatte die »Entdekkung« ihrer Insel katastrophale Folgen. Ohne sich durch Berichte von der Zerstörung des Forts und der Tötung der Bewohner abschrecken zu lassen, trafen die ersten spanischen Siedler auf Kolumbus' Spuren bereits Anfang des 16. Jahrhunderts auf Hispaniola ein. Anstatt sich nahe der Küste zu verschanzen, erforschten sie auf der Suche nach Goldvorkommen systematisch die Insel und errichteten an mehreren Stellen gut gerüstete Siedlungen.

Die Entdeckung einiger Goldminen von beträchtlicher Ergiebigkeit löste einen wahren Goldrausch aus. Zu Tausenden schifften sich abenteuerlustige Europäer gen Hispaniola ein. In den folgenden hundert Jahren wurden Zehntausende indigener Ureinwohner unter grausamsten Bedingungen zur Arbeit in den Minen gepreßt. Doch wie sich zeigte, eigneten sich die an bedingungslose Freiheit gewöhnten Taino und Arauak kaum zur Sklavenfron. Weder mit der Peitsche noch durch Aushungern oder demonstrative Erschießungen von Aufständischen ließen sie sich zu einer Arbeitseffizienz nötigen, die der Profitgier der weißen Herren halbwegs entsprochen hätte. Ähnlich den Maya, deren Ausrottung die Spanier in Mesoamerika etwa zeitgleich vollzogen, erhoben sich die »Indianer« Hispaniolas wieder und wieder gegen die Vernichter ihrer Lebensgrundlage und Kultur. Doch jede Rebellion schlugen die Weißen blutig nieder; eingeschleppte Epidemien taten ein übriges – schon Ende des 17. Jahrhunderts waren von ursprünglich mehr als einer Million Ureinwohnern kaum mehr sechzigtausend Menschen am Leben.

Da jedoch weiterhin große Goldvorkommen auf der Insel vermutet wurden und man sich überdies vom Zuckerrohranbau märchenhafte Profite versprach, wurden dringend tauglichere Arbeitskräfte benötigt. Die Suche nach Arbeitern, welche die Geduld der weißen Herren weder durch Starrsinn noch durch Krankheiten oder gar durch Rebellion strapazieren würden, führte rasch zum Erfolg: Die dichtbesiedelte »Sklavenküste« Afrikas quoll förmlich über vor »schwarzen Arbeitstieren«, die nicht einmal Widerstand gegen ihre Verschleppung leisteten.

Die Beute wird aufgeteilt

Anfangs nur von spanischen Siedlern und Abenteurern heimgesucht, wurde Hispaniola in der ersten Hälfte des 17. Jahrhunderts auch zum Ziel französischer Glückssucher. 1629 landete ein französisches Piratenschiff auf der kleinen Insel Tortue nördlich von Haiti. Von diesem Seeräubernest aus gingen in der Folge zahlreiche Raubzüge gegen spanische Schiffe aus, die in der Karibik kreuzten. Nach und nach wurden die Spanier so weit zurückgedrängt, daß die ersten Franzosen auch im Westen der erheblich größeren Insel Hispaniola Fuß fassen konnten. Auf die Piraten folgten Pioniere, die erste Kakao- und Baumwollplantagen anlegten.

Obwohl der spanische König Karl V. seinen Untertanen schon im Jahr 1517 die Erlaubnis erteilt hatte, 15000 schwarze Sklaven nach Hispaniola zu verschleppen, wuchs die spanische Kolonie auf der Insel weitaus langsamer als die französische Dependance. 1664 wurde die »Compagnie des Indes« gegründet, deren erklärtes Ziel es war, schwarze Sklaven im großen Stil nach Haiti zu verkaufen. Nachdem die wirtschaftliche Zukunft der Insel solcherart gesichert schien, ernannte Sonnenkönig Ludwig XIV. im Jahr darauf einen französischen Gouverneur. Nach einigen Auseinandersetzungen trat Spanien den Franzosen schließlich im Jahr 1697 das westliche Drittel Hispaniolas ab. Dieses Gebiet, das der heutigen Republik Haiti entspricht, wurde unter dem Namen Santo Domingo zur offiziellen französischen Kolonie.

Das Sklavenlager von Juda

»Freiheit, Gleichheit, Brüderlichkeit« stand keineswegs auf den Flaggen der französischen Sklavenhändlerschiffe, die ab der zweiten Hälfte des 17. Jahrhunderts an der Küste von Dahome anlegten. Doch ebensowenig läßt sich behaupten, daß der König von Dahome die weißhäutigen Menschenhändler feindselig empfangen hätte – im Gegenteil. Handelsbeziehungen zwischen weißen Händlern und den Königen und Fürsten in den Landstrichen am Golf von Benin gab es zu diesem Zeitpunkt schon seit längerem. Die schwarzen Potentaten erhandelten unter anderem Schmuck, Schnaps und Waffen und tauschten dafür in Europa begehrte Rohstoffe ein. Als nun die weißen Händler mit ihrem Wunsch herausrückten, »lebende Ware« zu erwerben, hielten sich ihre Gesprächspartner nicht lange mit ethischen Erwägungen auf.

Tatsächlich gehörte die Versklavung, wenn auch nicht der Handel mit Sklaven, in den afrikanischen Königreichen zu den gewöhnlichen Herrschaftspraktiken jener Zeit. Ja, die Könige führten sogar regelmäßig Kriege gegen ihre Nachbarn, um neben anderer Beute auch einige hundert Sklaven zu erjagen, die teils als Opfer für Vodun und Ahnen, teils als Sklaven für die Feldarbeit benötigt wurden. Man war durchaus nicht zimperlicher als die europäischen absolutistischen Herrscher, und wenn es darum ging, entstandene Lücken in der königlichen Armee aufzufüllen, wurde die Frage der Sippenzugehörigkeit, die in Kultur und Religion sonst eine so herausragende Rolle spielte, mit einem Schulterzucken abgetan: Als Krieger kämpfen und sterben konnten die eingefangenen Soldaten eines benachbarten Königreichs ebensogut wie die eigenen Streiter, die beim letzten Kriegszug umgekommen waren.

Mit einem Wort: Ohne Skrupel ging zumal der machtlüsterne König von Dahome auf das Angebot spanischer und französischer Sklavenhändler ein. Von nun an führte man Krieg hauptsächlich mit dem Ziel, menschliche Ware zu erbeuten. Um die Wende zum 18. Jahrhundert hatte der Sklavenhandel industrielle Ausmaße erreicht: Regelmäßig wie Linienschiffe kreuzten die Frachter mit ihrer elenden Ladung zwischen dem Golf von Benin und den Küsten der

Antillen. Tausende, Zehntausende Schwarzer wurden in Ketten gelegt und unter unvorstellbaren Bedingungen in den Laderäumen der Frachter zusammengepfercht. Hunderte starben regelmäßig bereits während der Überfahrt, wobei unentschieden bleiben muß, ob Krankheiten und Hunger oder die organisierte Brutalität der Wächter einen höheren Blutzoll forderten.

Im Jahr 1727 gelang dem König von Dahome der aus seiner Sicht wohl größte Coup: Seine Krieger überrannten das kleine Königreich Ouidah (das die europäischen Reisenden jener Zeit »Juda« nannten), massakrierten die Herrscherdynastie und wandelten das Land kurzerhand in ein Sklavenlager um. Königliche Menschenverkäufer standen bereit, um den weißen Händlern, deren Appetit unersättlich schien, die begehrte Ware in beliebiger Stückzahl zu verschachern. Es war ein Exodus, von dem sich Ouidah niemals mehr erholen sollte: 10 000 Menschen, nach manchen Quellen sogar die doppelte Zahl, wurden in der Folge Jahr für Jahr aus diesem gigantischen Lager namens »Juda« in die europäischen Kolonien verkauft. Niemand von ihnen, nicht ein einziger der damals Verschleppten, ist zurückgekehrt.

Ähnlich verfuhren die Potentaten von Dahome in den nächsten Jahrzehnten mit weiteren kleinen Nachbarländern: Sie zerschlugen die Königreiche und verschacherten den irgend verkäuflichen Teil der Bevölkerung an ihre Abnehmer aus dem christlichen Europa. So kam es, daß ganze Landstriche am Golf von Benin verödeten, förmlich ausbluteten – und wenn anfangs überwiegend Krieger, Söldner, Menschen aus den unteren Schichten der König-

Schnitzwerk im Museum von Ouidah zur Erinnerung an das Unrecht der Sklaverei, dem die gesamte Bevölkerung des afrikanischen Königreichs zum Opfer fiel.

reiche versklavt wurden, so waren spätestens im Lager von Ouidah alle Gefangenen, ob Prinzen, Priester oder Krieger, vor den Sklavenhändlern gleich.

Die schwarzen Götter stürzen

In einigen Landstrichen geriet der kulturelle Kahlschlag so total, daß mit den verschleppten Menschen auch viele ihrer Götter verschwanden: Nach dem Abzug der Sklavenhändler war buchstäblich niemand mehr da, der die Vodun einer zerschlagenen Sippe oder eines gestürzten Herrscherhauses noch hätte anrufen oder verehren können. Doch nicht lange danach sollten selbst solche Götter, die in der afrikanischen Heimat in Vergessenheit geraten waren, Tausende Meilen entfernt wieder auftauchen.

Genauer als aus den spärlichen Berichten der Sklaven, präziser auch als aus den lückenhaften Schiffspapieren der Menschenhändler läßt sich die Herkunft der Sklaven, die ab dem 17. Jahrhundert auf Haiti eintrafen, anhand der afrikanischen Götter rekonstruieren, die im haitianischen Voodooismus wiederauferstanden sind. Im wesentlichen handelt es sich um Vodun, die den Götterhimmeln der Fon und Yoruba entstammen: Ob Mittlergott Legba, ohne den keine Anrufung der Loas gelingen kann, oder der verehrungswürdige Schlangengott Damballah und seine Gattin Ayida; ob Ezilie, die Göttin der Schönheit und Liebe, oder Ogu, himmlischer Patron der Schmiede und Krieger – sie alle sind mit den Untertanen, welche die dahomeischen Könige erbarmungslos verschacherten, nach Hispaniola ausgewandert. Hinzu kamen einige untergeordnete Gottheiten sudanesischer oder kongolesischer Herkunft, doch die weit überwiegende Majorität der afrikanischstämmigen Loas leitet sich direkt von Vodun der Fon und Yoruba her.

Bis heute sind die haitianischen Loas sogar nach den ursprünglichen afrikanischen »Nationen« (»Nanchons«) gegliedert, nach den Gegenden, in denen sie einst heimisch waren, und den Völkern Afrikas, von denen sie in alter Zeit verehrt wurden. So unterscheidet man beispielsweise die Nanchons Congo oder Nago, Ibo oder Wangol, und in vielen Fällen nimmt ein und derselbe Loa, nur eben stammesspezifisch abgewandelt, in mehreren oder allen Nanchons einen Platz im Götterhimmel ein. Auch die bis heute üblichen Bezeichnungen für die wichtigsten rituellen Gegenstände der Voodoozeremonien und für die Priester des Kultes entstammen dem Fon. Das gilt für die erwähnte Hunsi (»Gemahlin des Gottes«) ebenso wie für die Govi (kultische Krüge für Geister und Seelen), für die Asson, die rituelle Rassel, den Humfò genannten Voodootempel und vieles weitere mehr.

Wie aber war es den Sklaven überhaupt möglich, unter grausamsten Lebensbedingungen einen so komplexen Kult wie den Voodooismus in Haiti wiederzubeleben? Immerhin ist verbürgt, daß ihre hellhäutigen Besitzer keine Mühe scheuten, um just diese für sie unheilvolle Entwicklung zu verhindern.

Zwangstaufe im Namen Christi

Von Anfang an unternahmen die Sklavenhändler ebenso wie die Herren der Goldminen oder Zuckerrohrplantagen erhebliche, durch keinerlei Skrupel gemilderte Anstrengungen, um die Erinnerung der Sklaven an ihre Heimat zu tilgen und auf diese Weise ihren Widerstand vollends zu brechen. So wurden die Verschleppten auf den Frachtschiffen bewußt so kümmerlich ernährt, daß sie selbst für rebellische Gedanken zu entkräftet waren. Mit maschineller Regelmäßigkeit wurden die Angeketteten während der Überfahrt immer wieder ausgepeitscht, damit sie auch die letzten Reste an Mut und Hoffnung verloren.

Auf Haiti eingetroffen, ließ man die schwächeren Sklaven, die schon diese Tortur nicht überlebt hatten, ohne Federlesens verscharren; den eingeschüchterten Rest unterzog man weiterer Gehirnwäsche. So erhielt jeder Sklave einen neuen Namen, wobei sich die weißen Herren einen Spaß daraus machten, ihre Opfer mit Namen aus der griechischen Mythologie oder der römischen Geschichte zu belegen. Sodann verbot man »Zeus« oder »Cäsar« bei Androhung weiterer Strafen, sich jemals wieder von gleich wem bei seinem alten Namen anreden zu lassen oder irgendeinen seiner Leidensgenossen nach alter Sitte anzusprechen. Um möglichst zu verhindern, daß die Sklaven überhaupt gemeinsame Erinnerungen behielten, wurden sie überdies nach Kräften durcheinandergemischt, ehe man sie auf die diversen Minen und Plantagen verteilte. Unter allen Umständen mußten Familienangehörige voneinander getrennt werden; wenn irgend möglich, verhinderte man, daß auch nur Mitglieder ein und desselben Stammes künftig zusammen arbeiten würden. Von ihren Wurzeln abgeschnitten, ihrer Traditionen und Erinnerungen beraubt, würden die Sklaven ihr restliches Leben damit verbringen, unterwürfig die Befehle ihrer Herren zu befolgen, bis sie von den unmenschlichen Bedingungen ausgelaugt wären und nach wenigen Jahren gegen frische Arbeitskräfte aus den unerschöpflichen Reservoiren von Dahome ausgetauscht würden.

So zumindest lautete das Kalkül der Masters. Und in der Tat hätte seinerzeit kaum jemand wetten mögen, daß dieser Plan überhaupt scheitern könnte. Nach Berichten aus dem 18. Jahrhundert waren die Sklaven Haitis nahezu rund um die Uhr damit beschäftigt, die Befehle ihrer Herren auszuführen und in der kärglichen Ruhezeit ihr eigenes Überleben zu sichern. Vor Anbruch des Tages wurden sie auf die Felder getrieben; um acht Uhr durften sie eine kurze Frühstückspause einlegen, um sodann bis zwölf Uhr mittags ohne Unterbrechung in scharfem Tempo weiterzuarbeiten. Nach einer Mittagspause bis zwei Uhr wurde die Arbeit bis Einbruch der Nacht, oftmals sogar bis zehn oder elf Uhr abends fortgesetzt. Die zweistündige Mittagspause und die freien Tage, die man ihnen – mit Rücksicht auf den katholischen Kalender – an Sonn- und Feiertagen wohl oder übel einräumen mußte, nutzten sie, um Feldfrüchte für den eigenen Überlebensbedarf anzubauen.

Demnach mußte jeder Sklave in Santo Domingo durchschnittlich 16 Stunden täglich arbeiten, unter mörderischen klimatischen und hygienischen Bedingungen, bei höchst unzureichender Ernährung, systematisch eingeschüchtert, isoliert, bei der kleinsten Unachtsamkeit mit der Peitsche oder ärgerem bestraft. Nach zuverlässigen Berichten betrug die Lebenserwartung dieser elenden Opfer abendländischer Doppelmoral kaum jemals mehr als ein Jahrzehnt.

Doch nicht nur diese geringe Lebenserwartung erklärt, weshalb es die weißen Herren bei einer sehr oberflächlichen Christianisierung ihrer schwarzen Sklaven bewenden ließen. Offiziell konnte man den Verschleppten und Entrechteten zwar zumindest dieses Recht – als christlich Getaufte zu krepieren – nicht verwehren. Tatsächlich war sogar die Behauptung zu vernehmen, man habe die Afrikaner überhaupt nur deshalb verschleppt, um sie in der läuternden Umgebung der haitianischen Minen und Plantagen die Segnungen der christlichen Zivilisation kosten zu lassen. Aber trotz derart geschmeidiger Beteuerungen scheint man stillschweigend übereingekommen zu sein, daß die Sklaven für die Frohe Botschaft noch nicht reif seien. Jedenfalls begnügten sich die katholischen Priester vor Ort damit, die zu Massentaufen zusammengetriebenen Schwarzen flüchtig und mehr oder minder kommentarlos mit Weihwasser zu besprengen. Anschließend jagte man sie in die Minen und Plantagen zurück.

An dieser Realität änderte auch der »Code noir« nichts, den Ludwig XIV. im Jahr 1685 erließ. »Alle Sklaven«, befiehlt der Sonnenkönig, »die sich auf unseren Inseln aufhalten, sind zu taufen und in der katholischen, apostolischen und römischen Religionslehre zu unterweisen. Einwohner, die neu ankommende Neger kaufen, müssen den Gouverneuren und Intendanten dieser Inseln bei Strafe spätestens nach Ablauf von acht Tagen davon Mitteilung machen. Die Behörden werden ihnen innerhalb einer angemessenen Frist die nötigen Anweisungen für die Unterweisung und Taufe der Sklaven geben.«

Die »Unterweisung« fiel jedoch dürftig, die Bestrafung der Säumigen gänzlich aus. Offenbar war den Verantwortlichen rechtzeitig aufgegangen, daß man die Botschaft Jesu mit ihren Geboten der Nächstenliebe, des Mitleids und der Gerechtigkeit vor den Zwangsbekehrten besser geheimhielt. Auch wenn vielfach behauptet wurde, die Minen- und Plantagenbesitzer Haitis hätten den großherzigen und wahrhaft christlichen Plan des französischen Königs hintertrieben, erweist sich der »Schwarze Code« bei genauerer Lektüre als Erlaß von kalkulierter Wirkungslosigkeit: Kein Wort der Empörung findet sich darin zur menschenunwürdigen Lage der Schwarzen; statt dessen werden die Sklaven, ob getauft oder nicht, neuerlich zum rechtlosen Eigentum ihrer weißen Herren erklärt. Zu wahrhaft ruchloser Doppelzüngigkeit schwingt sich der Sonnenkönig schließlich auf, indem er den Masters, die ihre Sklaven schlecht behandeln, empfindliche Strafen androht, zugleich aber dekretiert, daß schwarze Zeugen vor Gericht nicht zugelassen seien. Im übrigen wurde den Sklaven die Ausübung jeder anderen Religion als des Katholizismus bei Androhung furchtbarer Strafen untersagt.

Dem inhaltsleeren Akt der Besprengung mit Taufwasser unterzogen sich die Sklaven gleichwohl bereitwillig, da sie als Getaufte zumindest am Leben auf der Plantage teilnehmen durften und in dieser Hinsicht den kreolischen Schwarzen gleichgestellt wurden. Dieser strategischen Erwägungen ungeachtet, war es aber wohl gerade die zynische Zwangsbekehrung, die den Sklaven den letzten Anstoß zur Rückbesinnung auf die Vodun der alten Heimat gab. Der Ungnade ihrer weltlichen Herren vollkommen ausgeliefert, von der verheißenen Gnade des weißen Gottes ebenso vollkommen ausgeschlossen, hatten sie nur noch die Wahl, in einem letzten verzweifelten Versuch ihre eigenen Traditionen wiederzubeleben – oder sich ein für allemal aufzugeben, von allen Göttern verlassen, aller Menschlichkeit beraubt.

Da der gekreuzigte weiße Heiland ihnen offenkundig nicht beistehen würde, mußten sie eben versuchen, die Hilfe Legbas, Damballahs und Ogus zu erflehen.

Die Rückkehr der alten Götter

Bedenkt man die körperliche Erschöpfung, unter der die Sklaven ständig litten, ihre Unterernährung, den fast vollkommenen Mangel an verfügbarer Zeit und die furchtbaren Strafen, die beim geringsten Verstoß gegen die allgegenwärtigen Verbote drohten, so mutet es fast unglaublich an, daß ihnen gleichwohl eine Renaissance ihrer alten Religion gelang.

Die ersten Versuche, den Vodunkult in der Sklaverei wiederzubeleben, wurden im übrigen nicht lange nach Ankunft des ersten Sklavenschiffes unternommen – und von Anfang an verbanden sie sich mit Impulsen des Widerstands, der Flucht, des Ungehorsams, auch der offenen Rebellion. Diese subversive Tradition begann noch unter spanischer Herrschaft, angeblich bereits im Jahr 1522, als die ersten Sklaven den Aufstand probten. Etliche von ihnen entwichen aus den Minen in die schwer zugänglichen Berge Haitis, und wie sehr erst die Spanier, später die Franzosen die Entflohenen fürchteten, geht aus dem Namen hervor, den diese Fluchtbewegung erhielt: *Marronage* leitet sich vom spanischen *Cimarron* her, einem Ausdruck für ein gezähmtes Tier, das sich in eine wilde Bestie zurückverwandelt hat.

Wer die Wörter *Marron* und *Marronage* hörte oder aussprach, dachte jedenfalls nicht an furchtsam entlaufene Schwarze, sondern an geheime Zusammenrottung, blutige Überfälle und teuflische Greueltaten. Denn von Anfang an verband sich die Angst vor aufständischen Sklaven mit Schreckensgeschichten von heidnischen oder satanischen Kulten, denen die Marrons in den Hügeln Haitis angeblich huldigten.

Die Geheimbündler in den Bergen müssen jedoch ab einem frühen Zeitpunkt über feste Kontakte zu Vertrauensleuten in den Minen und Plantagen verfügt haben. Andernfalls wären sowohl ihre Aufstände als auch die Wiederbelebung alter Götterkulte eine Angelegenheit geblieben, die nur diese Minderheit von Desperados betraf. Darüber hinaus muß es sowohl unter den Marrons als auch in den Plantagen eine erkleckliche Anzahl von kultisch Initiierten gegeben haben: Priester, Prinzen, andere hohe Adlige aus den dahomeischen Dynastien, die in das esoterische Wissen um Anrufung und Verehrung der Vodun, um Zeremonien und rituelle Besessenheit eingeweiht waren. Anders ließe sich jedenfalls nicht erklären, daß in

Haiti spätestens ab dem Ende des 18. Jahrhunderts ein voodooistischer Kult von erstaunlicher Komplexität betrieben wurde.

Bereits ein Jahrhundert vorher berichtet ein gewisser Pater Labat von bruchstückhaften weiß- und schwarzmagischen Praktiken, Gesundungs- ebenso wie Schadenzauber, die offensichtlich unter den Sklaven geläufig waren. Man möge doch erst einmal die Zauberer aussortieren, ehe man die Sklaven taufe, mahnte der Geistliche. Sein Appell wird insoweit erfolgreich gewesen sein, als man einige vermeintliche Magier ergriff und einsperrte oder gleich erschlug; ansonsten aber blieb es bei Massentaufen ohne nähere Verkündung der Botschaft Christi.

Wenig nach der Wende zum 18. Jahrhundert scheinen mehr und mehr Schwarze, ungeachtet chronischer Erschöpfung und drohender Strafen, zu geheimnisvollen nächtlichen Versammlungen zusammengetroffen zu sein, die aus verschollenen Gründen *Calenda* hießen. Bei diesen Versammlungen auf Waldlichtungen wurde, wie die Obrigkeit vermerkte, zu wilden Trommelrhythmen ausschweifend getanzt. Die Entwicklung beunruhigte die Regierung so sehr, daß sie allerlei Verbote und Einschränkungen erließ: Die Sklaven mußten sich jede Tanzveranstaltung vom Polizeirichter genehmigen lassen; spätestens um neun Uhr abends hatte die Calenda beendet zu sein; Plantagenbesitzer, die solche Versammlungen auf ihrem Gelände duldeten, wurden mit Geldstrafen belegt. Ab 1765 gab es sogar eine bewaffnete Truppe in Santo Domingo, deren Aufgabe es war, »Versammlungen der Neger aufzulösen«. Spätestens um diese Zeit war der Voodooismus, wenn auch noch nicht unter diesem Namen, für die Obrigkeit zu einem ernsthaften Problem geworden.

Aus dem Jahr 1797 datiert die erste schriftliche Erwähnung und ausführliche Beschreibung einer haitianischen Voodoozeremonie. Der französische Globetrotter und Reiseschriftsteller Moreau de Saint-Méry, seinerzeit geschätzt wegen seiner farbigen Schilderungen exotischer Gebräuche, wird zum Zeugen ritueller Anrufung einer Schlangengottheit. Das Geheimtreffen der Voodooisten findet in schwarzer Nacht statt, an einem »vor den neugierigen Blicken der Nichteingeweihten geschützten Ort«. Auf dem Altar der Gottesdiener steht ein vergitterter Käfig, darin eine Schlange, welche die von den Voodooisten angebetete Gottheit sei. Das Wort »Voodoo«, erläutert Saint-Méry, bedeute »allmächtiges und übernatürliches Wesen«, womit eben die von den Voodoojüngern angerufene göttliche Schlange gemeint sei.

Die Zeremonie wird von einem Großpriester und einer Priesterin geleitet, die als »Häupter der großen Voodoo-Familie« verehrt werden. Die Gemeinde ist ihnen, die auch als »Herr und Herrin« angesprochen werden, unbedingten Gehorsam schuldig; auch die Geschenke und Opfer für die Gottheit überreicht man dem Oberpriester und der Priesterin, die allein den Willen der Schlangengottheit auslegen und entscheiden, wer in die Gemeinschaft aufgenommen wird und wer nicht.

Nachdem »König und Königin des Voodoo« einige zeremonielle Handlungen vollführt und langwierige Reden gehalten haben, treten die Initiierten in hierarchischer Abstufung an den Altar und rufen den Schlangengott an.

Anders als Damballah im haitianischen Voodoo wurde der afrikanische Vodun Dan noch im 18. Jahrhundert mit natürlichen Schlangen identifiziert. Dieser Stich illustriert die Tötung aller Schweine in einem westafrikanischen Königreich, nachdem ein Schwein eine heilige Schlange getötet hatte.

Jeder trägt dem Voodoo seine Wünsche vor; dann klettert die Priesterin auf den Schlangenkäfig, wo sie in Trance fällt. Der Schlangengott ergreift Besitz von ihr. Sein Wesen ergreift sie. Die Voodookönigin wird unruhig, sie beginnt zu zucken, wird von Krämpfen geschüttelt, und auf dem Höhepunkt der Besessenheit beginnt sie in Zungen zu reden: Der Schlangengott spricht durch ihren Mund. Nach einem Ziegenopfer und dem geheimbündlerisch mit Blut besiegelten Schwur, bis in den Tod über alles Erlebte zu schweigen, endet dieser Teil der Zeremonie.

Doch darauf folgt der Tanz, das Dröhnen der Trommeln, der für den Europäer aufwühlendste Teil des Rituals. Die Novizen tanzen um den Schlangenkäfig, sie alle nun von der Gottheit besessen, taumelnd, an allen Gliedern zuckend, stammelnd in tiefer Trance. »Die einen fallen in Ohnmacht, andere werden von rasender Wut erfaßt; alle leiden unter einem nervösen, nicht zu beherrschenden Zittern. Sie drehen sich immerfort um sich selbst. Und während einige in einer Art von Bacchanal ihre Kleider zerreißen und sich sogar ins eigene Fleisch beißen, sind andere nur ihrer Sinne beraubt und fallen zu Boden.«

Zu diesem Zeitpunkt scheint Saint-Méry seinerseits schon recht benommen zu sein; jedenfalls läßt die Schärfe seiner Beobachtung nach. Zum Abschluß der Zeremonie, schreibt er, seien alle berauscht gewesen, und zwar durch »magnetische Ströme«. Die solcherart Benebelten würden in einen Nebenraum getragen, wo »in der Dunkelheit auf abstoßende Weise Unzucht getrieben wird« – eine Behauptung, die wohl kaum auf eigener Anschauung beruht, sondern lediglich die von der Leserschaft erwarteten skandalösen Ausschweifungen bezeugt.

Ansonsten aber ist diese frühe Schilderung einer haitianischen Voodoozeremonie durchaus glaubwürdig. Das zeigt sich schon daran, daß wesentliche rituelle Elemente der damaligen Geheimversammlung noch in heutigen Anrufungen der Loas wiederkehren. Priester und Priesterin – Hungan und Mambo – zelebrieren damals wie heute die Zeremonie. Zu den verehrten übernatürlichen Wesen zählt auch heute noch Damballah, die Schlangengottheit; allerdings ist es seit langem nicht mehr üblich, ihn durch natürliche Schlangen zu repräsentieren. Jedoch wird auch durch andere Quellen bestätigt, daß in Voodootempeln leibhaftige Schlangen hausten – ähnlich wie bei den Naga- und Pythiakulten im alten Indien beziehungsweise im vorolympischen Griechenland.

Indessen dürfte Saint-Mérys Annahme, daß die Voodooisten neben dieser Gottheit keine anderen übernatürlichen Wesen verehrt hätten, auf einem Irrtum beruhen. Denn während in den dahomeischen Vodunkulten vielfach allein die Gottheit der herrschenden Dynastie verehrt wurde, öffnete sich der Voodooismus für die zahlreichen Götter, Engel und Geister, Loas, Mystères und Zanj der unterschiedlichen Sippen, Clans und Völker, aus denen sich die haitianische Sklavengesellschaft zusammensetzte.

Hinzu kamen katholische Einflüsse, die sich allerdings auf liturgische Komponenten und die »strategische« Identifizierung katholischer Heiliger mit voodooistischen Loas beschränken. Auch die religiösen Vorstellungen der indigenen Ureinwohner, mit deren versprengten Völkerresten die »Marrons« zweifellos in Kontakt standen, haben einen gewissen Einfluß auf die Zusammensetzung des voodooistischen Götterhimmels ausgeübt. Hierauf komme ich in den folgenden Kapiteln noch zu sprechen. An dieser Stelle ist vor allem hervorzuheben, daß sich der Voodooismus von den autochthonen Vodunkulten Afrikas nicht zuletzt durch eine erheblich größere Vielfalt an Göttern und Gebräuchen unterscheidet.

Zaubern für die Freiheit: Voodoo als revolutionäre Bewegung

Je höher die Zahl der Sklaven stieg, desto mehr schwoll auch die Menge der Marrons an, die in die Hügel Haitis entflohen waren. Unter unsäglich widrigen Bedingungen gelang es den Flüchtlingen, ihr Überleben immer besser zu organisieren: So gut es gehen mochte, betrieb man auf dem kargen Boden eine primitive Landwirtschaft, immer auf der Hut, Tag und Nacht bereit zur Flucht vor den Häschern, die mit eigens aus Europa eingeführten Bluthunden die Berge nach Marrons durchsuchten.

Es leuchtet ein, daß gerade jene Verschleppten, in denen die Erinnerung an Afrika noch am frischesten, das Vertrauen in die Macht der alten Götter noch nicht erloschen war, am ehesten die Flucht aus den Plantagen wagten. Wen die Menschenjäger wieder einfingen, der hatte in der Regel sein Leben verwirkt: Falls ihn die Bluthunde nicht gleich zerfleischten, wurde er wenig später von Exekutionskommandos der französischen Kolonialarmee füsiliert. Doch die Marrons lernten rasch, gegen das übermächtige Entsetzen die einzige Waffe einzusetzen, über die sie geboten: die Rückbesinnung nicht allein auf Götter und religiöse Gebräuche Afrikas, sondern auch auf die Hexen- und Zauberkunst der alten Heimat.

So kamen die Voodoopriester und Eingeweihten auch von dieser Seite wieder zu Ansehen: Sie waren es schließlich, die Schadenzauber, Anhexen von Krankheiten und ähnliche Magie ebenso beherrschten wie Herstellung und Gebrauch von Giften aller Art. Und so traten im vorrevolutionären Haiti die ersten Voodooführer auf die Bühne: charismatische Gestalten, die den Sklaven und Marrons Identität und Selbstvertrauen zurückgaben, indem sie die Renaissance der alten Götter organisierten, und die dem Voodooismus überdies ein politisches Ziel verliehen: Sturz der weißen Tyrannen und Zerschlagung des Systems der Sklaverei.

Ein Magier lehrt die Weißen das Fürchten: François Makandal

Einer der ersten charismatischen Voodooführer war François Makandal. Mitte des 18. Jahrhunderts versetzte er die weißen Herren und Häscher Haitis in Angst und Schrecken: Zahllose Giftanschläge, denen Dutzende Plantagenbesitzer, Aufseher und Militärs zum Opfer fielen, stärkten seinen Ruf als unbesiegbarer Zauberer. Überdies festigte er das Selbstvertrauen fliehender oder rebellierender Sklaven, indem er sie mit magischen Amuletten, genannt *Gardecorps*, versah. So tief haben sein Namen und seine Taten sich dem kollektiven Bewußtsein eingeprägt, daß Amulette und magische »Gifte« in Haiti bis heute als *Makandal* bekannt sind.

Nach zeitgenössischen Berichten war er auf einer Plantage von einem Aufseher zum Krüppel geschlagen worden. Dennoch gelang es ihm, in die Berge zu fliehen, wo er eine Gruppe zu allem entschlossener Marrons um sich scharte. Er prophezeite, daß die Herrschaft der Weißen gebrochen werde, und rief 1757 zum Aufstand, um seine Prophezeiung eigenhändig wahrzumachen. Auch wenn seine Rebellion scheiterte, flößte Makandal den weißen Herren erstmals die Ahnung ein, daß ihre Herrschaft eines baldigen Tages blutig enden könnte.

Noch seine Niederlage verwandelte er für das Bewußtsein derer, die an ihn glaubten, in einen magischen Sieg: Nach seiner Verhaftung wurde er zur Verbrennung bei lebendigem Leib verurteilt. Seinen Anhängern ließ er jedoch verkünden, daß er unsterblich sei. In Gerüchten hieß es, Makandal werde, zu einer Fliege verwandelt, dem Scheiterhaufen entkommen. Als er dann an den Pfahl angebunden stand und die Flammen ihn erfaßten, verlieh der Schmerz ihm solche Kräfte, daß er den Pflock aus dem Boden zog und mit ihm zu Boden stürzte. »Makandal siegt über Feuer und Tod!« schrien die Massen, doch ihre Freude kam zu früh: Wächter ergriffen den vor Schmerz halb Besinnungslosen, warfen ihn zurück in die Flammen, und diesmal mußten seine verzweifelten Anhänger zusehen, wie er elend umkam und sein Körper zu Asche verbrannte. Aber so unerschütterlich war damals schon sein Ruf als Mann von übernatürlichen Kräften, daß noch heute in Haiti viele Leute schwören, Makandal sei damals dem Flammentod entkommen.

Eine Folge seines Wirkens und der Taten vieler weiterer Voodooführer war, daß unter den Weißen Haitis in der zweiten Hälfte des 18. Jahrhunderts ein geradezu hysterischer Aberglaube grassierte. Ob der Glaube an Zauberkräfte mit der christlichen Lehre in Einklang stand oder nicht, ob man als »aufgeklärter« Europäer eben noch die törichten Schwarzen verhöhnt hatte, weil sie in magischem Denken befangen seien – das alles spielte plötzlich keine Rolle mehr. Denn Tatsache war, daß zu Makandals Lebzeiten Dutzende Weißer unter rätselhaften Umständen ums Leben kamen – und auch nach seinem gewaltsamen Ende riß die Serie mysteriöser Todesfälle in der weißen Bürgerschicht nicht ab.

Die Voodooverschwörung von Bois-Caïman

Zur fiebrigen Stimmung im Haiti der Jahre und Jahrzehnte nach Makandal trug sicherlich bei, daß das französische Mutterland mehr und mehr von vorrevolutionären Beben erschüttert wurde. Die Forderung nach Freiheit, Gleichheit, Demokratie, die wenig später die europäischen Gesellschaftsstrukturen umwälzen sollte, rief auch auf der Karibikinsel vielfache Resonanzen hervor.

Haiti war zu dieser Zeit die reichste französische Kolonie. In der weißen Bürger- und Oberschicht wurde lebhaft debattiert, ob man die Stunde nicht nutzen solle, um sich vom Mutterland loszusagen. Für diesen Plan sprach, daß man sich von Frankreich mehr und mehr geknebelt fühlte: Paris bestand auf »exklusiven Handelsbeziehungen« mit der Insel, was in der Realität bedeutete, daß Haiti seine Waren an kein anderes Land verkaufen durfte und Frankreich die Preise diktierte. Jedoch zogen die Weißen bei ihren rebellischen Bestrebungen nicht in Betracht, daß sie mit einem Bevölkerungsanteil von 40 000 Personen gegenüber 400 000 bis 500 000 schwarzen Sklaven und 30 000 Mulatten eine Minderheit bildeten, deren Vormacht und Reichtum auf dem krassen Gegenteil revolutionärer Gleichheit beruhten.

Es dauerte nicht lange, da griffen auch die Mulatten Haitis die jakobinischen Parolen auf und forderten, endlich die gleichen Rechte wie die Weißen zu erhalten. Auf die erbarmungswürdige Lage der schwarzen Sklaven hatten die Agitatoren in Paris zwar bislang wenig Aufmerksamkeit verschwendet. Das hinderte die Sklaven Haitis jedoch nicht, ihrerseits den Aufstand zu proben, kaum daß in Paris die Republik proklamiert worden war. Anstelle radikaldemokratischer Agitatoren waren es in Haiti jedoch voodooistische Verschwörer, die zur Revolte aufriefen.

Die Versammlung der Verschwörer im »Krokodilwald« (Bois-Caïman), einem unwegsamen Gehölz in den Bergen Haitis, ist so geheimnisumwittert und von Legenden verklärt, daß man heute kaum mehr herausfinden kann, was damals wirklich geschah. Doch immerhin steht fest, daß am

14. August 1791 die Initialzündung zum Aufstand der Sklaven erfolgte.

Mehr als drei Jahrzehnte waren vergangen, seit François Makandal die Vertreibung der Weißen prophezeit hatte. Viele Voodooisten, zumal in Kreisen der Marrons, warteten seitdem ungeduldig auf den Tag, da die Verheißung eintreffen würde. Zahlreiche Geheimtreffen zwischen den Aktivisten der Bewegung müssen dem 14. August 1791 vorangegangen sein: An diesem Tag versammelte der charismatische Voodooführer Boukman Dutty eine große Menge Sklaven auf einer Lichtung im Bois-Caïman nahe Morne-Rouge, um »allem Zögern entgegenzuwirken und sich einer absoluten Ergebenheit zu versichern«, wie es in einem haitianischen Schulbuch später hieß.

Als Voodoopriester versäumte es Boukman sicherlich nicht, die alten afrikanischen Götter um Beistand anzurufen; als politisch gewiefter Verschwörer wird er auch um die aufrüttelnde Wirkung der Zeremonie gewußt haben. Auf dem Höhepunkt trat eine junge Priesterin namens Cécile Fatiman auf, die ein Messer schwang, tanzend afrikanische Ritualformeln sang und schließlich ein schwarzes Schwein opferte. Das Schwein galt als Symbol der Verschwiegenheit; sein Blut versiegelte die Münder aller, die davon tranken – und an jenem Tag tranken, wie die Legenden versichern, alle Verschwörer von dem dampfend warmen Lebenssaft. Jeder von ihnen leistete den Schwur, lieber zu sterben als sich länger unter der Knute der Weißen zu beugen.

Sodann folgten langwierige und erregende Riten, in deren Verlauf Boukman Dutty etwa folgende Rede gehalten haben soll: »Der Gute Gott, der die Sonne erschaffen hat, die über uns leuchtet, der die Fluten lenkt und den Donner grollen läßt – dieser Gott hoch über den Wolken wacht über uns. Er sieht alles, was die Weißen tun. Der Gott der Weißen verlangt Verbrechen von ihnen; unser Gott fordert uns zu guten Taten auf. Aber dieser Gott, der so gut ist, verlangt Rache! Er wird unsere Hände lenken; er wird uns beistehen. Laßt ab vom Gott der Weißen, der nach euren Tränen dürstet, und hört auf die Stimme der Freiheit, die in unser aller Herzen ist.«

Erst in der Morgendämmerung gingen die Verschworenen auseinander und kehrten lautlos zu ihren jeweiligen Herren zurück. Nur wenige Tage später lagen die weißen Plantagenbesitzer in ihrem Blut, und die halbe Insel brannte lichterloh.

Der große Befreiungskrieg

Später hat man die dramatischen Ereignisse auf vielerlei Weise zu erklären versucht, aber ein Hauch von – wenngleich schaurigem – Zauber haftet dem Geschehenen bis heute an. Daß die Aufständischen zehnmal so viele Köpfe zählten wie die weißen Herren, besagt wenig: Eine Kanone vermag, wenn es ums Töten geht, bekanntlich mehr als tausend nackte Fäuste. Aber die Aufständischen waren nicht auf ihre bloßen Hände angewiesen: Die Götter des Voodoo, ihre Verheißungen und magischen Kräfte, waren mit ihnen.

Während der ersten zwei Monate der Revolte setzten

die Schwarzen zweihundert Zuckerrohrplantagen und fast zweitausend Kaffeepflanzungen in Brand. Mehrere tausend Plantagenbesitzer samt Angehörigen wurden erstochen, erdrosselt, erschlagen. Auch Boukman Dutty selbst, der in einen Hinterhalt geriet, kam schon in den ersten Monaten ums Leben. Doch wer gehofft hatte, daß der Aufstand nach seinem Tod zusammenbrechen würde, sah sich getäuscht.

Zwölf lange Jahre zog sich der Freiheitskrieg hin. Zum Erstaunen der Weißen erwiesen sich auch die Anführer, die auf Boukman folgten, nicht etwa als »primitive Häuptlinge«, die sich mit ein wenig militärischer List überrumpeln ließen. Vielmehr kristallisierte sich rasch heraus, daß die Schwarzen über wenigstens vier weitere herausragende Anführer verfügten. Ihr wohl bedeutendster war der Enkel eines dahomeischen Königs, in die Geschichtsbücher eingegangen unter dem Namen Toussaint-Louverture.

Verschiedentlich wurde versucht, Toussaint zum überzeugten Voodooisten zu stilisieren, doch nach allem, was wir heute wissen, war er eher europäisch orientiert. Allerdings glaubte er an Magie, an Prophezeiungen – und an die alten Voodoogötter wohl zumindest genug, um ihre (oder ihrer Priester) Macht zu fürchten. Als ehemaliger »Kräuterdoktor« verstand er sich zweifellos auf die Zubereitung magischer Pulver und Tränke. Angeblich wurde ihm von einem Voodoopropheten vorausgesagt, daß er dereinst »an die Franzosen ausgeliefert würde«. Diese Prophezeiung sollte sogar eintreffen, wenngleich der Wahrsager in einem entscheidenden Punkt irrte: Toussaint-Louvertures Bundesgenosse Dessalines sollte zwar sein Nachfolger werden, aber nicht er war es, der »Papa Toussaint« an die Franzosen verriet.

Von Biassou, einem anderen Gefolgsmann Toussaint-Louvertures, ist überliefert, daß er den Glauben der Aufständischen an die Macht des Voodoo genutzt habe, um ihren Kampfesmut, ihre Bereitschaft, sich selbst zu opfern, anzustacheln. So heißt es im Bericht eines Historikers:

»Nachts wurden große Feuer in Biassous Lager entzündet; nackte Frauen vollführten gräßliche Tänze mit scheußlichen Verrenkungen rund um die Feuer und sangen Lieder, die nur in den Wüsten Afrikas verstanden werden. Sobald der Rausch seinen Höhepunkt erreichte, erschien Biassou, gefolgt von seinen Zaubermännern, zeigte sich der Menge und rief, der Geist Gottes sei in ihm. Er verkündete den Afrikanern, sie würden in ihren alten afrikanischen Stämmen wiederauferstehen, wenn sie im Kampfe fielen. Dann hallten entsetzliche Schreie weithin durch die Wälder. Die Gesänge und dumpfes Trommeln setzten wieder ein, und Biassou trieb seine Horden, den Augenblick des Rausches nutzend, gegen den Feind, den er im Dunkel der Nacht überraschte.«

Diese Formulierungen erwecken den Eindruck, als hätte Biassou einen »Aberglauben« ausgenutzt, den er selbst nicht teilte. Wie genau es sich damit verhielt, läßt sich heute kaum mehr nachprüfen. Sicher ist jedoch, daß nicht zuletzt der fanatische Glaube der Aufständischen an die übernatürliche Macht ihrer Götter, Priester und Zauberer ihnen letztlich den Sieg eintrug. Immer wieder versicherten die Anführer ihren Gefolgsleuten, daß sie von den Kugeln der Weißen überhaupt nicht verwundet werden könnten; schließlich verfügten sie alle über Gardecorps und sonstige magisch präparierte Amulette. Nur mit Messern oder Stangen bewaffnet, zogen die Schwarzen daraufhin gegen Geschütze und Gewehre in die Schlacht. Ihre Anführer riefen ihnen zu, sich nicht vor den Kanonen zu fürchten, aus denen »nur Wasser, nur Wasser« laufe. Hunderte Schwarzer wurden von den Kugeln zerfetzt. Doch am Ende trugen die Aufständischen den Sieg davon – mit Steinschleudern und Voodoogesängen gegen Kanoniere und Kavallerie.

Ebenso wie Boukman war Toussaint-Louverture des Lesens und Schreibens mächtig. In einem seinerzeit populären Geschichtswerk von Abbé Raynal hatte er eine Prophezeiung gelesen, die er selbstbewußt auf sich bezog: Ein neuer Spartakus werde auf Santo Domingo auftauchen, so hatte der Geistliche vorausgesagt, und die Schwarzen in die Freiheit führen.

Tatsächlich erwies sich Toussaint-Louverture als militärisches Talent von hohen Graden. Schon vor der Revolte ein Vertrauter von Boukman, verstand er es, eine kleine Guerillatruppe von anfangs fünfhundert Mann aufzustellen, die rasch auf das Zehnfache anwuchs. Es folgten teils kriegerische, teils politische Wirren, in deren Verlauf Frankreich den Sieg der Rebellen und damit die Abschaffung der Sklaverei auf Haiti anerkannte. Als England die revolutionäre Schwächung Frankreichs auszunutzen suchte, indem es Invasionstruppen nach Santo Domingo schickte, verbündeten sich die Weißen Haitis mit den Eindringlingen in der Hoffnung, mit Hilfe der Engländer die Sklaverei wieder einführen zu können. Damit aber hatten sie ihren letzten Rückhalt bei der Pariser Nationalversammlung verspielt.

Nachdem Toussaint-Louverture die Engländer zurückgeschlagen hatte, wurde er zum Generalmajor unter französische Flagge ernannt. Auch weiterhin legte er bewundernswerte Energie und Umsicht an den Tag: Er ließ die Arbeit auf den Plantagen neu und gerechter organisieren, wobei er sich sowohl der Zustimmung der Schwarzen als auch der Mitarbeit jener Farmer vergewisserte, die das Ende der Sklaverei akzeptierten. Um sicherzustellen, daß die neu gewonnene Freiheit nicht wieder verspielt werden konnte, schreckte er längere Zeit vor radikaleren Maßnahmen zurück.

Doch 1801 schien ihm der richtige Zeitpunkt für weitergehende Pläne gekommen. Kurzerhand marschierte er im spanischen Teil der Insel ein, proklamierte auch dort das Ende der Sklaverei, rief die Autonomie von ganz Santo Domingo aus und ernannte sich selbst zum Generalgouverneur auf Lebenszeit. Daraufhin ließ Napoleon ihn zwar verhaften; der Held der Befreiungskriege wurde nach Europa gebracht, wo er im Zuchthaus wenig später starb. Doch die von den Franzosen erhoffte Wirkung dieses Schlages blieb aus. Wieder wurde ein überragender Anführer der Schwarzen scheinbar mühelos durch ebenbürtige Nachfolger ersetzt: An die Stelle Toussaint-Louvertures traten die Generäle Pétion, Christophe und Dessalines.

Jean-Jacques Dessalines wird als »schrecklicher, wilder Krieger« beschrieben. Vor seinem Blick fürchteten sich selbst Vertraute; zugleich wurde er wie ein Gott verehrt. Ob er selbst Voodooist war, ist umstritten. Angeblich schärfte er seinen Soldaten ein, daß jeder von ihnen, der im Kampf gegen die Franzosen sein Leben lasse, unverzüglich nach Guinea versetzt werde, wo »Papa Toussaint« persönlich ihn erwarte. Offensichtlich konnte er seine Leute mit solchen Verheißungen überzeugen: Unter lautem Absingen traditioneller Gesänge warfen sie sich den Kugeln des Feindes entgegen, ohne um ihr Leben zu bangen, und schlugen mit bloßen Händen, Dolchen und Knüppeln die hochgerüsteten weißen Soldaten in die Flucht.

Der große Befreiungskrieg näherte sich dem Ende. In der Schlußphase wurden auch die napoleonischen Truppen vernichtend geschlagen. Am 1. Januar 1804 rief Jean-Jacques Dessalines die ehemalige Pflanzer- und Sklavenkolonie unter ihrem alten, von den indigenen Ureinwohnern stammenden Namen Haiti zum unabhängigen Staat aus.

Voodooisten auf dem Kaiserthron: Haiti im 19. Jahrhundert

Staatsform und offizieller Prunk Haitis im ersten Jahrhundert seiner Unabhängigkeit wirken vielfach wie Parodien auf den monarchistischen und nationalistischen Pomp, dem sich die Alte Welt zur gleichen Zeit ergab. Dessalines jedenfalls, kaum hatte er die Unabhängigkeit seines Landes proklamiert, ließ sich in einer theatralischen Zeremonie zum Kaiser von Haiti krönen.

Sein Wunsch war es offenkundig, von den Herrschern

der christlichen Hemisphäre als ihresgleichen akzeptiert zu werden. So jedenfalls läßt sich erklären, daß er die staatliche Gewalt sogleich gegen die kulturelle Macht einsetzte, der er und Haiti ihren Sieg über Franzosen und Sklaverei verdankten: Dessalines verbot den Voodookult, ließ Tempel der Voodooisten stürmen und festgenommene Anhänger exekutieren – kaum anders, als vor wenigen Jahren noch die verhaßten weißen Herren gegen die »Satansjünger« vorgegangen waren.

Es folgten politische Wirren und Machtkämpfe, auf die ich hier nur insofern eingehe, als sie auch das Schicksal und die Entwicklung des haitianischen Voodooismus berühren. 1806 stürzten Dessalines' einstige Mitstreiter den Imperator und spalteten das Land: Christophe rief sich zum Herrscher einer nördlichen Republik aus, während Pétion sich zum Präsidenten der südlichen Republik Hispaniolas proklamieren ließ. Diese Teilung währte 14 Jahre, bis es Jean-Pierre Boyer 1820 gelang, das Land wiederzuvereinigen. Doch die Herrschaft dieses Präsidenten erwies sich für die Bauern Haitis wie auch für den Voodooismus weniger als Segen denn als Fluch.

Regenzauber in der Christusmesse: Katholizismus à la Boyer

Durch eine restriktive Gesetzgebung und eine Politik der hohen Steuern untergrub Präsident Jean-Pierre Boyer die Existenzgrundlage der ländlichen Bevölkerung, die nach wie vor die überwältigende Mehrheit der Haitianer ausmachte. Die Ursache dieser höchst unpopulären Politik war Boyers bedingungslose Bewunderung Frankreichs. Zwar hatte er sich während des Unabhängigkeitskrieges nach einigem Schwanken auf die Seite der Rebellen gestellt; nun aber, als Herrscher Haitis, beugte er sich dem Druck aus Paris und unterzeichnete einen Vertrag, der Frankreich hohe Entschädigungszahlungen für den Verlust der einstige Kolonie zuerkannte.

Damit nicht genug, erließ Boyer überdies neue Strafgesetze, die den Voodookult zum »Aberglauben« erklärten und die Ausübung des Voodooismus bei Androhung empfindlicher Geld- und Gefängnisstrafen verboten. Als geflissentlicher Anhänger der europäischen Kultur förderte er statt dessen den Katholizismus – genauer gesagt, einen sonderbaren Mischkult, der in jener Zeit in Haiti den römischen Katholizismus weniger repräsentierte als zu persiflieren schien.

Seit der Unabhängigkeit des Landes gab es in Haiti keine katholischen Bistümer mehr. Dies war eine bittere Entwicklung für den Vatikan, nachdem noch Papst Julian II. Anfang des 16. Jahrhunderts die Entdeckung der Neuen Welt als missionarische Herausforderung begrüßt hatte. Im Land der ehemaligen Sklaven jedoch, die ihre Befreiung gegen die herrschende Schicht weißer Christen erstritten hatten, wurde nun unter Präsident Boyer ein obskurer Pseudokatholizismus betrieben, der den römischen Jesus- und Marienkult ungeniert mit voodooistischen Zauberpraktiken vermengte.

Präsident Boyer, heißt es in dem Bericht eines Reisenden aus dem Jahr 1832, »gefällt sich darin, dem unreinen Auswurf der französischen und spanischen Kirche diese hohen und delikaten Ämter anzuvertrauen. Er setzt jeden hergelaufenen Vagabunden, der sich diesen Titel anmaßt, ohne Examen oder Kontrolle oder Überprüfung seines Standes als Priester ein. Haiti hat viele Geistliche, die ganz gewiß nirgendwo sonst im Amt wären.« Anstatt das Volk aufzuklären, profitierten sie lieber von dessen »wahnwitzigem Aberglauben«, wie der Reisende rügt. So lasse sich der eine Priester mit Kürbissen für ein Gebet bezahlen, das aufs abscheulichste einem Regenzauber gleiche; andere ließen sich üppig entlohnen für eine »Teufelsaustreibung, die einer alten Frau zur Ruhe verhelfen soll, welche man beschuldigt, ein Werwolf[4] zu sein«. Im übrigen begnügten sich die Geistlichen keineswegs damit, Messen zu lesen. Sie arbeiteten vielmehr mit voodooistischen Zauberern und Hexen zusammen, verkauften Talismane »und Gebetszettel, die man den Kindern mitsamt einem Schlüssel um den Hals hängt, um sie vor Keuchhusten zu bewahren. So stößt das Volk, wohin es auch schaut, nur auf Lug und Trug.«

Ein Voodooist auf dem Kaiserthron

Im Jahr 1849, nach einer neuerlichen Spaltung des Landes, die er abermals wieder aufhob, gelangte Faustin Elie Soulouque an die Macht, eine bizarre Persönlichkeit, die als »Kaiser Faustin I.« weit über die Karibik hinaus berühmt wurde. Faustins Herrschaftsstil war offen parodistisch; es

4 Zur Bedeutung des Werwolfglaubens im Voodookult vgl. S. 297 ff.

schien, als ob er den gesamten imperialen Pomp des nationalistischen Europa durch kühne Überbietung der Lächerlichkeit preisgeben wollte.

Die eigentümliche Vermengung von Katholizismus und voodooistischer Zauberei, die unter Boyer begonnen hatte, erfuhr in der Herrschaftszeit von Kaiser Faustin weitere bizarre Steigerungen. So ließ Soulouque zu seiner Proklamation zwar ein katholisches *Te Deum* zelebrieren; zugleich aber weigerte er sich, während der Zeremonie im Sessel des Präsidenten Platz zu nehmen: Der Thron sei, so beteuerte er, von voodooistischen Zauberern verhext worden. Erst nachdem er sich der magischen Hilfe einer Mambo, einer Voodoopriesterin, vergewissert hatte, die seine Gemächer einer spirituellen Reinigung unterzog, erklärte sich der Kaiser bereit, in den Palast einzuziehen.

Dort fand sich dank der seherischen Gaben der Mambo im Park des Palastes tatsächlich ein vergrabener Schadenzauber: Präsident Boyer, so stellte sich heraus, hatte den Wanga dort versteckt, um sicherzustellen, daß sein Nachfolger nach spätestens 13 Monaten gestürzt werden würde. Kaiser Faustin jedoch ließ den Zauber entfernen und herrschte zehn Jahre lang über Haiti. In die Geschichte des Landes ging er als so bizarrer wie grausamer Machthaber ein, der die Gebote des Katholizismus offen und oberflächlich befolgte, die Riten des Voodoo aber so insgeheim wie inbrünstig ausübte.

Durch das Konkordat von 1860 wurde der Katholizismus zur Staatsreligion erhoben. In großangelegten Propagandakampagnen sollte die römisch-katholische Kirche in den folgenden Jahren und Jahrzehnten immer wieder versuchen, Voodoo als primitiven Aberglauben und seelenverderbenden Teufelskult zu schmähen. Wie wenig sich die ländliche Bevölkerung hierdurch irritieren ließ, zeigt sich an der gewaltigen Popularität, deren sich der Voodookult weiterhin erfreute. Allenfalls vermochten die Kampagnen den alten Gerüchten um angebliche kannibalistische Riten der Voodooanhänger neue Nahrung zu geben.

Schon im Jahr 1791 hatte ein französischer Reisender namens Paul Dormoy von Menschenfressern auf Haiti berichtet. Mehr als siebzig Jahre später, im Haiti des Jahres 1863, erregte die sogenannte Bizoton-Affäre weltweit gewaltiges Aufsehen.

Mittlerweile war auf Kaiser Faustin der gemäßigtere Präsident Geffrard gefolgt. Unter seiner Regentschaft soll sich der folgende schauerliche Zwischenfall ereignet haben: Ein Mann namens Kongo Pelle, praktizierender Voodooist und Bruder einer Mambo, einer Voodoopriesterin, faßte zusammen mit zwei weiteren Voodooisten den Plan, einem ungenannten Loa seine kleine Nichte zu opfern. Die Behauptung, daß Kultanhänger bei geheimen Treffen auch »ungehörnte Böcke« und »nackte Ziegen« – also Menschen – opferten, gehörte zu dieser Zeit schon längst zum Repertoire der Greuelgeschichten, welche die Widersacher des Voodoo verbreiteten. Die Affäre Bizoton aber unterschied sich von den üblichen Verleumdungen und abergläubisch aufgebauschten Gerüchten in zweierlei Hinsicht: durch ihren größeren Anschein von Glaubwürdigkeit und durch das gewaltige publizistische Aufsehen, das sie noch Jahrzehnte darauf erregen sollte.

Im Jahr 1881 veröffentlichte der ehemalige britische Konsul Sir Spencer St. John ein Werk namens »Haiti or the Black Republic«, in dem er allgemein ein schauriges Zerrbild des freien Haiti zeichnete, das im Zeichen des Voodooismus in Abgründen aus Aberglauben und Zauberkulten, Menschenopfern und Kannibalismus versinke. Um diese Hypothese zu bekräftigen, breitete Sir Spencer die vermeintlichen Fakten der Affäre Bizoton in allen Einzelheiten vor seinem faszinierten Publikum aus:

Jener Kongo Pelle und seine verblendeten Komplizen, so der Autor, entführten das kleine Mädchen in der Neujahrsnacht, erdrosselten es und schnitten den Leichnam in Stücke. Sodann bereiteten sie nach magischer Rezeptur eine Brühe, in der das zerstückelte Fleisch des Opfers gesotten wurde. Auf dem Höhepunkt der Neujahrsfeier wurde die Nichte sodann von allen Festteilnehmern verspeist. Damit nicht genug, kidnappten sie wenige Tage später ein zweites Mädchen, das zur Feier der Heiligen Drei Könige verzehrt werden sollte. Nur dank des beherzten Eingreifens alarmierter Polizisten konnte zumindest die Wiederholung der kannibalistischen Greuel verhindert werden. Das Leben des Mädchens allerdings war nicht mehr zu retten: Man fand es unter dem Altar der Voodoogötter, gefesselt und erwürgt. Auch die während der Neujahrsfeier nicht verzehrten Überreste des ersten kleinen Opfers spürten die Polizisten unter dem Altar der Voodooisten auf.

An der Stichhaltigkeit der Anklage, so Sir Spencer St. John weiter, bestand kein Zweifel, zumal die Angeklagten allesamt geständig waren: Acht Personen wurden dem Richter vorgeführt; alle acht räumten ein, an dem Verbrechen beteiligt gewesen zu sein, woraufhin sie zum Tode verurteilt wurden. Ob es sich um einen Justizirrtum handelte, wird sich heute kaum mehr aufklären lassen. Manches spricht dafür, daß die Geständnisse durch Folter erpreßt worden sind. Andererseits lagen weitere Zeugenaussagen vor, und vor allem die abscheulichen Funde unter dem Altar waren schwerlich zu mißdeuten: Mit hoher Wahrscheinlichkeit hatten sich die Angeklagten in der Tat zweifachen Ritualmords mit kannibalistischem Hintergrund schuldig gemacht.

Diese Affäre war eine Katastrophe nicht nur für die Angehörigen der ermordeten Mädchen, sondern ebenso für den haitianischen Voodooismus: Die Greueltaten, die eine Handvoll Fanatiker verübt hatten, legte man in der Öffentlichkeit dem Voodoo insgesamt zur Last, so als ob ritueller Kannibalismus der geheime Kern aller Voodoozeremonien sei. Anstatt der schwarzen Bevölkerung Haitis die ersehnte Freiheit zu verschaffen, so Sir Spencers Resümee, habe der voodooistische Unabhängigkeitskrieg die haitianische Zivilisation auf eine barbarische Kulturstufe zurückgeworfen.

Um die Glaubwürdigkeit seiner Behauptungen zu erhöhen (die letztlich darauf hinausliefen, daß die Schwarzen Haitis schlecht beraten waren, als sie ihre einstigen weißen

Herren zur Hölle jagten), führte Sir Spencer St. John weitere Präsidenten des Landes an, die dem Voodooismus offen oder insgeheim gehuldigt hätten. So soll Präsident Salnave im Jahr 1867 an einer großen Voodoozeremonie teilgenommen haben, zu der etliche Tieropfer gehörten. Laut Sir Spencer wurde auf dieser Veranstaltung auch eine »ungehörnte Ziege« geschlachtet – ein weiteres rituelles Menschenopfer also im Zeichen des Voodooismus und diesmal gar mit offizieller Duldung durch den obersten Machthaber Haitis.

Tatsache ist, daß auch nach der Wende zum 20. Jahrhundert in Haiti noch zahlreiche Menschen geopfert wurden – allerdings fielen sie weit überwiegend politischer Verblendung und skrupellos ausgetragenen Machtkämpfen zum Opfer; angebliche voodooistische Greuel dienten wohl eher als willkommene Ablenkung von der profaneren und blutigeren Wirklichkeit mehr und mehr eskalierender Kämpfe um die staatliche Macht.

Wenig vor dem Einmarsch US-amerikanischer Okkupationstruppen wurde allerdings im Jahr 1908 noch einmal ein überzeugter Voodooist zum Präsidenten Haitis: Antoine Simon selbst galt als kenntnisreicher Zauberer; seine Tochter Celestina aber war eine Mambo, die ausgedehnte Voodoozeremonien im Präsidentenpalast abhielt. Angeblich dienten diese geheimen Veranstaltungen zur magischen Entmachtung potentieller Rivalen Simons, doch die Widersacher scheinen über einen mächtigeren Zauber verfügt zu haben: Nicht viel mehr als zwei Jahre hielt sich Antoine Simon im Amt; dann wurde er durch eine neuerliche Revolution gestürzt.

Auch zu den Gerüchten um diesen Präsidenten gibt es eine grellere Variante: Angeblich habe die Mambo Celestina für ihre Magie das Herz eines Menschen benötigt und daher kurzerhand einen Soldaten ihrer Garde erdrosseln lassen. Wie eine voodooistische Salome soll sie anschließend das Herz auf einer Silberplatte zu ihrem Vater gebracht haben …

An Greuelgeschichten wie dieser scheint nur eines zweifelhaft zu sein: ob sie erfunden wurden, um leichtgläubige Weiße in Angst und Schrecken zu versetzen oder ob weißhäutige Eiferer sie ersonnen haben, um den ihnen verhaßten Voodookult nach unveränderlichem Muster zu denunzieren.

Uncle Sam als Hexenjäger

Aus heutiger Sicht scheint klar zu sein, daß den US-amerikanischen Truppen, die im Jahr 1915 Haiti besetzten, jede echte Legitimation für ihren Einmarsch fehlte. Eine Mischung aus rassischem und religiösem Hochmut, gewürzt mit Gerüchten über angeblich gewohnheitsmäßige Menschenopfer der »Kannibalen von Haiti«, nährte in Washington mehr und mehr die Überzeugung, daß die Bevölkerung Haitis »noch nicht reif für die Unabhängigkeit« sei. Mit einem Wort: Nach Ansicht von Uncle Sam mußten die in Aberglauben und Barbarei befangenen Schwarzen neuerlich von weißhäutigen Lichtgestalten auf den rechten Weg geführt werden.

Da der Voodooismus nicht als Kirche organisiert ist,

folglich über keine Institutionen oder Statuten, Dogmen oder Hierarchien verfügt, wäre es etwa für besorgte amerikanische Politiker in der Tat nicht ganz einfach gewesen, mit dieser wichtigsten kulturellen Strömung des Landes in Kommunikation zu treten. Nach allem, was wir wissen, wurde allerdings in Washington nicht einmal der Versuch unternommen, einen solchen Dialog zu beginnen.

Die Besetzung Haitis durch US-Truppen dauerte von 1915 bis 1934, also etwa vom Anfang des Ersten Weltkriegs bis kurz vor die Schwelle des Zweiten. Unter dem Vorwand, die ländliche Bevölkerung »befrieden und zivilisieren« zu müssen, errichteten die Invasoren ein Schreckens- und Zwangsregime. Die Bauern wurden unter grausamen Bedingungen zum Straßenbau gepreßt; Tausende von Rebellen, die sich gegen die neuerliche Tyrannei weißer Herren erhoben, wurden regelrecht massakriert. Jede Kritik am grausamen Vorgehen der Besatzer ließ sich letzten Endes durch den Hinweis entkräften, daß es sich bei den Getöteten um Voodooanhänger gehandelt habe. Denn Voodoo bedeutete Anbetung des Teufels, Opferung von Menschen und »Erschaffung von Zombies«: Auch die meisten Greuelgeschichten von Gräbern, aus denen Wiedererweckte steigen, von satanischen Zauberern und ihren Kreaturen, den lebenden Toten, stammen aus jener Zeit. (Auf das schwarzmagische »Zombiemachen« komme ich im abschließenden Kapitel dieses Buches noch ausführlich zu sprechen.)

Unterstützt durch US-Truppen, führte die katholische Kirche von Haiti in den Jahren 1925–1930 und 1940/41 maßlose »Kampagnen zur Ausrottung des Aberglaubens«

durch. Es war das goldene Zeitalter der haitianischen Inquisition: Flankiert von schwerbewaffneten US-Soldaten, durchsuchten katholische Priester systematisch die haitianischen Dörfer, und wo immer sie einen Voodootempel vorfanden, ließen sie die »Teufelsdiener« verhaften und alle rituelle Gerätschaft der Voodoogemeinde in Flammen aufgehen. Während der Kampagne Anfang der vierziger Jahre mußten sogar alle Katholiken den angeblich »satanischen« Voodoopraktiken abschwören.

Doch sowohl die Hexenjäger in Talaren als auch die Teufelshäscher in US-Uniformen konnten den Voodookult lediglich in den Untergrund drängen, indessen nie wirklich gefährden. Als die US-Soldaten 1934 von der Insel wieder abzogen, hatten sie keines ihrer vermessenen Umerziehungsziele erreicht. Auch die apostolischen Kampagnen wider den Voodooismus blieben letzten Endes wirkungslos. In heutiger Zeit, da weder Gesetze noch Besatzer die Ausübung des Voodoo verbieten, bekennen sich – wie ein geflügeltes Wort in Haiti besagt – hundert Prozent der Einwohner zum Katholizismus und neunzig Prozent zum Voodookult. Wer in diesen Zahlen einen Widerspruch vermutet, pflegt man erstaunte Beobachter in den Straßen von Port-au-Prince zu bescheiden, hat nicht begriffen, was Voodooismus ist.

2

Die Götter und Geister des Voodoo

Wie im einführenden Teil dieses Buches erörtert, manifestieren sich die Loas des Voodooismus, indem sie während der Zeremonie von einem oder mehreren Kultanhängern Besitz ergreifen. Loas sind transzendente Mächte, die nach Weisung von Bondieu, dem obersten (und in gewisser Weise einzigen) Gott des Voodoo, die Welt erschaffen haben; zugleich sind es der Schöpfung immanente Wesenheiten, präsent insbesondere in der Natur.

Obwohl der Voodooismus lehrt, daß die Loas im Wasser wie in der Luft, in den Bäumen und Bergen gegenwärtig seien, wäre es falsch, sie als »Naturgeister«, den Voodookult demnach als animistische Religion aufzufassen. In den Loas personifizieren sich vielmehr abstrakte Prinzipien: Es sind Manifestationen einzelner Aspekte der universellen Energie, aus der die geschaffene Welt besteht. In diesem Sinn unterscheidet der Voodooismus also zwischen Loas (Engeln, unteren Gottheiten) der Gewässer, der Lüfte, der Pflanzen, des Feuers und so fort.

Sonderbar mutet es den westlichen Betrachter anfangs an, daß jeder Loa über seine ausführliche, bis in Details ausgearbeitete Mythologie verfügt. So sind beispielsweise das Aussehen, Vorlieben der Bekleidung, Stimmlage, Lieblingsspeisen, charakteristische Gesten, Mienenspiel, Aussprüche und so weiter von Dutzenden Loas bekannt. All diese Einzelheiten sind den Mambos oder Hungans und ihren Gehilfen so geläufig, daß oftmals bereits das flüchtige

Mienenspiel eines von einem Loa Besessenen dem Kundigen verrät, welcher übernatürliche Reiter sich in den Sattel geschwungen hat. Im Unterschied zu nahezu allen anderen großen Religionen in Gegenwart und historischer Vergangenheit hat der Voodooismus diese Mythologien jedoch weder in heiligen Schriften niedergelegt noch in religiösen Gemälden oder Skulpturen verbindlich dargestellt; vielmehr werden die übernatürlichen Charaktere stets aufs neue vergegenwärtigt, indem sie sich in Besessenen verkörpern.

Die präzise Ausarbeitung der mythologischen Details erklärt sich in vielen Fällen einfach genug damit, daß die verehrten Loas einst ihrerseits als natürliche Menschen auf Erden wandelten. Wie bereits erwähnt, kann im Prinzip jeder Gros-bon-ange (die »Seele« oder der »innere Engel« eines jeden Menschen) zum Loa aufsteigen. Wenn er sodann als eine solche machtvolle Wesenheit zurückkehrt, vermag er mühelos den energetisch schwächeren Gros-bon-ange eines einfachen Menschen aus dem Körper zu verjagen und diesen in erstaunlichem Ausmaß seinen individuellen Bedürfnissen anzupassen. Die Metapher vom »Ritt« auf dem Besessenen aufgreifend, sprechen Voodooanhänger in diesem Zusammenhang davon, daß der Loa sich sein Menschenpferd »zureitet«.

Tatsächlich geht man im Voodoo davon aus, daß jeder Mensch über einen »Loa mèt-tèt«, einen übernatürlichen »Meister seines Kopfes«, verfüge. Er manifestiert sich von einem frühen Zeitpunkt an regelmäßig in dem Betreffenden, so daß man sich mehr und mehr an »seinen« Loa gewöhnt und als »Pferd« den Bedürfnissen des höheren

Wesens immer besser anpassen kann. Auch hierauf komme ich im weiteren Verlauf noch ausführlicher zu sprechen (siehe 4. Kapitel).

In diesem Kapitel werde ich die mächtigsten Loas des haitianischen Voodoo vorstellen. Im wesentlichen folge ich der üblichen Einteilung in Loas der wichtigsten Dynastien, die ihrerseits in diverse »Nanchons« (»Nationen«) zerfallen. Nach allem, was bislang über das völlige Fehlen voodooistischer Dogmen gesagt wurde, dürfte allerdings klar sein, daß solche Einteilungen des »Götterhimmels« nicht allein der Erfahrungsweise und Praxis der Voodooisten, sondern teilweise auch dem Ordnungsbedürfnis des westlichen Beobachters entspringen.

Dynastien und Sippen der Loas

Grob kann man zwei Geistersippen von herausragender Bedeutung unterscheiden: die Loas der Rada- und der Petro-Dynastie. Die Rada-Loas, sehr verkürzt auch als »gute Loas« bekannt, sind im wesentlichen Adaptionen oder Abkömmlinge der alten dahomeischen Vodun. Dagegen gelten die Loas der Petro-Linie in der Hauptsache als autochthon haitianische Wesenheiten, die teils kreolischer Herkunft sind, teils sich von den alten indigenen Kulturen der Karibik herleiten.

Neben den Rada- und Petro-Loas sind zwei weitere Hauptgruppen hervorzuheben: die Geister der Kongo-

und der Ibo-Linie. Diesen übernatürlichen Sippen kommt jedoch im heutigen Voodookult erheblich weniger Bedeutung als den Rada- und Petro-Loas zu. Es sind Gottheiten, deren Stern seit längerem im Sinken begriffen ist; dennoch nehmen sie, die mit eigenen Ritualen geehrt werden, noch immer einen höheren Rang als die Nanchons und »Fanmi« (Familien, Sippen) von Loas ein, in die sich die Hauptgruppen weiter unterteilen lassen. Auch die Kongo- und die Ibo-Loas stammen, ebenso wie die Rada-Loas, von alten afrikanischen Vodun ab.

Jede dieser vier Loa-Hauptgruppen wird mit eigenen Ritualen angerufen und verehrt, zu denen auch eigene Tänze, Gesänge und Trommeln gehören. Selbst dem unkundigen Beobachter fällt sogleich der atmosphärische Unterschied vor allem zwischen Rada- und Petro-Ritualen auf: Wie die Loas der Rada-Linie selbst, sind auch Rada-Zeremonien sanft und gemäßigt. Die Petro-Götter dagegen gelten als aggressiv, hart und »bitter«; entsprechend aufwühlender, provozierender, schriller gestalten sich die Petro-Zeremonien. Währenddessen zeigen die Kongo- und Ibo-Loas, da gleichfalls kriegerischer Natur, eine gewisse Tendenz, in der Petro-Dynastie aufzugehen, zumal die Herkunftsunterschiede dieser Loa-Gruppen mehr und mehr in Vergessenheit geraten.

Sanfte Patriarchen und zornige Krieger: Rada-Loas und Petro-Geister

Aus westlicher Sicht scheint es nahezuliegen, den »guten« Rada-Loas die Petro-Geister als vermeintlich »böse« Wesen gegenüberzustellen. Indessen reflektieren die Petro-Loas den Zorn der einstigen Sklaven und die Härte und Gewalt der Epoche, aus der sie hervorgegangen sind: Mit dem Beistand der Rada-Götter allein wäre wohl keine voodooistische Revolution, kein Unabhängigkeitskrieg zu gewinnen gewesen. Hierfür bedurfte es der Verhärtung, des Zorns, der Aggression der Petro-Loas, in denen sich die Guerillakultur der Marrons spiegelt – und überdies wohl auch die charakteristische Härte der einstigen indigenen Gottheiten. Zumindest spricht einiges für die Vermutung, daß die Marrons der voodooistischen Frühzeit auch mit versprengten Überlebenden der karibischen Urkulturen zusammengetroffen und auf diese Weise einige Bruchstücke der indigenen Religionen in den entstehenden Voodookult eingegangen sind.

Der Name Rada leitet sich von der alten Stadt Arada in Dahome her. Im Charakter und im emotionalen Grundton der Rada-Gottheiten ist die afrikanische Herkunft noch deutlich zu spüren: Der patriarchalische, protektive Grundzug der altafrikanischen Monarchien spiegelt sich in ihnen ebenso wider wie der gemächliche Rhythmus und die vegetative Sanftheit der Ackerbaukultur. Die Zusammenarbeit in den Siedlungen, der Zusammenhalt der Sippen und die Verehrung der Ahnen spielten in Dahome zentrale

Rollen; die ganze Kultur war auf statisches Beharren angelegt. All diese Eigenschaften, einschließlich der notfalls rigorosen Durchsetzung von ethischen Ge- und Verboten, strahlen noch die Rada-Loas des haitianischen Voodoo aus.

Die Sklaven und Marrons der voodooistischen Frühzeit bedurften jedoch überdies des Beistands einer Klasse offensiverer Geister: Nachdem sie mit nackter Gewalt aus ihrer afrikanischen Heimat in die Karibik verschleppt und der elementarsten menschlichen Rechte beraubt worden waren, galt es in Haiti gewiß sehr viel weniger, eine gewachsene Lebensform zu bewahren als vielmehr erträgliche Lebensbedingungen überhaupt erst wiederherzustellen. Dieses aggressive Zielbewußtsein, der Kampfesmut der Rebellen, auch ihr Zorn und die Bereitschaft, angesichts des übermächtigen Gegners notfalls mit List und Heimtücke zu kämpfen – all diese Aspekte spiegeln sich in Habitus und Eigenschaften der nicht selten zwielichtigen Petro-Loas und in den wilden Ritualen, mit denen diese Gottheiten angerufen und verehrt werden. Es sei also noch einmal betont, daß es sich durchaus nicht um »böse« Geister handelt – oder doch nur insofern, als die unmenschliche Grausamkeit und Bosheit ihrer Feinde, gegen welche die Marrons und Rebellen der Sklavenzeit kämpften, eine gewisse Unbedenklichkeit bei der Wahl der Verteidigungswaffen erzwang.

Während sich die dahomeischen Ursprünge der Rada-Loas im Detail nachweisen lassen, ist an der Herkunft der Petro-Geister bis heute vieles rätselhaft. So glaubt man zwar zu wissen, daß es sich um kreolische Loas handle, um Wesenheiten also, die aus der haitianischen Kultur selbst hervorgegangen sind. Indigene Einflüsse, wie gesagt, sind aufgrund charakteristischer Merkmale der Petro-Loas als wahrscheinlich anzunehmen. Wann und auf welche Weise jedoch kreolische und indigene Komponenten zu den Gestalten und Ritualen der Petro-Linie verschmolzen, ist nie befriedigend geklärt worden.

Für Verwirrung sorgt bis heute ein Versuch des erwähnten Moreau de Saint-Méry, die Petro-Loas als Schöpfung eines Scharlatans zu erklären: »1768 hat ein Neger spanischer Herkunft aus Petit-Goave die Leichtgläubigkeit der Neger mittels abergläubischer Praktiken mißbraucht. Er führte einen Tanz ein, der dem Voodootanz verwandt, aber in den Bewegungen noch hektischer ist. Um die Wirkung dieses Tanzes noch zu erhöhen, versetzen die Neger den Tafia-Rum, den sie während des Tanzens trinken, mit fein gestoßenem Schießpulver. Dieser Tanz – er wird Don-Padre-Tanz oder ganz einfach *Don Pèdre* genannt – hat zu Todesfällen unter den Negern geführt. Die Zuschauer, die ebenfalls durch die zuckenden Tanzbewegungen elektrisiert werden, sind so berauscht wie die Tänzer selbst und bringen durch ihren Gesang und den immer schneller werdenden Rhythmus die Krise, an der sie in gewisser Weise selbst teilhaben, auf den

Höhepunkt. Der *Don-Pèdre*-Tanz mußte unter Androhung strenger, aber zuweilen wirkungsloser Strafen verboten werden.«

Sowenig diese Herleitung überzeugt, sosehr trifft es bis heute zu, daß den Petro-Ritualen etwas Wildes, Wütendes, zuweilen Rasendes eignet. Bei der Vorstellung wichtiger Gottheiten auf den folgenden Seiten werden diese Charakteristika noch sinnfälliger werden.

Tag- und Nachtseiten der Götter

Allerdings wäre es ein Irrtum anzunehmen, daß es zwischen den Loas der Rada- und der Petro-Linie keine Verbindung gäbe. Das Gegenteil trifft zu: Tatsächlich tritt uns in nicht wenigen Fällen ein und derselbe Loa sowohl als sanfte und patriarchalische Rada-Gottheit wie auch als wilder, »bitterer« und zorniger Petro-Loa entgegen. In gewisser Weise handelt es sich bei den Petro-Loas sogar weniger um eine eigene Fraktion übernatürlicher Wesen als vielmehr um eine *Spiegelung* der sanften und (ihrer rituellen Farbe nach) »weißen« Rada-Loas im schwarzen Spiegel der Nacht, der Unterwelt und des kriegerischen Zorns. Vielleicht manifestiert sich der spirituelle Einfluß der karibischen Ureinwohner gerade in dieser Besonderheit des Voodooismus, die ihn von den afrikanischen Vodunkulten so deutlich unterscheidet: in der spezifischen *Spaltung und Verdoppelung* der Götterwelt.

Schon bei den alten Maya finden wir einzelne Gottheiten jeweils in einen Sonnen- oder Tagaspekt und einen

Mond- oder Nachtaspekt gespalten.[5] Ähnlich wie beispielsweise ihrem Himmels- und Sonnengott ein Unterweltgott der Mitternachtssonne gegenübersteht, spalten sich auch viele Voodoo-Loas in eine »weiße« Rada-Gottheit des Friedens, Lebens und Bewahrens und eine »schwarze« Petro-Gottheit des Krieges, Todes und Zerstörens auf.

Rada ist Gleichmut, gemäßigter Rhythmus; Petro ist Wutschrei und rasender, stampfender Tanz. Um den Unterschied an einem auffälligen Beispiel zu demonstrieren: Als Rada-Loa ist *Ezilie* die Göttin der Liebe, eine feenhafte Schönheit, Göttin des weiblichen Eros, der verführerischen Lieblichkeit. Manifestiert sie sich während einer Voodoozeremonie, so spricht sie (bzw. der oder die von ihr Besessene) mit angenehmer Stimme, lächelt und flirtet, und ihre erste Sorge gilt ihrer äußeren Schönheit, der sie sogleich durch bereitstehenden Schmuck und Putz nachhilft. Erscheint Ezilie dagegen während einer Petro-Zeremonie in ihrer »wilden« und »bitteren« Manifestation als Ezilie-Ge-Rouge, so bietet sie einen erschreckenden Anblick: Der von ihr besessene Körper erleidet furchtbare Zuckungen und Krämpfe; die liebevolle Zuversicht der Rada-Ezilie hat sich in furchtbare Enttäuschung und rasenden Zorn umgekehrt. Sie stöhnt, bohrt sich die Nägel in die Hände, während unablässig Tränen über ihre Wangen strömen. Als Petro-Loa knirscht Ezilie mit den Zähnen und stößt gurgelnde, kaum erträgliche Schreie aus: In jeder Hinsicht ist sie das »verfinsterte« Gegenstück der Rada-Loa Ezilie.

5 Vgl. Pietro Bandini: Der heilige Kalender der Maya. München 1998.

Nicht nur Stimmung und Charakter der Rada- und Petro-Rituale, auch viele Details des rituellen Geschehens sind so deutlich voneinander unterschieden, daß kaum jemand Gefahr liefe, eine Zeremonie zu Ehren von Rada-Gottheiten mit der Anrufung eines Petro-Loa zu verwechseln. Ihrer kriegerischen und zornigen Natur entsprechend, werden Wesenheiten der Petro-Linie mit Feuer, kleinen Sprengladungen, scharfen Getränken herbeigerufen und begrüßt. Nicht nur verwendet man beim Petro-Ritual zu Ehren eines Loa andere Trommelrhythmen als bei der Rada-Anrufung seines Alter ego: Auch die Trommeln selbst sind bei beiden Ritualen von unterschiedlicher Beschaffenheit und tragen daher auch unterschiedliche Namen.

Legba-rada und Legba-petro

Inwiefern es sich bei den Petro- und den Rada-Loas weniger um verschiedene Mächte als vielmehr um zwei Seiten der gleichen Wesenheiten handelt, läßt sich an einem weiteren Beispiel verdeutlichen:

Mit der Anrufung von Legba, dem Loa der Vermittlung zwischen den Welten, beginnt jede Voodoozeremonie; ohne seinen Beistand scheitert die Kontaktaufnahme mit der Sphäre der »Invisibles«. Wird nun Legba-rada angerufen, die »sanfte«, defensive Ausformung dieser Gottheit, so bedeutet dies, daß die Mambo oder der Hungan die Sphäre der Loas zugleich auf einen bestimmten Aspekt – in diesem Fall auf Sanftheit, Bewahrung und so fort –

»einstellt« oder fokussiert. Ruft man dagegen Legba-petro an, den Mittlergott in seiner Ausprägung als »harte«, »bittere«, unnachgiebige Wesenheit, so wird jener Aspekt der Geister beschworen, dessen Beistand in praktischen Dingen, vor allem bei etwas zwielichtigen Problemen und verschwiegenen Anliegen benötigt wird.

Denn alle Magie bedarf der Erlaubnis und Mithilfe der Petro-Loas. Und da auch die Grenze zwischen weißer und schwarzer Magie, wie wir noch sehen werden, im Voodoo außerordentlich undeutlich verläuft, haftet den Petro-Loas selbst etwas Zweideutiges an. Zwar kann niemand ihnen vorwerfen, Schadenzauber zu Lasten unschuldiger Menschen zu betreiben oder zu begünstigen. Doch wenn sich ein Voodooanhänger gegen die Gebote der Petro-Loas vergeht, wenn er sich mit ihnen eingelassen hat und sodann eine ihrer gerechten Forderungen nicht erfüllt, so wird sich die ganze Härte, Bitterkeit und listenreiche Gewalt dieser Gottheiten gegen den unglücklichen Frevler wenden.

Legba, Hüter des Schlüssels zur Geisterwelt

Jedes Ritual zu Ehren der Loas beginnt mit der Anrufung Legbas. Er ist der Hüter der Schlüssel zur jenseitigen Welt. Nach der Vorstellung des Voodooismus sprechen Loas und Menschen nicht die gleiche Sprache, könnten sich also ohne den Beistand eines haitianischen »Hermes« nicht miteinander verständigen. Doch als Sprachrohr der Gei-

Auch im afrikanischen Vodun wird Legba meist durch einen erigierten Phallus dargestellt.

ster, als Dolmetscher zwischen den Welten »channelt« Legba die Botschaften der Loas in die Menschenwelt.

Bereits im dahomeischen Vodunkult galt Legba als Verkünder göttlicher Ratschlüsse. Diese Rolle ist ihm im Voodooismus geblieben; verblüffend ist jedoch, daß Legba in den Jahrhunderten seit Verschleppung der ersten Sklaven außerordentlich gealtert ist. Tatsächlich wurde er in Dahome als junger Gott von strahlender Schönheit geehrt: Er war der Sonnengott, der Spender des Lebens, daher bevorzugt als kosmischer Phallus dargestellt. Als Skulptur war dieser junge Legba in Dahome allgegenwärtig: In hockender Stellung, die Augen unnatürlich weit geöffnet, starrte er auf sein ragendes Glied, Symbol des kosmischen Tunnels, aus dem alles Leben entsteht.

Im haitianischen Voodookult dagegen erscheint Legba als steinalter Mann von einer Gebrechlichkeit, die sowohl Mitleid als auch Grauen erregen kann. Von seinem einstigen Glanz ist ihm nur die Rolle des Hüters der Schranke geblieben. Noch immer kann kein Loa, der es versäumt hat, ihn zu ehren, und erst recht kein Mensch, der es gewagt hat, Legba zu kränken, mit der jeweils anderen Welt Kontakt aufnehmen.

Legbas haitianisches Symbol, das in praktisch jedem Humfò, dem Tempel des Voodoo, an der Wand hängt, ist die Krücke, an der er sich mit bejammernswerter Mühsal voranschleppt. In der Mythologie erscheint er als in ländliche Lumpen gehüllter Greis, einen Sack über der Schulter, die dampfende Pfeife im Mund. So unbeholfen humpelt er daher, daß man ihn auch »Legba-pied-cassé« (Legba mit dem gebrochenen Bein) nennt. Wer von ihm beses-

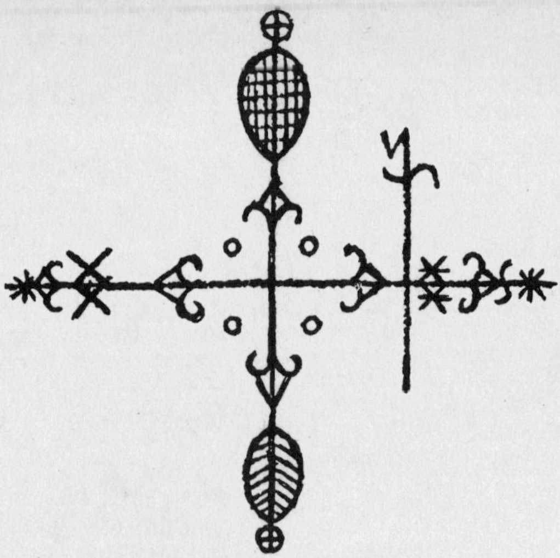

Vèvè für Legba, den Hüter des Tores zur Geisterwelt.

sen ist, dessen Gliedmaßen werden so gewaltsam verbogen und zwischenzeitlich verkrüppelt, daß den Zuschauer ein eisiger Schreck durchfährt. Doch die Gewalt, mit der Legba sich in den Sattel seiner Menschenpferde schwingt, zeigt auch, daß sich hinter seiner Gebrechlichkeit noch immer schreckliche Kräfte verbergen, auch wenn er auf den ersten Blick eher an einen verwesenden Leichnam als an den strahlenden Sonnengott Dahomes, den Regenten des (insbesondere männlichen) Eros, gemahnt.

Die Doppeldeutigkeit des kosmischen Tunnels

Worin besteht die Gemeinsamkeit zwischen Legbas einstigen Funktionen als Gottheit der Zeugung und als Hüter der Schranke, welche die Welten trennt? Beide Aspekte verbildlichen sich im Vodun- bzw. im Voodookult als »kosmischer Tunnel«: Einst war Legba der symbolische Phallus, der die göttliche Lebensenergie in die stoffliche Welt kanalisiert; noch immer ist er der göttliche Mittler, der einen Kommunikationskanal zwischen den Welten der Loas und der Menschen erzeugt.

Zumindest um den letzteren Aspekt des kosmischen Tunnels ist das spirituelle und rituelle System des Voodoo auch heute zentriert: Der »Poteau-mitan«, die mit heiligen Zeichen geschmückte Säule in der Mitte jedes Voodootempels, repräsentiert den »kosmischen Kanal«, der die Verbindung zur Götterwelt stiftet, aber auch und noch immer den Tunnel zwischen den Welten, aus dem alles Leben hervorgeht. Wie in den Mythologien so vieler Völker repräsentiert auch der »kosmische Phallus« der Vodunkulte nicht nur das maskuline, sondern eher ein doppelgeschlechtliches Prinzip: Der Tunnel zwischen den Welten läßt sich ebenso als kosmischer Geburtskanal verstehen; und nicht zuletzt ist in ihm der Abgrund des Todes verbildlicht, in den wir alle zurückstürzen werden.[6]

So harmlos, ja erbarmungswürdig Legba auf den ersten

6 Ein weiteres zentrales Symbol dieses kosmischen Kanals, das uns in vielen Mythologien – ob bei den sibirischen Völkern oder in der altnordischen *Edda* – begegnet, ist der Weltenbaum, der gleichfalls als universelle Achse und Verbindung zwischen den Welten dient.

Blick aussehen mag, so tiefgründig und noch immer mächtig erscheint dieser Loa also, wenn man ihn näher betrachtet. In einigen Varianten des Mythos wird er als »Dieb« bezeichnet, der die göttlichen Geheimnisse gestohlen habe. Je nach Auslegung kann er in dieser Hinsicht an den griechischen Prometheus gemahnen, der den Menschen aus Mitleid einige göttliche Mysterien offenbarte – oder aber man bringt ihn mit dem christlichen Satan in Verbindung, der angeblich aus Hoffart und schierer Machtgier gegen den biblischen Gott rebellierte. Meist aber läßt der Voodooismus diesen Verdacht, daß Legba die Götter beraubt haben könnte, auf sich beruhen und hebt lieber die Ähnlichkeit des Mittlergottes mit einer neutestamentarischen Schlüsselfigur hervor: dem heiligen Petrus, Wächter des Himmelstores (das sich dem christlichen Gläubigen allerdings nicht durch rituelles Channeling, sondern erst nach seinem Ableben öffnet).

Auch mit dem doppelgeschlechtlichen Prinzip der Urschöpfung bringt die voodooistische Mythologie Legba ausdrücklich in Verbindung: Er versteht selbst die Sprache von Mawu-Lisa, der Zwillings- oder doppelgeschlechtlichen Urgottheit (deren Vertrauen er möglicherweise durch seinen Diebstahl ausgenutzt hat). Noch weniger Hehl macht der Voodooismus aus der Zweideutigkeit des Tunnels selbst, dessen Eingang Legba hütet: Der Poteau-mitan, den die Voodooisten auch »Poteau-legba« nennen, symbolisiert sowohl den Kanal, der ins Leben führt, als auch den Tunnel in den Tod.

Folgerichtig verfügt der Rada-Loa Legba auch über düstere Erscheinungsformen, die gewiß niemand mehr als harmlos oder gar mitleiderregend mißverstehen würde: Als Mèt Carrefour (Meister des Scheidewegs) öffnet er den Zauberern das Tor zu dienstbaren Dämonen. Als allmächtiger Totengott Gèdè gebietet er über die Leichen in den Gräbern, die sich mit seinem Beistand wiedererwecken lassen, und die jenseitige Welt der Toten, die mit seiner Hilfe Rache üben, wenn die Lebenden sie zu vernachlässigen wagen.

Auf die faszinierende Gestalt Gèdès komme ich noch ausführlich zu sprechen. Kaum weniger schillernd ist Mèt Carrefour, die eigentliche »Nachtseite« des Mittlergottes. Mèt Carrefour ist ein Petro-Loa, das genaue Spiegelbild von Legba-rada. Da das Tor zur übernatürlichen Welt zwei Pfosten hat, scheinen auch zwei Türhüter nötig zu sein – eben Legba und Mèt Carrefour –, und je nachdem, an welche der beiden Mittlergottheiten man sich wendet, erhält man Zugang zu einem anderen Aspekt der Geisterwelt.

Mèt Carrefour jedenfalls gebietet über die düsteren Dämonen, die Geister der Nacht und des Schattens; Legba dagegen über die Loas der Sonne, des Tages und des Lichts. Wer sich an Carrefour wendet, hat verschwiegene Pläne, die das Licht des Tages scheuen. Um sie zu verwirklichen, benötigt er die Dienste von Dämonen, die Unglück, Gewalt und Zerstörung bringen. Daher ist Legba in seiner Erscheinungsform als Mèt Carrefour der Loa der Zauberer, die ihn als Patron der Wegkreuzungen anrufen: An diesen Orten im Schnittpunkt der Achsen vermag der Kundige jene Dämonen zu beschwören, die sich für magische Zwecke manipulieren lassen.

Dennoch wären wir einmal mehr abendländischem Manichäismus in die Falle gegangen, wollten wir nun folgern, daß Mèt Carrefour die schlechthin »böse« Seite des ansonsten »guten« Legba-rada sei. In seiner Petro-Erscheinungsform gebietet er zwar über die Dämonen der Zerstörung, des Schadens und Unglücks; jedoch leistet er auch jenen Beistand, die ihn bitten, sie gegen just diese Geister zu beschützen.

Legba ist die Gottheit der Sonne, Mèt Carrefour Regent des Mondes. »Böse« ist der eine sowenig wie der andere – allerdings, heißt es in Haiti, schienen die Europäer häufig zu vergessen, »daß die Nacht eine andere Wahrheit kennt als der Tag«.

Schlangengott Damballah und Ayida, die Göttin des Regenbogens

In der Mythologie des Voodoo werden sie als zwei göttliche Persönlichkeiten unterschieden, doch kaum anders als Mawu-Lisa, die unzertrennlichen urgöttlichen Zwillinge, treten sie stets gemeinsam auf. Auch Damballah und Ayida sind Gottheiten der Urschöpfung, der archaischen Drachenwelt, uralt und alterslos zugleich. Sie verkörpern die unerschöpfliche kosmische Energie und die Ureinheit aller vermeintlichen Gegensätze, vergleichbar dem fernöstlichen Yin und Yang. Unauflöslich wie in ihrem Bund sind in der ganzen Schöpfung männlich und weiblich, hell und dunkel, Tag und Nacht, Himmel und Erde vereint.

Ayida ist die Himmelsschlange, die immer gegenwärtig und häufig als Regenbogen sichtbar ist; Damballah ist die Erdschlange, symbolisiert durch natürliche Schlangen und manifest in den Wellenbewegungen der Gewässer, in den unsichtbaren, doch fühlbaren Energieströmen der Erde. Beide zusammen, die Erdschlange und die Himmelsschlange, bilden einen geschlossenen kosmischen Kreis, der auch in der europäischen Mythologie eine berühmte Entsprechung findet: Ouroboros, die Schlange, die sich selbst in den Schwanz beißt, den Drachen der Alchemie[7].

Auch mit den komplexen Himmelsschlangengöttern der indigenen Karibikkulturen sind Damballah und Ayida zuinnerst verwandt. Während aber der aztekische Quetzalcoatl, die gefiederte Himmelsschlange, oder sein Maya-Äquivalent, der Milchstraßengott Kukulkán, energisch in die Belange der Sterblichen eingreifen können, sind Damballah und seine Gemahlin von irdischen Händeln stets weit entrückt.

Tatsächlich droht Legbas Kunst der »Übersetzung« göttlicher Botschaft in Menschensprache bei Damballah zu versagen: Die vom Schlangengott Besessenen geben nur ein Zischen oder Pfeifen von sich, das zwar überaus eindringlich klingt, aber meist unverständlich bleibt.

7 Vgl. Pietro Bandini: Drachenwelt, a.a.O., S. 210 ff.

Dieser Mangel wird jedoch nicht als störend empfunden, da man von Damballah oder von Ayida, anders als von Loas wie Gèdè, Ezilie oder Ogu, keinerlei lebenspraktische Ratschläge erwartet. Den Segen Damballahs zu empfangen, ist den Voodoo-Anhängern ein tiefes Bedürfnis – als lade die schiere Präsenz des Schlangengottes, der Verkörperung kosmischer Urkraft, sie mit neuer Lebensenergie auf.

Beseelt von Schlangenkraft

Alle Bäume gelten als Heiligtümer, die Damballah gewidmet sind. Als Erklärung hierfür erfährt man, daß Schlangen sich schließlich gern in den Baumwipfeln aufhielten. Das bedeutet jedoch nicht, daß Voodooanhänger annähmen, daß sich Damballah in einer natürlichen Schlange verkörpere. So ist es, wie bereits erwähnt, seit langem nicht mehr Brauch, wirkliche Schlangen in den Damballah geweihten Tempeln zu beherbergen. Auch würde kein Voodooist zögern, eine natürliche Schlange zu töten, um sich oder seine Familie vor einer Gefahr zu beschützen. Denn für alle Eingeweihten ist klar, daß auch dieser Gott, selbst wenn er keine lebenspraktischen Botschaften verbreiten möchte, sich für seine Manifestationen eines verständigeren »Pferdes« bedient – eines Menschen also, von dessen Körper er Besitz ergreift.

Wer von Damballah besessen ist, kann in beträchtliche Gefahren oder zumindest in mißliche Situationen geraten. Befindet sich ein Gewässer oder auch nur ein größeres

Wasserbehältnis in der Nähe einer Person, in der sich Damballah verkörpert, so versucht der Betreffende, sich augenblicklich in die Fluten zu werfen. So zielstrebig ist er in seinem Wunsch, das ihm gemäße Element zu erreichen, so schlangenhaft geschmeidig in seinen Bewegungen, daß er selbst achtsamen Helfern rasch entgleitet. In den meisten Humfòs befindet sich ein Bassin zu Ehren Damballahs; stürzt sich der Besessene nur in dieses flache Behältnis, kann ihm wenig geschehen. Bedenklicher stehen die Dinge, wenn man sich in der Nähe eines Flusses oder der Küste befindet.

Eine womöglich noch größere Gefahr aber stellen Bäume dar, die zahlreich auf dem Gelände jedes ländlichen Humfò wachsen: Mit unbegreiflicher Schnelligkeit klettern die von Damballah Besessenen an den Stämmen hinauf, wobei ihre Bewegungen unzweifelhaft von der Kraft und Geschmeidigkeit eines Schlangenleibes zeugen. Hoch oben im Wipfel (oder auch im Dachstuhl eines Hauses, in den er mit wellenförmigen Bewegungen emporgeglitten ist) hängt der von Damballah Besessene dann an einem Ast, nicht selten kopfüber wie eine wirkliche Schlange. Und auch wenn es kaum jemals vorkommt, daß ein »Menschenpferd« während der rituellen Trance einen Schaden erleidet, kann man doch in höchst unangenehme Situationen geraten, wenn der Loa einen plötzlich verläßt und man sich als gewöhnlicher Mensch in schwindelnder Höhe auf einem Hausdach oder Baumwipfel wiederfindet.

Damballah wird als ehrwürdiger Patriarch betrachtet, der durch seine Gegenwart den Menschen väterlich beisteht, im einzelnen aber kein Verständnis für ihre kleinen Probleme aufbringen kann. Ebenso wie Agwé ist er eine Gottheit des Wassers, jedoch würde niemand ihn je um Schutz für ein Schiff oder um Rettung aus Seenot anflehen. Vielmehr verkörpert er das Wasser als Prinzip, das Potential des Elementes, Leben hervorzubringen, und in diesem übertragenen Sinn alles Kostbare, was ein Gewässer bergen kann.

Die Farbe Damballahs und Ayidas ist Weiß. Als Opfergaben bevorzugt der Schlangengott Eier – das Symbol des Lebens, das mythische Bild des Kosmos, der uranfänglichen Einheit und unerschütterlichen Kraft, die Damballah verkörpert.

Als schlangengestaltiger Schatzhüter ist Damballah im übrigen mit den Schatzdrachen vieler Völker und Kulturen verwandt, mit den Naga Indiens, den Lindwürmern des alten Europa oder den schatzhütenden Drachen Chinas.[8] Gemeint sind aber in allen diesen Fällen ursprünglich keine materiellen Kostbarkeiten, sondern der Schatz »am Ende des Regenbogens« oder »hinter dem Regenbogen« – eine Verheißung, die gleichfalls in den alten Kulturen aller Kontinente überliefert ist.

Wer der Spur von Regenbogengöttin Ayida zu folgen vermag, heißt es daher unter den Voodooisten Haitis, wird den Schatz finden, den Damballah hütet.

8 Vgl. Bandini, Drachenwelt, a.a.O.

Simbi, Wassergott und Schatten Damballahs

Von Damballah heißt es allgemein, daß diese Gottheit zu mächtig und umfassend, archaisch und entrückt sei, um den Menschen in ihrem irdischen Alltag behilflich zu sein. Wer sich des Beistands der kosmischen Urenergien versichern will, aber zugleich lebenspraktische Probleme zu bewältigen hat, wendet sich daher nicht an Damballah selbst, sondern an jenen Loa, der in mancherlei Hinsicht ein »pragmatischer Statthalter« der allmächtigen Schlangengottheit zu sein scheint.

Damballah selbst ist ein reiner Rada-Loa, der sich niemals als Petro-Loa manifestiert. Dagegen gilt Simbi als zutiefst ambivalenter Geist, der sich in keiner seiner Erscheinungsformen eindeutig der Rada- oder der Petro-Linie zuordnen läßt. Vielmehr heißt es von ihm, daß er »mit einem Bein in der Petro-Welt, mit der anderen in der Rada-Welt« stehe.

Wird Simbi innerhalb des Rada-Rituals angerufen, so läßt er sich kaum von Damballah unterscheiden. Wie dieser gilt er dann als Schutzgeist der Gewässer, ob Meere oder Flüsse, Seen oder Teiche, Quellen oder des Regens. Sein Vèvè enthält ebenso wie das Zeichen Damballahs ein Schlangensymbol.

Weitaus häufiger aber ruft man Simbi als Petro-Loa an: Neben dem Schlangensymbol, das seine Nähe zu Damballah bezeugt, umfaßt sein Vèvè ein Feld voller Grabkreuze, die ihn mit den Toten-Loas des Voodookultes verbinden, mit Gèdè und Baron-Samedi. Innerhalb des Petro-Rituals ruft man ihn folgerichtig als Patron der Zauberei an, wobei er sowohl Schutz- als auch Schadenzauber fördern kann.

Personen, die von dieser Gottheit besessen sind, entwickeln eine außerordentliche Gier nach frischem Wasser. Sie verzehren sich nach diesem Element; beschafft man es ihnen nicht sofort, so entwickeln sie alle Symptome eines Verschmachtenden, ja einer Meereskreatur, die auf dem trockenen Land nicht existieren kann. Peinvoll windet sich Simbis »Pferd« auf dem Boden, bis man es endlich zu einem Bassin oder natürlichen Gewässer bringt, wo sich der Besessene sofort und mit aller Kleidung in die Fluten wirft.

In mancherlei Hinsicht erinnert dieser Loa an die Wassermänner und Nixen europäischer Mythen: Gleich diesen haust er in Teichen oder Quellen; wie abendländische Wassergeister zieht er gerne Kinder, die sich arglos über den Wasserspiegel beugen, zu sich in die Tiefe hinab. Dort unten müssen die kleinen Gefangenen dem Simbi jahrelang als Knechte oder Mägde dienen. Doch wenn er ihnen endlich wieder die Freiheit schenkt, erhalten sie als Lohn für ihre Knechtschaft das »Gesicht«, also die Gabe der Prophetie.

Ob der Name Simbi sich aus der indigenen Karibikkultur ableitet und dieser Loa von den alten Maya oder anderen Ureinwohnerkulturen beeinflußt ist, konnte bis heute nicht hinreichend geklärt werden. Nach Auffassung von Maya Deren leitet sich der Name vom indigenen »Zemi«, dem Magie wirkenden Fetisch, her. Die aggressiven Aspekte dieses Loa könnten in der Tat für Derens

Spekulation sprechen; aber die Indizienlage ist nach wie vor zu dürftig, um derart weitreichende Folgerungen zu erlauben.[9]

Besondere Bedeutung kommt Simbi auch deshalb zu, weil sich das mythische Jenseits des Voodooismus tief unter dem Meer befindet. So ist auch er, ähnlich wie Legba, ein Mittlergott: Dieser gebietet über den kosmischen Tunnel, jener über das wäßrige Medium zwischen Menschen- und Geisterwelt.

»Simbi ist in uns allen vorhanden«, erklärte ein in Europa ausgebildeter Haitianer im Gespräch mit Pío Martinéz, der in meinem Auftrag vor Ort recherchiert hat. »Simbi ist das Prinzip des Wassers, des Ungeformten, der entlegenen Innenwelten, die unserem Ich und Verstand nicht zugänglich sind. Dieser innere See kann dich erfrischen und reinigen, aber er kann auch abscheuliche lichtscheue Monster der Tiefe ausspeien. Und unter bestimmten Umständen kann er dich urplötzlich verschlingen. Das ist Simbi.«

Agwé, Patron der Schiffe und Gewässer

Da die Halbinsel Haiti außer im Osten von Meer umgeben ist, verwundert es nicht, daß das Wasserelement auch in der Religion der Menschen eine bedeutende Rolle spielt. Ne-

9 Vgl. Maya Deren: Der Tanz des Himmels mit der Erde, a.a.O., S. 134 ff. Bibliographische Angaben s. Anhang.

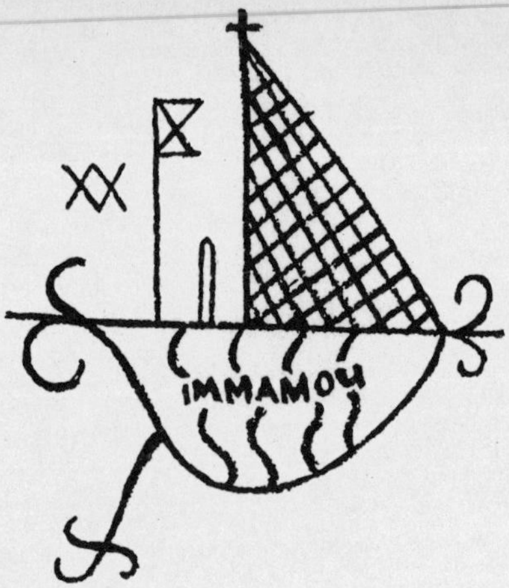

Vèvè für Agwé, Herrscher der Meere.

ben Damballah und Simbi kennt der Voodookult daher einen weiteren bedeutenden Loa des Wassers. Agwé, Herrscher der Meere, Seen und Flüsse, gilt jedoch als Gottheit von männlich klarer Wesensart und wird wegen seiner angenehmen Umgangsformen geschätzt. Er repräsentiert das Wasser nicht als erdenfernes Reservoir kosmischer Energien und auch nicht als ungebärdiges, potentiell verschlingendes Urelement, sondern dessen nutzbare und nützliche Aspekte. Trotz aller Zähmung bleibt das Wasser allerdings stets auch unberechenbar, eine Ungewißheit, die sich auch in Agwés Charakter niederschlägt.

Weitaus weniger archaisch als Damballah, beeindruckt Agwé die Haitianer mit militärischem Schliff; tatsächlich treten die von ihm Besessenen bevorzugt in Marineuniform auf. Anders als sein ewiger Widersacher Ogu, der

Gott des Feuers und Krieges, eignet Agwé jedoch nichts soldatisch Polterndes und Grobes; vielmehr spricht man ihn wegen seines eleganten Auftretens auch als »Präsidenten« an.

Wie es sich für einen tapferen Marineoffizier gehört, liebt er das Donnern von Kanonen. Salutschüsse im Hafen von Port-au-Prince, wem immer sie sonst noch gewidmet sein mögen, gelten gläubigen Voodoo-Anhängern in erster Linie als Ehrung Agwés.

Bei aller Klarheit und urtümlichen Kraft, die er als Regent des Wassers verkörpert, wäre über Agwé wenig Aufregendes zu sagen, hielte seine Gemahlin Ezilie, die bereits erwähnte Göttin der Schönheit und weiblichen Liebe, nicht ihn (und alle Kultanhänger) ständig in Atem. Obwohl fest mit dem Meergott liiert, unterhält Ezilie eine wahrhaft feurige Affäre mit Kriegs- und Feuergott Ogu. Das Mitgefühl der weiblichen Voodooisten ist Agwé daher sicher – obwohl die meisten Haitianerinnen sich angeblich mit der schönen Ezilie identifizieren.

Auch wenn er in solchen eleganten Porträts und romantischen Verwicklungen nur allzumenschlich scheint, erinnert Agwé in anderer Hinsicht an archaische Wassergottheiten wie den griechischen Poseidon. Tatsächlich rufen die Haitianer ihn auch mit Namen wie »Meermuschel«, »Aal« oder »Kaulquappe« an: Er verkörpert nicht nur das Wasser als Element von unerschöpflicher Energie, sondern auch das Leben und alle Schätze, welche die Gewässer bergen. Emblematisch wird er zuweilen als Fisch repräsentiert, häufiger jedoch im Bild eines Segelschiffes, das in keinem seiner Vèvès fehlt.

Vornehmlich aber ist Agwé der Schutzpatron aller Seeleute und ihrer Schiffe. Gerät ein Boot in Seenot, so ruft man »Meister Agwé« an: »Meister Agwé, wo bist du? Siehst du nicht, daß ich gestrandet bin?«

Feste zu Ehren von Agwé haben meist ein fröhliches Gepräge. In einem langen Zug von Voodoo-Anhängern wird ein Schiffsmodell an die Küste oder an das Ufer eines Binnengewässers getragen. Dort werden die Speise- und Getränkeopfer für Agwé sorgsam auf einem kleinen Floß drapiert, das man auf einem Schiff oder Boot aufs Wasser hinausfährt. Da es sich in der Regel um ein kleines Fahrzeug handeln wird, müssen sich die Voodooisten gegen ihre Gewohnheit beim rituellen Tanz bezähmen. Doch um so lauter dröhnen die mitgeführten Trommeln, singen die Hunsis, die Tempeldienerinnen, und knattern die Flaggen des Humfò, der das Opferfest veranstaltet. Ohnehin tanzt das ganze Schiff auf den Wellen, mit deren schwankenden, rollenden, schlangenhaften Bewegungen der Voodookult eine tiefere innere Verwandtschaft hat.

Ist man an der von Wassergott Agwé bevorzugten Stelle angekommen, so wirft man als Tieropfer ausgewählte Schafe und Hühner über Bord; sodann wird auch das hölzerne Floß behutsam ausgesetzt. Nach einigen zusätzlichen Getränkeopfern (genannt Libationen – wobei es heißt, daß Agwé Champagner bevorzuge) steuert man das Schiff rasch an Land zurück, bemüht, sich nicht umzuwenden, damit sich Agwé ungestört an den Opfern laben kann.

Es ist ein sicheres Zeichen, daß der Herrscher der Gewässer die Opfer des Humfò angenommen hat, wenn einige Initiierte noch während der Rückfahrt zum Ufer oder zur Küste in rituelle Trance verfallen: Agwé ist über sie gekommen, der Meergott selbst reitet eines der Menschenpferde, aber auch von untergeordneten Loas der Gewässer kann die Besatzung des kleinen Schiffs besessen sein.

Die Mambo oder der Hungan (sofern nicht ihrerseits besessen) und ihre instruierten Gefolgsleute müssen währenddessen Sorge tragen, daß die von Wasser-Loas Besessenen nicht wie Fische über Bord schnellen, wähnend, daß sie zur mächtigen Meeresseele auch den Körper einer Wasserkreatur besäßen.

Nicht selten stellt sich im Verlauf dieses spirituellen Festes neben Agwé auch noch ein besonders gern gesehener übernatürlicher Gast ein. Gelingt es, Agwés liebreizende Gattin Ezilie, die Göttin der Schönheit und des Flirts, herbeizurufen, so sind alle Festteilnehmer tief beglückt und noch lange danach überzeugt, daß auch ihr eigenes Lebensschiff einen günstigen Kurs steuern werde.

Ogu, feuriger Loa des Krieges

Seine nigerianische Herkunft ist heute fast vergessen, dennoch besitzt er noch immer den unbeugsamen Charakter und das heroische Wesen der afrikanischen Nago, die ihn schon vor einem halben Jahrtausend verehrten. Ursprünglich war Ogu ein Gott des Himmelsdonners, woraus später der Vodun des Feuers wurde, dessen Aufgaben sich nach und nach erweiterten: Als Patron der Schmiede wurde er bald auch die Gottheit derer, die von der Schmiedekunst blutigen Gebrauch zu machen pflegen. Riefen ihn einst die Krieger der Nago um Beistand an, so sind es heute die voodoogläubigen Soldaten Haitis, die sich hinter seiner Fahne scharen.

Als Loa der Krieger trägt Ogu wie seine Gefolgschaft soldatische Derbheit zur Schau. Sein Symbol ist der Säbel; er bevorzugt hochprozentige Schnäpse, die er in beliebigen Mengen konsumiert, ohne je betrunken zu werden. Ergreift er während einer Zeremonie von einer Person Besitz, so pflegt diese durch den Ausruf »Zum Donnerwetter!« anzuzeigen, welcher Donnerer von ihr Besitz ergriffen hat. Mit der rauhen Redensart »Grains moin fret!« (»Meine Hoden frieren!«) fordert Ogu unverzüglich weißen Rum – der in Haiti »Clairin« heißt –, den er teilweise in seine Kehle schüttet, zu Teilen aber auch auf den Boden gießt und anzündet. Denn alles Brennende, Feurige findet sein Wohlgefallen, und umgekehrt vermitteln lodernde Flammen und der Geruch verbrennenden Rums den Anwesenden einen deutlichen Eindruck von der starken, feurigen Natur dieses Loa.

Ogus heilige Farbe ist selbstverständlich Rot, die Farbe des Zorns und der Energie. Er ist auch ein Schutzpatron der (insbesondere männlichen) Sexualität. In mancherlei Hinsicht gemahnt er an einen Stier; wie wütende Bullen gebärden sich in der Tat viele Menschen, von denen er Besitz ergreift.

In höherem Maß als jeder andere Rada-Loa verkörpert Ogu Stärke und Macht; dennoch hat er keine Entsprechung im Petro-Ritual. Das wird allgemein damit erklärt, daß er zu aufrecht und wahrheitsliebend sei, um die jedem Petro-Loa eigentümliche Neigung zur Hinterlist teilen zu können.

In heutiger Zeit erscheint er nicht mehr als archaischer Kriegsheld, sondern als eine Mischung aus General und Militärpolitiker. Wo er sich verkörpert, intoniert man die Nationalhymne und begrüßt ihn mit allen militärischen Ehren. Seine schnellen Schritte, sein scharfer Blick, seine gespannt aufrechte Haltung zeigen unmißverständlich den hohen Militär in der Stunde großer Gefahr.

Um ihn bildlich darzustellen, greift der Voodooismus bevorzugt auf Bilder des katholischen Heiligen Jakob zurück, der mit gezücktem Schwert seine Feinde überrennt. Wer unter Ogus Schutz steht, hat von übelwollenden Dämonen wenig zu befürchten. Sogar der Umkehrschluß ist nach Ansicht der Haitianer erlaubt: Wer es in der Gesellschaft zu Ansehen und Macht gebracht hat, muß unter Ogus besonderer Obhut stehen.

Die äußere Erscheinung der von Ogu Besessenen gemahnt an Soldaten aus dem Unabhängigkeitskrieg. Auf einer Zigarre kauend, Säbel oder Buschmesser schwingend, treten sie mit französischem Käppi und Soldatenuniform oder zumindest mit malerisch um Stirn und Arme geschlungenen roten Tüchern auf. Nicht nur gelüstet es die von Ogu Besessenen nach großen Mengen Clairin, sie sind auch imstande, mit bloßen Händen ins Feuer zu greifen oder sich die Klinge ihres Säbels ins Fleisch zu drücken, ohne sichtbare Schäden zu erleiden.

Ob Ogu tatsächlich einst Brave-Gèdè an Sohnes Statt angenommen hat, ist unter Voodooisten umstritten. Folgerichtig wäre es jedoch ohne Zweifel: Brave-Gèdè ist eine Erscheinungsform des Totengottes, dem der Loa des Krieges naturgemäß besonders nahesteht.

Unstrittig ist dagegen Ogus soldatische Bedenkenlosigkeit in erotischen Belangen: Er ist ein notorischer Weiberheld vom Schlage des griechischen Zeus. Wie bereits erwähnt, unterhält er eine leidenschaftliche Affäre auch mit der Schönheitsgöttin Ezilie. Da diese mit Wassergott Agwé verehelicht ist, hat Ogu einen Grund mehr, sich vor dem Wasser zu fürchten, der einzigen Gewalt, die den Loa des Feuers zu beeindrucken vermag.

Ezilie, Göttin der Schönheit und Liebe

Die meisten bedeutenden Loas sind männlich; wie bei seinen dahomeischen Ursprüngen handelt es sich auch beim Voodoo um einen betont maskulinen Kult. Entsprechend wird im Voodooismus kein weibliches Prinzip der Fruchtbarkeit und des Gebärens vergöttlicht; Symbol kosmischer Energien und Spender des Lebens ist der Phallus, ohne dessen Samen die Erde noch immer leblos wäre.

Die wichtigste weibliche Wesenheit, die Loa Ezilie, ist daher zwar eine Göttin der Liebe; doch deren Eros scheint von allen Naturgesetzen losgelöst. Ezilie tritt uns nicht – wie die Liebesgöttinnen zahlreicher anderer Mythologien – als Göttin der Fruchtbarkeit, der Gebärkunde oder weiblichen Naturwissens entgegen, sondern als Verkörperung des Luxusstrebens und des Flirts. Ezilie repräsentiert also ein bestimmtes Bild (oder Klischee) weiblichen Verhaltens und femininer Sehnsüchte, das man aus westlicher Sicht für altmodisch halten könnte; zumindest fällt es schwer, in Ezilie die Verkörperung eines Archetypus zu erkennen.

Mit anderen Liebesgöttinnen hat sie immerhin den Hang zu hemmungsloser Hingabe gemein. Ezilie ist die Schutzpatronin nicht allein der Prostituierten, sondern aller Voodooanhängerinnen Haitis, die von einem vielgestaltigen Liebesleben träumen oder Promiskuität praktizieren. Zahlreich sind die übernatürlichen Geliebten von Metrès Ezilie: Neben ihrem Gemahl Agwé, dem Wassergott, und ihrem notorischen Liebhaber Ogu, dem Loa der Krieger und Schmiede, ist oder war sie selbst Damballah, dem ehrwürdigen Schlangengott, verbunden, und zwar als Konkubine neben Damballahs Gemahlin Ayida.

Noch weitaus zahlreicher dürften die irdischen Männer sein, denen Ezilie in ihren vielfältigen rituellen Manifestationen den Kopf verdreht hat und weiterhin verdrehen wird: Hat die Loa der Liebe von einem Menschenpferd Besitz ergriffen, so begibt sie sich als erstes in den Raum des Voodooheiligtums, in dem man Schmuck und elegante Kleidung für sie bereithält, außerdem ein Becken mit Wasser, Tücher, Seife und andere Dinge, die eine Liebesgöttin zu ihrer Verschönerung und Bequemlichkeit benötigt.

Nachdem Ezilie sich angemessen ausstaffiert hat, kehrt sie mit verführerischem Lächeln ins Peristyl zurück, wo die Voodooanhänger gespannt ihren Auftritt erwarten. Von den am besten aussehenden Männern des Tempels flankiert, schlendert sie durch den Raum und hat für jede erwachsene Person männlichen Geschlechts ein Lächeln, ein betörendes Wort (oder mehr) bereit – den anwesenden Frauen aber reicht sie allenfalls den kleinen Finger. Denn als Loa der Ausschweifung, die buchstäblich zu Dutzenden Männerköpfe verdreht, unterhält Ezilie zur Damenwelt notorisch gespannte Beziehungen.

Das zentrale Symbol in ihrem Vèvè ist folgerichtig ein Herz, meist durchlöchert von einem Pfeil, ein Zeichen, das sich auf vielfältige Weise auslegen läßt. Zum einen steht das durchbohrte Herz sicherlich für die bedeutende Zahl gebrochener Männerherzen, die Ezilies Weg säumen. Eines der prominentesten Opfer ihrer Reize ist Gèdè-nibo, eine Erscheinungsform des Toten-Loa. Getrieben von Vorurteilen, über die selbst die Götter nicht erhaben sind, lehnt die Loa der Liebe Gèdè-nibo ab, weil er von schwarzer Hautfarbe ist. Doch der Bedauernswerte kann sich mit seinem Schicksal nicht abfinden. Unablässig schleicht er hinter Ezilie her, dabei mit der typisch nasalen Stimme der Toten-Loas beteuernd: »Ich liebe diese Frau. Sie weist mich zurück, weil ich ein Schwarzer bin – aber ich gebe nicht nach …«

Zum zweiten symbolisiert das durchbohrte Herz die unstillbare Sehnsucht nach dem Vollkommenen, nach der endgültigen Überwindung alles Dürftigen, Halben, Mißlungenen. Drittens wird es selbst mit dem Schmerz der christlichen Gottesmutter Maria in Verbindung gebracht – eine Auslegung, die sich mit Motiven und Charakter der voodooistischen Loa allerdings nicht leicht vereinbaren läßt.

Tatsache ist dagegen, daß Ezilie sich niemals scheut, in der Öffentlichkeit des Peristyls die hübschesten Männer zu küssen, zu streicheln, an sich zu pressen, daß es den Beglückten heiß werden mag. Dazu flötet die Loa mit heller Stimme, wiegt sich in den Hüften und verlangt zwischendurch immer wieder in gebieterischem Ton, daß man sie mit angemessenem Luxus verwöhne. So kann es geschehen, daß sie eine Flasche Parfüm, die man ihr gereicht hat, kurzerhand auf den Boden gießt, um die Güte der Luft zu verbessern. Zuweilen verfällt sie in hochsprachliches Französisch, um ihre Vornehmheit unter Beweis zu stellen. Fast immer verlangt sie, daß man einige Lieder spiele, denn über alles liebt sie den Tanz.

Und obwohl man sich in jedem Humfò glücklich schätzt, die Präsenz einer so hochgeschätzten Loa erwirkt zu haben, und keine Anstrengungen scheut, um alle luxuriösen Träume und Sehnsüchte der Göttin zu befriedigen, kommt irgendwann unfehlbar der Punkt, da Ezilies Stimmung umkippt: Von einer Sekunde zur anderen verzehrt sich die eben noch strahlende, unwiderstehlich schöne Göttin in untröstlicher Verzweiflung und einem Jammer, der weit über Menschenmaß hinauszugehen scheint.

Die erschreckende Veränderung pflegt damit zu beginnen, daß die Loa unvermittelt beteuert, sie sei seit jeher betrogen und nie wirklich geliebt worden. Während alle Anwesenden betroffen schweigen – schließlich glaubt man zu wissen, daß umgekehrt sie seit jeher männliche Herzen bricht –, beginnt Ezilie bereits hemmungslos zu weinen. Wahre Sturzbäche an Tränen strömen aus ihren Augen; förmlich vernichtet von einer Verzweiflung, die sie anscheinend nur verborgen hatte, bezichtigt sie alle ihre Geliebten der Treulosigkeit und beklagt ihre Einsamkeit und den Verrat, den man seit jeher an ihr verübt habe.

Zuweilen geschieht es dann, daß Metrès Ezilie sich in eine solche Rage steigert, daß eine weitere Verwandlung mit ihr vorgeht: Die sanfte Rada-Loa, die sie selbst unter Tränen noch zu sein schien, verkehrt jählings ihr Wesen und wird zu einer wahren Furie bitteren Zorns. Dies ist der Moment, in dem sich ihre erschreckende »Nachtseite« verkörpert, die Petro-Loa Ezilie-Ge-Rouge (»Ezilie mit den roten Augen«). Dann verkrampft sie sich am ganzen Körper, zieht im Sitzen die Knie hoch, preßt Lippen und Lider zusammen, ballt die Hände zu Fäusten; ihr Hals wird starr, ebenso ihre Miene, eine Maske grauenvoller Wut.

Wenn Ezilie dann endlich den Mund wieder öffnet, bringt sie statt verständlicher Worte nur ein irres Winseln, eine schrille Tonfolge tödlichen Zorns hervor. Unter ihren gesenkten Lidern tropfen keine Tränen mehr hervor, doch statt dessen quillt zuweilen Blut aus ihren Fäusten, da Ezilie sich die Fingernägel mit wahnsinniger Gewalt in die Handflächen bohrt. Aller Schmerz ist dann in Haß und latente Gewalt verwandelt, als würde Ezilie-Ge-Rouge im nächsten Moment in Stücke zerspringen – und mit ihr die ganze Welt, die es gewagt hat, der Göttin der Liebe und Schönheit solche Pein zu bereiten.

Loco und Ayizan, oberste Ahnen-Loas und Patrone der Heilkunst

Wie bereits eingangs dieses Buches angesprochen, besteht nach Auffassung der Voodooisten zwischen den »inneren Engeln« oder Gros-bon-anges gewöhnlicher Menschen und den übernatürlichen Loas kein substantieller, sondern lediglich ein gradueller Unterschied. Loas sind ungleich machtvoller und weiser; sie verfügen über weitaus mehr kosmische Energie und erheblich größeres Wissen als jeder Gros-bon-ange. Doch unter gewissen Voraussetzungen – auf dem Wege der Initiation und der Wiedergeburt(en) – kann jeder Gros-bon-ange zum Loa aufsteigen. Im Unterschied zu den uranfänglichen Loas, die Bondieu bereits in kosmischer Frühzeit halfen, das Schöpfungswerk auszuführen, gehören die geheiligten Toten den Ahnen-Loas an. Und deren unabsehbar lange Reihe beginnt mit Loco und Ayizan, dem ersten Menschenpaar, das zu Loas erhoben wurde.

Die voodooistische Mythologie ehrt Loco und seine Gemahlin Ayizan als die ersten Priester des Kultes. Ungewiß, ob bereits im afrikanischen Dahome oder in einem haitianischen Humfò, soll Loco jedenfalls als erster Hungan gewirkt haben. Zusammen mit Ayizan als erster Mambo bahnte er den Loas erstmals einen Weg in die diesseitige Welt. So erscheint er gleichsam als menschliche Verlängerung oder als Werkzeug Legbas, des Mittlergottes, dem ja seitens der Unterwelt die Aufgabe zukommt, den verbindenden Weg zu bahnen. Während Legba als Herr der

Schlüssel zur Unterwelt gilt, wird Loco folgerichtig als »Hüter der Schlüssel zum Humfò« gerühmt.

Im Mythos heißt Loco auch »Anführer der Eskorte Legbas«; glaubt man der Tradition, so hat er bereits in Dahome als König gewirkt. In älteren Überlieferungen erscheint Ayizan weniger als seine Frau denn als weiblicher Aspekt einer Wesenheit, die demnach androgyn wie Mawu-Lisa, die zwiegesichtige Urgottheit, wäre.

Locos Nähe zu Legba zeigt sich in vielen Einzelheiten. Beider Symbol ist der Baum, die Weltenachse, die Verbindung zwischen Ober- und Unterwelt. In seiner Erscheinungsform als Loco Attiso trägt er diese Symbolik gar in seinem Namen (»der zu den Bäumen gehört«). Als mythischer Hungan gebietet er ohnehin über den Poteau-mitan, die symbolische Repräsentation der Mittelachse Legbas, die in keinem voodooistischen Humfò fehlt. Bis heute gilt Loco in Voodootempeln als ehrwürdiger Stellvertreter des Priesters: Sind die Mambo oder der Hungan nicht anwesend, so stehen die rituellen Requisiten unter dem Schutz Locos und Ayizans.

Im ländlichen Haiti ist Loco bis heute sehr populär. Zuweilen wird er wohl als Baumgeist in eher animistischem Sinn gesehen; dann läßt sich zwischen dem Kult um Loco und der Verehrung der Bäume keine klare Grenzlinie mehr ziehen. Gaben für Loco hängen die Voodooisten in kleinen Säcken an die Äste verschiedener Bäume, die als bevorzugte Wohnstätte des Geistes gelten; eine besondere Vorliebe, heißt es, hege er für den sogenannten antillischen Käsebaum. Wenn Loco sich personifiziert, also von einem Menschenpferd Besitz ergreift, bleibt seine äußere Gestalt gleichwohl pflanzenhaft unbestimmt. Jedoch findet sich stets ein pfeiferauchender Diener in seiner Begleitung, und weniger als Zeichen körperlicher Gebrechen als um seiner Baumnatur willen trägt Loco in seiner Hand stets einen Knotenstock.

Ähnlich wie Simbi im Verhältnis zu Damballah, steht auch Loco den Belangen der Menschen sehr viel näher als der große Legba, der sich um den irdischen Alltag im einzelnen wenig schert. Kein Wunder also, daß nach voodooistischer Überlieferung nicht Legba, sondern Loco die Menschen gelehrt hat, die segensreichen Kräfte nutzbar zu machen, welche durch die Bäume in die Welt gekommen sind. In diesem Zusammenhang werden die Bäume selbst ganz konkret als Mittler zwischen den Loas und den Menschen oder als »Kanal« zwischen den Welten gesehen: Loco, der Urpriester des Voodoo, war es, der herausfand, welche Blätter von den Bäumen und welche Pflanzen im Umkreis der Bäume zum Kräuterzauber gegen Gebrechen und Krankheiten tauglich sind. So war Loco also der erste Heiler des Voodoo, und noch heute führt man viele Rezepturen der voodooistischen Kräuterdoktoren in direkter Linie auf ihn zurück. Die Heiler des Voodoo pflegen ihn anzurufen, ehe sie mit einer medizinischen Behandlung beginnen. Man nimmt an, daß die Bäume und Kräuter ihre heilende Wirkung verlören, wenn sich der Geist Locos aus ihnen zurückziehen würde.

Dagegen heißt es von Ayizan, daß sie Rezepturen zum Schutz des Gros-bon-ange entwickelt und allerlei Magie zur Abwehr von Schadenzauber beherrscht habe. Damit erhält die weiße Magie (oder was man in westlicher Tradition als solche bezeichnen möchte – die Grenzen verlaufen auch hier eher ungewiß) im Voodoo allerhöchste mythologische Weihen: Bereits die Urpriesterin des Kultes, längst zu einer der mächtigsten Ahnen-Loas geadelt, verstand es, die Geister zum Wohl der Menschen zu manipulieren.

Azacca, Loa des Ackerbaus

Noch immer ist die Gesellschaft Haitis stark ländlich geprägt; entsprechend große Bedeutung kommt Azacca, dem Loa der Landwirtschaft, im Voodookult zu. Ihn ruft man an, um eine gute Ernte zu erwirken, und Azacca danken die Bauern in Rada-Ritualen für ihre leibliche Nahrung.

Wenn sich der Loa des Ackerbaus mit Hilfe eines Menschenpferdes manifestiert, so glaubt man auf den ersten Blick einen gewöhnlichen haitianischen Landwirt vor sich zu haben. Er bevorzugt einen Strohhut zu derber ländlicher Kleidung; in seinem Mund dampft die Pfeife; einem Schnaps und rustikalen Speisen ist Azacca niemals abgeneigt. Auch der Dialekt, in dem er sich äußert, klingt ländlich und beinahe plump; niemals würde Metrès Ezilie mit diesem Loa eine Liaison eingehen. Mißtrauisch und verschlossen, voll Verachtung für städtischen Putz, wie Azacca auftritt, würde freilich auch er für eine luxuriöse Schönheit wie Ezilie schwerlich Sympathie bezeigen.

Wenig Aufregendes wäre von diesem Loa zu berichten,

gäbe es in seiner nächsten Verwandtschaft nicht eine Gestalt, deren düstere Eleganz auch dem tölpelhaften Ackergott ein wenig Glanz verleiht: Unter Voodooisten jedenfalls gilt es als ausgemacht, daß kein Geringerer als Totengott Gèdè der Bruder Azaccas sei.

Tatsächlich verhält sich Gèdè, wann immer die beiden zusammentreffen, auffallend gutmütig gegenüber Azacca. Der Loa des Ackerbaus scheint der einzige zu sein, den der scharfzüngige Totengott vor Spott und lasziven Anspielungen verschont. Azacca seinerseits scheint den ungleich bedeutenderen Loa beflissen, ja unterwürfig nachzuahmen, was ihm jedoch unweigerlich mißlingt. Seine ländlich derbe Art steht ihm im Wege; daher mag er sich, wenn er seinerseits obszöne Floskeln murmelt, wie ein zweiter Gèdè vorkommen und erweckt doch nur den Eindruck unverfeinerter Brunst. Doch die Bauern Haitis schätzen und respektieren ihn dennoch, da Azacca ihr eigenes Selbstbild repräsentiert: den ehrlichen, schwer arbeitenden Landwirt, der die einfachen Genüsse zu schätzen weiß, aber alles Verfeinerte verabscheut.

Zuweilen manifestiert sich Azacca auch in anderen Erscheinungsformen als der des bodenständigen Landwirts: Gelegentlich verkörpert er sich als halbwüchsiger Bauernjunge von anmutiger Naivität. Sehr viel häufiger aber erscheint er, zumal seit einigen Jahrzehnten, in der »modernen« Manifestation als »Minister Azacca«, als mächtiger Agrarfunktionär, hinter dessen prahlerischem Auftreten der ungehobelte Bauer freilich sichtbar bleibt.

Ähnlich wie Totengott Gèdè läßt sich auch dessen »Bruder« Azacca weder dem Rada- noch dem Petro-Ritual schlüssig zuordnen. Einerseits wird er als Rada-Loa verehrt; charakteristisch für den Kult um ihn sind andererseits aber umfangreiche Versöhnungszeremonien, die eigentlich auf eine machtvolle, zornige und unberechenbare Gottheit schließen lassen. Azacca selbst ist jedoch ein Loa von allenfalls mittlerem Rang, der weder zu Zorn noch zu Heimtücke neigt; letzteres sind bekanntlich Attribute, die man gemeinhin den Petro-Loas zuordnet.

Der Widerspruch erklärt sich möglicherweise damit, daß Azacca die voodooistische Adaption einer Gottheit ist, die ursprünglich den indigenen Karibikkulturen entstammt. Tatsächlich weisen die Versöhnungszeremonien zur Besänftigung Azaccas indigene Einflüsse auf. Innerhalb der Ordnung des Voodoo aber bleibt es irritierend, daß dieser Rada-Loa mit einem Ritual verehrt wird, das anscheinend starke Petro-Aspekte enthält. Vielleicht um diesen Widerspruch zu mildern, wurde Azacca in der Mythologie des Voodoo zum Bruder des Totengottes umgewandelt und dadurch der Sippe der Gèdès zugeordnet, die als »Klasse für sich« weder der Petro- noch der Rada-Linie angehören.

Gèdè, der phallische Totengott

Die schillerndste, vielgestaltigste und in gewisser Hinsicht faszinierendste Figur des haitianischen Voodoo ist Totengott Gèdè. Haarsträubende Legenden ranken sich um sein verderbliches, schamloses oder grausames Tun. Unheimlich ist sein Äußeres, gnadenlos sein Spott, schier unerträglich seine zur Schau getragene Empfindungslosigkeit. Schon die Namen, unter denen er in Haiti bekannt ist, wecken wenig Vertrauen: Man nennt ihn beispielsweise Baron-Samedi oder Baron-Cimitière, und in der Tat ähnelt er mit seinem Zylinderhut, dem schwarzen Anzug, der Vorliebe für dunkle Brillen einem Beerdigungsunternehmer. Sein Tonfall ist näselnd, seine Gier unersättlich; seine Obszönitäten treiben selbst abgebrühten Huren die Schamröte ins Gesicht. Selten wird er zu Voodoozeremonien eingeladen, häufig stellt er sich gleichwohl ein: der Tod als stets überraschender, kaum jemals gern gesehener, noch schwerer wieder zu vertreibender Gast. Doch die Vermutung westlicher Betrachter, Gèdè sei eine Art voodooistischer Satan, ist kaum mehr als eine abendländische Projektion.

Da die Voodooisten an Reinkarnation und die Vergöttlichung der Ahnen glauben, ist der individuelle Tod zwar auch für sie ein furchteinflößender Abgrund; doch das verschlingende Grab ist zugleich (wieder-)gebärender Schoß. Das erklärt, weshalb Gèdè, wie so viele Totengötter der alten Völker, Zerfall und Siechtum ebenso wie Begierde und Fleischeslust repräsentiert. Ohne Zeugung kein

Tod, ohne Tod keine Fortzeugung: Es ist diese zeitlose Einsicht, die Gèdè durch die Obszönität seines Tanzes und seiner Rede zugleich vermittelt und in melancholischer Brechung parodiert.

Sein wichtigstes Symbol ist das gleichschenklige Kreuz – nicht zu verwechseln mit dem Kreuz der Christen –, das Kreuz der Gräber und zugleich der beiden Achsen, nach denen das Weltbild der Voodooisten ausgerichtet ist: der horizontalen Welt der Sterblichen und der vertikalen Achse, die hinab in die Unterwelt der Geister führt. Doch zu seiner Verehrung und symbolischen Kennzeichnung dient – neben der Schaufel des Totengräbers – auch ein hölzerner Phallus, und häufig erscheint er auf Bildern mit entblößtem Genital.

Die Nachtseite von Legba, dem Loa der Schwelle

Ob Gèdè dem Rada- oder dem Petro-Kult angehört, ist so strittig wie die Frage, ob es sich überhaupt um einen einzigen, extrem wandlungsfähigen Totengott oder um eine ganze Sippe von Gèdès handelt.

Als einzelner Loa betrachtet, zählt Gèdè zu den mächtigsten und weisesten dieser Wesenheiten. In gewisser Weise ist er allerdings auch nur ein düsterer Aspekt von Legba, dem Hüter der Schwelle zwischen Menschenwelt und Jenseits. Denn die Unterwelt des Voodoo ist die Sphäre der Götter und der Toten zugleich: Legba stiftet die Verbindung zu den kosmischen Energien, welche die Loas repräsentieren; Gèdè aber ruft man an, wenn es darum geht, Kontakt zu den Gros-bon-anges der Verstorbenen aufzunehmen.

Faßt man Gèdè lediglich als »nächtlichen« Aspekt Legbas auf, so ist er allerdings von Mèt Carrefour schwer zu unterscheiden, den wir bereits als dunkles Alter ego des Schwellen-Loa kennengelernt haben. Überdies gelten beide dunklen Loas als Patrone der Magier und werden vor jeder Beschwörung von Dämonen angerufen.

Wie wenig die Voodooisten selbst anzugeben wüßten, welche Stellung Gèdè in ihrem »Pantheon« einnimmt, geht aus der Anrufung Gèdès in Zeremonien hervor. Jedes Rada-Ritual beginnt mit der Begrüßung Legbas und endet mit der Anrufung Gèdès. Doch da anschließend das Petro-Ritual zu beginnen pflegt, läßt sich Gèdè ebenso als Schließer des Tores zu den Rada-Loas wie als Öffner des Kanals zu den Petro-Loas verstehen.

Plausibler als solche Zuordnungsversuche scheint es zu sein, Gèdè als »Klasse für sich« aufzufassen. Diese Vorstellung liegt um so näher, wenn man den ungemein wandlungsfähigen Totengott nicht als eine einzige Gestalt, sondern als Sippe von Todes-Loas begreift.

Die schamlosen Totengräber

Neben den erwähnten Baronen Samedi und Cimitière kennen die Voodooisten noch eine Vielzahl von Todesgeistern, die gemeinhin den Gèdès zugeordnet werden. Zu erwähnen sind hier beispielsweise Gèdè-nibo, den wir bereits als verschmähten Liebhaber von Schönheitsgöttin Ezilie kennengelernt haben, oder auch Baron-la-croix, Baron-Piquant und viele weitere mehr. Im übrigen existiert auch eine weibliche Variation Gèdès, genannt Madame Brigitte, eine knochige Person von gleichfalls abscheulichem Aussehen. Solche äußerlichen Mängel haben die Barone jedoch nicht daran gehindert, mit Madame Brigitte eine erschreckende Zahl von Kindern zu zeugen, kindliche Totengeister wie Ramasseut-de-croix (Kreuzsammler) oder General Fouillé, dessen Beschäftigung darin besteht, die Gräber zu durchwühlen.

Nach verbreiteter, wenngleich nicht unstrittiger Ansicht handelt es sich bei Baron-Samedi um den Chef der Gèdès. Ob die anderen Barone Varianten von Samedi oder eigenständige Gestalten sind, läßt sich dagegen nicht einmal annähernd ermitteln. Einigkeit herrscht jedoch über die wichtigsten äußeren Charakteristika aller männlichen Gèdès: Neben den erwähnten Zylindern und schwarzen, möglichst feierlichen Anzügen nebst Trauerflor bevorzugen sie getönte Brillen. Diese Vorliebe kann so weit gehen, daß ein Gèdè nach seiner Manifestation als erstes von einem beliebigen Anwesenden eine Sonnenbrille entwendet oder sogar deren zwei oder drei übereinander auf seine Nase stülpt.

Zu den äußerlichen Merkmalen der Gèdès zählen des weiteren Spazierstöcke, die sie zu schwingen oder zu vorgetäuschten Florettattacken zu nutzen pflegen, sowie möglichst unaufhörliches Rauchen von Zigarren oder Zigaretten. Häufig staffieren sich von Gèdè Besessene auch als wandelnde Leichname aus.

Der Tonfall aller Gèdès ist näselnd, ihr Gang tänzelnd, ihre Rede mit Obszönitäten gespickt. Mit traumhafter Sicherheit finden sie unter den Anwesenden stets jene heraus, die sich über körperliche Belange, vor allem über sexuelle Dinge, erhaben wähnen. Diesen Personen gilt der erbarmungslose Spott der Gèdès: Sie traktieren ihn mit Worten, treiben ihn in die Enge, zwingen ihn oder sie gar zu einem parodistischen »Begattungstanz« namens Banda. Den Verklemmten und Frömmlern also mag Gèdè als Teufel erscheinen, doch es ist ihr persönlicher Teufel, wie Maya Deren zu Recht bemerkt.[10]

Berüchtigt sind auch der unersättliche Hunger der Gèdès, die Schamlosigkeit, mit der sie Speisen fordern oder erbetteln, und die Hast, mit der sie das erhaltene Essen verschlingen. Auch dieses Verhalten wirkt auf den Betrachter wohl vor allem deshalb so beklemmend, da es unsere eigene Lebensgier so mitleidlos karikiert. Leben heißt hungern, gieren, schlingen, abermals hungern und so weiter – bis der Tod selbst als unersättlicher Schlund unseren Leichnam verschlingt. Eine alles andere als heimelige Botschaft, in der Regel so ungern zur Kenntnis genommen wie die Existenz des Todes selbst. Doch wer ihn – also unser aller Sterblichkeit – zu ignorieren, zu verleugnen versucht, dem jagen die Gèdès einen fast schon tödlichen Schrecken ein: Beim Lied des Totengräbers, das sie mit näselnder Stimme vortragen, hat schon manch einem das Herz ausgesetzt – spätestens in dem Moment, da Gèdè zum Abschluß seines Liedes in hysterisches Gelächter ausbricht.

10 Maya Deren, a.a.O., Seite 120.

Der Gèdè-Test

Angesichts der Freiheiten sexueller Natur, die sich die Gèdès jederzeit herausnehmen, mag es manchen gelüsten, Besessenheit durch einen dieser Loas vorzutäuschen. Um solchen Trug zu unterbinden, unterzieht man jede Person, die vorgibt, von einem Gèdè besessen zu sein, einem im Wortsinn scharfen Test:

Das Lieblingsgetränk der Barone und ihrer Gefolgsgeister ist Clairin, reiner Zuckerrohrschnaps, versetzt mit nicht weniger als 21 ätzend scharfen Gewürzen. Kein gewöhnlicher Mensch – das heißt, kein von einem einfachen Gros-bon-ange bewohnter Körper – kann dieses Getränk schadlos überstehen. Wer also behauptet, daß ein Gèdè von ihm Besitz ergriffen habe, dem schütten der Hungan oder die Mambo ein Glas dieses mörderischen Schnapses in die Augen. Jeder Betrüger würde seine Dreistigkeit mit Erblinden und Schlimmerem bezahlen. Ein echter Gèdè jedoch übersteht diesen Test ungerührt und leert sofort ein zweites Glas in seine Kehle, ohne auch nur zu hüsteln.

Woraus umgekehrt – und für den westlichen Betrachter so schwer zu akzeptieren – folgt, daß nicht die Beschaffenheit des Körpers »an sich«, sondern Energie und Macht des »inneren Engels« – Gros-bon-ange bzw. Loa – darüber entscheiden, was dieser Körper erträgt, was ihn beeinträchtigt oder überhaupt nicht berührt. Tatsächlich gehört der »Gèdè-Test« zum Alltag der Voodoopriester und ihrer initiierten Gehilfen. Die allermeisten Europäer würden ihn selbst in erheblich abgeschwächter Form sowenig überstehen wie die erstaunlichen Übungen der Fakire Indiens, und bis heute vermag die westliche Wissenschaft nicht überzeugend darzulegen, warum dergleichen dennoch möglich ist.

Für den Voodooisten dagegen ist die Sache klar: Die Gèdès als Herren über Leben und Tod vermögen selbstverständlich auch die Belastbarkeit eines lebenden Körpers zu manipulieren. So ist schließlich auch bekannt, daß man einen Gèdè, der erscheint, um einen Menschen aus dieser Welt abzuberufen, unter bestimmten Umständen davon überzeugen kann, den Betreffenden noch eine Weile am Leben zu lassen. Wer aber solches vermag, wird auch in der Lage sein, sich ohne schädliche Folgen selbst mit Gift zu übergießen. Aus der Sicht der Unsterblichen, lautet die Botschaft, ist die Hinfälligkeit des Körpers nichts als täuschender Schein.

Der weise Ratgeber

Selbst wenn die Voodooisten den Tod nicht annähernd so »verteufeln«, wie wir Europäer dies zu tun pflegen, steht doch auch in Haiti kaum jemand mit dem Todesgott auf vertrautem Fuß. Man achtet Gèdè, man ist von seiner Weisheit beeindruckt, man schaudert vor seinem Amt und seiner Macht. Aber niemand würde sich ihm so rückhaltlos anvertrauen, wie ein eifriger Kultanhänger beispielsweise die Hilfe Agwés erflehen mag. Mit einem Wort: Alle Gèdès sind einsame Geister, nicht nur Gèdè-nibo, der so unglücklich in Ezilie Verliebte.

Dabei gelten die Gèdès als äußerst aufmerksame Beobachter des menschlichen Alltags. Ja, ihnen eignet auch in dieser Hinsicht etwas Maßloses, Unersättliches, so daß ihre echte Anteilnahme fast schon wieder wie eine Parodie erscheint. Gierig sehen und hören sie zu, wenn Menschen mit den Widrigkeiten ihres Lebens kämpfen, mit Liebeskummer und unerfüllter Begierde, Kampf ums Dasein oder Sehnsucht nach Reichtum, Angst vor Widersachern oder der Unerbittlichkeit des Alterns. So viele Menschenleben haben die Gèdès bereits verschlungen, soviel Wissen so vieler Generationen ist in ihnen gespeichert, daß etwa Baron-Samedi oder auch Monsieur Entreroute, ein weiterer Gèdè, zu den weisesten Loas gehören. Faßt sich einmal jemand ein Herz und bittet sie, ohne sich von ihrem höhnisch abweisenden Gebaren abschrecken zu lassen, um Rat, so werden die Todesgeister ihm in der Regel gern mit ihrem unerschöpflichen Wissen beistehen.

Achtung vor »Kapitän Zombi«

Einigen Erscheinungsformen Gèdès – oder Abkömmlingen dieser Geistersippe – würden sich indessen selbst furchtlosc Voodooisten schwerlich anvertrauen. So gilt zwar Monsieur Entreroute als subtiler, vergleichsweise wohlerzogener Gèdè; einer seiner Brüder aber, genannt Gèdè-brave (»der Tapfere«), hat einen selbst für Todesgeister üblen Ruf. Er ist als Aufschneider, Dieb und Betrüger verschrien; seine Schamlosigkeit läßt angeblich sogar Monsieur Entreroute erröten.

Noch schlechter angesehen ist ein weiterer Gèdè, der gemeinhin den Petro-Loa zugerechnet wird (auch wenn, wie gesagt, in dieser Hinsicht keine Einigkeit besteht). Sein Name ist Crimінèl, und über seinen Charakter ist alles gesagt, wenn man erwähnt, daß er das Menschenpferd, von dem er Besitz ergriffen hat, unverzüglich zu *fressen* versucht. Tatsächlich zwingt er den von ihm Besessenen, seine Zähne ins eigene Fleisch zu schlagen, was nicht selten zu üblen Verstümmelungen führt – denn erst, wenn der Loa ihn wieder verlassen hat, vermag der Unglückliche seine Zähne aus Arm oder Hand zu lösen und den entsetzlichen Schmerz zu spüren, der ihn meist lange Zeit nicht mehr verlassen wird.

Dagegen dürfte der berüchtigte »Kapitän Zombi« oder »Baron Zombi«, wie er manchmal auch genannt wird, weniger ein Totengott als das Produkt eines semantischen Irrtums sein: Die so häufig wiederholte Behauptung, daß im Voodoo auch ein Gott namens »Zombi« verehrt werde, ist falsch oder stellt zumindest eine unzulässige Verkürzung dar. Denn auch wenn die Gèdès mit ihrem makabren Sinn für Humor es lieben, sich als wandelnde Kadaver auszustaffieren, besteht zwischen ihnen und den »wiedererweckten Toten« der voodooistischen Magie ein erheblicher Unterschied: Die einen sind unsterbliche Geister, ohne deren Beistand die Erweckung der anderen nicht gelingt.

Vermutlich wurde diese Vermengung der Begriffe durch die klangliche Ähnlichkeit der Worte »Samedi« und »Zombi« entscheidend begünstigt. Diese Ähnlichkeit allerdings beruht möglicherweise nicht auf schierem Zufall: Nach Ansicht der Voodooforscherin Maya Deren leitet sich »Samedi« hier nicht vom französischen »Samstag«, sondern ebenso wie das voodooistische Wort »Zombi(e)«

von »Zemi« ab. Bei letzterer Vokabel aber handelt es sich um einen komplexen Begriff aus der Sprache der indigenen Ureinwohner Haitis, einen Ausdruck, der den Geist der Toten, aber auch seelenlos Lebende und schließlich sogar den Fetischstein der alten Zauberer bezeichne.[11]

Wie dem auch sein mag: Selbst wenn sich »Baron-Samedi« oder »Kapitän Zombi« von »Zemi« herleiten, tragen die Gèdès diese Namen doch nur deshalb, weil man mit ihrer Hilfe »Zombies machen« kann. Als wandelnde Leichname, heißt es in Haiti, verkleiden sich die Gèdès eben darum so gerne: weil derjenige, der sie mit lebenden Toten verwechselt, sich hierdurch als »Verleugner des Todes« verrät.

Diese unbehagliche Auskunft mag zutreffen oder auch nicht – wir sind in jedem Fall gut beraten, zweimal hinzusehen, ehe wir Geister von so umfassender Macht und Weisheit als Gräbern entstiegene Kadaver schmähen.

Diabs und andere Engelsteufel

Auch nach Jahrhunderten der Katholisierung scheint sich der voodoogläubigen Bevölkerung Haitis der abendländische Manichäismus nicht wirklich erschlossen zu haben. Alle Loas – Geister, Dämonen, Zanj, Mystères oder wie man sie nennen will – können sowohl »gut« als auch

11 Vgl. Maya Deren, a.a.O., Seite 87.

»böse« sein. Mal sprechen die Voodooisten von »Anges«, Engeln, mal von »Diabs«, Teufeln, doch es wäre ein großer Irrtum anzunehmen, daß sich mit diesen Wörtern eine scharfe Unterscheidung zwischen guten und schlechten Geistern verbände.

Nach dem voodooistischen Konzept gibt es keine »negative Kraft«, welche die an sich guten Menschen zu üblem Tun verführt. Negative Energien sind vielmehr ebenso wie positive in der Welt – und damit auch in den einzelnen Menschen – stets vorhanden, und wir haben die Freiheit, uns mit ihnen einzulassen oder uns ihren Verlockungen zu verschließen. So würden die meisten Haitianer die Existenz des »Teufels« sicherlich nicht abstreiten und bereitwillig einräumen, daß gewisse Dämonen der Petro-Linie eine deutliche Neigung zeigen, sich für fragwürdige Zwecke manipulieren zu lassen. Jedoch sind es in der Regel dieselben Dämonen, die man anruft, um sich vor Schadenzauber und unheilbringender Magie zu schützen.

Einzelhaft für Lästerer der Loas

Die Angst, welche manche Voodoogeister verbreiten, wird von Gegnern dieses Kultes sicherlich stark übertrieben. Tatsache ist jedoch, daß die Loas mit drastischen Strafen gegen jene Kultanhänger vorzugehen pflegen, die es an Verehrung der Geister mangeln lassen. Und Tatsache ist desgleichen, daß einige Geister des Voodooismus so schreckerregend sind, daß die Frage, ob es sich um reine Teufel oder um Dämonen gemischter Wesensart handle, akademisch anmutet: Wer ihnen begegnet, sucht sein Heil in der Flucht – wenn er nicht gleich vor Entsetzen erstarrt.

Werfen wir zunächst einen Blick auf die Strafmaßnahmen, die Loas zu Gebote stehen. Selbstverständlich vermögen sie nachlässige oder frevlerische Voodooanhänger fundamental zu bestrafen, indem sie ihnen Krankheiten senden, sie in Unfälle verwickeln, ihr Haus abbrennen, ein Kind verunglücken lassen und manches andere mehr. Doch vorher pflegen die Loas den Übeltätern noch eine unmißverständliche Warnung zukommen zu lassen: Auf dem Gelände jedes ländlichen Humfò befindet sich ein steinerner Verschlag, flach wie ein Sarg, etwas breiter als dieser und so kurz, daß ein erwachsener Mann nur vom Kopf bis zu den Knien hineinpaßt. Der Einschlupf in dieses schauerliche Verlies befindet sich an der unteren Schmalseite, so daß man nur bäuchlings oder flach auf dem Rücken liegend hineinkriechen kann.

Wenn nun ein Loa einem ungetreuen Menschen zürnt, so ergreift er erbarmungslos von ihm Besitz, wirft ihn zu Boden und nötigt ihn, zu dem *Sep* (Separation, Einzelzelle) zu kriechen. Die Füße gekreuzt, muß der Delinquent sich rücklings in das lichtlose Loch hineinzwängen und dort verharren, bis der gekränkte Loa wieder von ihm läßt.

Wie gesagt: Kein Voodooist käme auf die Idee, einen Geist, der so demütigende Strafen verhängt, als »böse« zu bezeichnen. Und ebenso gilt auch der Missetäter, den der Loa so drastisch bestraft, nicht etwa als von Grund auf übler Charakter. Vielmehr nimmt man ihn nach Verbüßung seiner Strafe ohne weiteres wieder auf, und sofern er es künftig an der Verehrung der Loas nicht mehr fehlen läßt, werden weder Menschen noch Geister ihn je wieder an die beklemmenden Stunden im »Sep« erinnern.

Jedoch dürfte selbst längeres Schmachten im steinernen Sarg eine idyllische Erfahrung sein, gemessen an einer Begegnung mit so abscheulichen Gestalten wie Ezilie-kanlikan oder Marinette-bois-chèche (»Marinette-Trockenarm«), die sich von Menschenfleisch ernähren.

Menschenfressende Dämonen und Patrone der Werwölfe

Ausgerechnet die liebliche Ezilie, Loa der Schönheit, des Luxus und der Liebe, hat im Petro-Kult einige Pendants mit wahrhaft horriblen Charakterzügen. Ezilie-Ge-Rouge (»Ezilie-mit-den-roten-Augen«) haben wir bereits kennengelernt: Ihre Enttäuschung, ihren abgrundtiefen Zorn mühsam beherrschend, knirscht sie mit den Zähnen, ballt die Fäuste und verkrampft sich am ganzen Körper.

Andere Manifestationen von Ezilie-petro jedoch geben jede Selbstbeherrschung auf und überlassen sich namenloser Raserei. Eine von ihnen ist Ezilie-coeur-noir (»Ezilie-mit-dem-schwarzen-Herzen«), eine andere Ezilie-kokobé (»Ezilie-die-Zusammengeschrumpfte«). Bereits ihre Namen verraten hinlänglich, was derjenige von ihnen zu erwarten hat, der ihnen eines unheilvollen Tages in die Hände gerät. Während sich diese Ezilies aber damit begnügen, ihre Opfer zu töten und allenfalls noch auszusaugen, heißt es von Ezilie-kanlikan, daß sie »Böcke ohne Hörner«

oder »nackte Ziegen« zu verschlingen liebe. Mit anderen Worten: Diese Ezilie-petro steht in dem Ruf, eine Menschenfresserin zu sein.

»Ezilie, du verlangst ein Schwein«, singen Voodooisten, »ich werde es dir geben. Ezilie, du verlangst eine Ziege mit zwei Beinen, woher könnte ich sie nehmen, um sie dir zu geben?«

Auf diese Frage könnte insbesondere Marinette-bois-chèche, glaubt man den auf Haiti verbreiteten Legenden, umfassende Antwort geben. Diese schreckliche Petro-Loa, Gehilfin von Kita, dem mächtigen Magiergeist, pflegt sich in eine Schleiereule zu verwandeln, wenn sie auf Menschenjagd geht. So fliegt sie durch die Wälder, und wenn sie einer als Speise tauglichen »zweibeinigen« oder »nackten Ziege« ansichtig wird, stürzt sie sich aus der Luft herab, wobei sie sich abermals verwandelt – in einen Werwolf, der das bedauernswerte Opfer augenblicklich zerfleischt.

Die Werwölfe (die nach voodooistischer Anschauung allesamt weiblichen Geschlechts sind – siehe Kapitel 5) verehren die schreckliche Marinette als ihre Regentin. Und sowenig man im Voodoo die Werwölfe verurteilt, sowenig wird auch Marinette-bois-chèche als Teufelin verfemt. Allerdings benötigt man wohl beträchtlichen Mut und fragwürdige Absichten, um an einer Zeremonie zu Ehren dieser Loa teilzunehmen.

Auf freiem Feld wird hierfür ein Zelt errichtet. Die Gehilfen des Hungan entzünden ein Feuer, in das man gewisse Salze und Öle schüttet. Nicht lange, und Marinette stellt sich ein, indem sie auf brutale Weise Besitz von einigen »Menschenpferden« ergreift. In diesem Fall müßte man eher von »menschlichen Eulen« sprechen: Tatsächlich zwingt Marinette die von ihr Besessenen, ihre Finger wie Vogelkrallen zu krümmen, die Arme wie Flügel zu bewegen und den Kopf nach Vogelart zu senken.

Mit den unbeholfenen Bewegungen riesiger Eulen springen die Besessenen und der Voodoopriester mitten in das Feuer hinein. Dort beginnen sie zu stampfen, in rasendem Takt die Flammen auszutreten, während Marinette abscheuliche Reden durch die Münder ihrer Manifestationen führt. So pflegt sie sich mit der Zahl der von ihr geschlachteten »zweibeinigen Ziegen« oder »nackten Böcke« zu brüsten und in widrigen Details zu schildern, wie sie ihre Opfer zerrissen und verschlungen habe. Unterdessen trampeln der Priester und die Besessenen weiterhin unablässig die Flammen nieder, während andere Initiierte Marinette schwarze Hühner, schwarze Ziegen und schwarze Schweine opfern. Ohne sie zu berühren, vergräbt man die Opfergaben an Ort und Stelle in der Erde.

»Durch diese Zeremonie«, heißt es dazu in Haiti, »hofft man Marinette-bois-chèche so weit zu besänftigen, daß sie den betreffenden Humfò von ihren kannibalistischen Gelüsten verschont.«

Doch die Anzahl der Loas, die nach Menschenfleisch gieren, ist möglicherweise beträchtlich. So ist Marinette-bois-chèche mit einem gleichfalls wenig vertrauenerwekkenden Geist namens Ti-Jean-Pied-Sec (»Klein-Hans-Trockenfuß«) verehelicht, der sich als zierlicher Mann in rotem Gewand zu manifestieren pflegt. Angeblich lauert Ti-Jean mit Vorliebe auf den Wipfeln von Palmen; geht unten jemand vorbei, so wirft sich Ti-Jean-Pied-Sec auf ihn, um ihn ohne zu zögern aufzufressen.

Mag sein, daß dies alles, wie die Voodooisten versichern, keine Teufel sind. Doch um die Hölle auf Erden zu bereiten, reicht auch die Macht von Marinette oder Ti-Jean allemal.

Marassa, die göttlichen Zwillinge

Neben den Loas werden im Voodoo auch die Marassa genannten Zwillinge kultisch verehrt. Abhängig von den Traditionen der einzelnen Humfôs, können die Marassa als den Mystères gleichwertige oder sogar als den mächtigsten Loas überlegene Wesenheiten angesehen werden.

Auf den ersten Blick mutet der Kult um die Zwillinge befremdlich an, zumal auch alle lebenden Zwillinge und selbst die nach Zwillingen geborenen Kinder (genannt Dossu bzw., weiblich, Dossa) in die Verehrung eingeschlossen sind. Mythengeschichtlich betrachtet geht er auf die Anbetung der androgynen afrikanischen Urgottheit Mawu-Lisa zurück. Bis heute verehren Voodooisten die Zwillinge als menschenmögliche Annäherung an die Vollkommenheit jener doppelgeschlechtlichen Wesenheit, die aus sich selbst die Schöpfung hervorgetrieben habe.

Gleichsam als oberste aller lebenden und toten Zwillinge betet man die Loa Marassa, die mächtigen Zwillingsengel der Unterwelt, an. Das ihnen geweihte Vèvè enthält

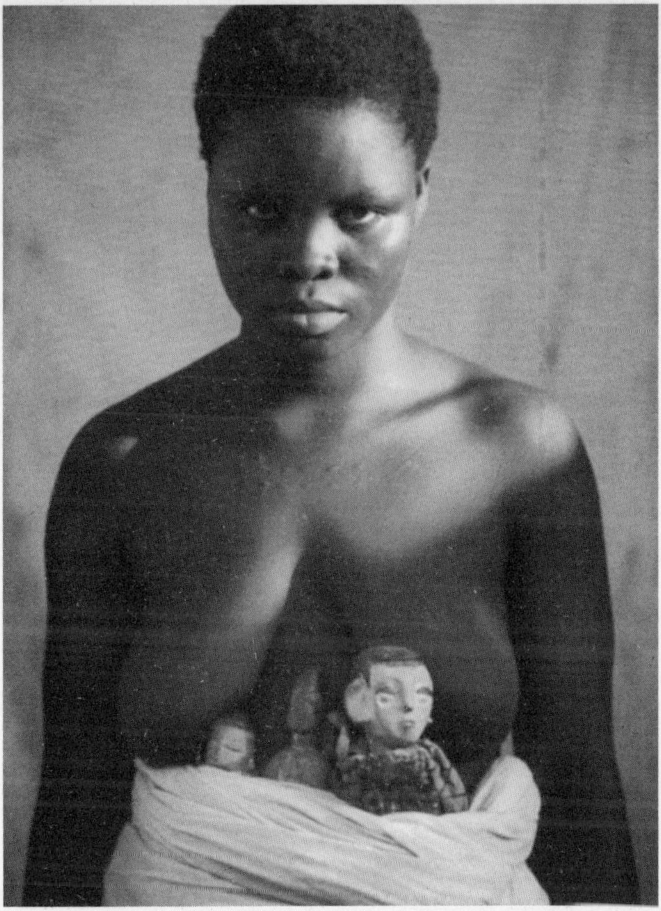

Auch der Zwillingskult des Voodoo stammt aus Afrika. Die Figuren, die diese junge Afrikanerin mit sich führt, stellen tote Zwillinge und einen Ahnengeist dar.

zwei Eier als Symbole der Fruchtbarkeit und gekreuzte V-Zeichen, die archaische Doppelgeschlechtlichkeit repräsentieren. In manchen voodooistischen Gemeinden werden die Marassa Dossu oder Dossa, die nach Zwillingen geborenen Jungen oder Mädchen, sogar noch höher verehrt als die Marassa selbst: Man nimmt an, daß sie den männlichen und den weiblichen Aspekt, die sich in den Zwillingen getrennt verkörpern, in einer Person vereinigen. Der Kult um die Dossu und Dossa erinnert stark an die Verehrung der Transsexuellen, die etwa bei den vorolympischen Griechen oder bei den alten Maya als Seher und Propheten galten.

Eine Familie, die Zwillingen das Leben geschenkt hat, gilt zwar als privilegiert, ja als gesegnet, doch die damit verbundenen Verpflichtungen können Außenstehenden durchaus auch als Fluch erscheinen. So gilt es als unverbrüchliche Pflicht jeder Familie, nicht nur den in ihr lebenden Zwillingen, sondern auch den toten und lebenden Marassa in ihrer nahen und fernen Verwandtschaft nach peniblen Ritualen Opfer darzubringen. Wer diese Pflichten vernachlässigt, zieht empfindliche Strafen auf sich: Die Zwillinge rächen sich, indem sie dem Frevler Krankheit und Auszehrung senden, ihn und seine Angehörigen in Unfälle verwickeln, Armut herbeizaubern und so fort. Durch ausgedehnte Opferzeremonien, die sogenannten Manjé-marassa, versucht man die Zwillingsgeister zu besänftigen, eine heikle Aufgabe, die um so schwerer zu erfüllen ist, als Zwillinge im Voodoo gemeinhin als jähzornig und tyrannisch gelten.

Die Zwillings-Loas sind von kindlichem Wesen, und

auch im Zentrum der Zeremonien zu Ehren lebender Zwillinge stehen kindliche Marassa, die man mit Geflügel oder sogar mit Babynahrung speist. Bei den Opferzeremonien werden zu zweien oder dreien zusammengebundene Krüge verwendet. Die lebenden und die toten Zwillinge erhalten reichlich Getränke und Speisen und werden immer wieder ängstlich befragt: »Zwillinge, seid ihr zufrieden?«

Nur wenn Zwillinge niemals vernachlässigt werden und nicht den geringsten Grund zur Klage finden, kann ihre Präsenz für die Voodooisten positiv sein. Normalerweise geht es beim Zwillingskult eher darum, die schädlichen Einflüsse der Zwillinge zu begrenzen; denn rundum zufriedene Marassa scheinen äußerst selten zu sein. Das liegt möglicherweise daran, daß ihre Seele auf zwei Körper aufgeteilt ist: Um diese Spaltung zu überwinden, arbeitet die Zwillingsseele insgeheim andauernd an einer »Wiedervereinigung«, die nur durch den Tod eines Zwillingskindes zu bewerkstelligen wäre.

Meist ist es der Zwillingsbruder, der die Schwester auszuzehren versucht. Bleibt sie im körperlichen Wachstum gegenüber dem Jungen zurück, muß die Familie noch peinlicher auf Gleichbehandlung beider Kinder achten. Dennoch pflegt die zwischen Zwillingen herrschende Eifersucht so verzehrend zu sein, daß die Eltern ständig von einem der beiden Marassa angeklagt werden, den anderen bevorzugt zu haben – ein Vergehen, das wiederum magische Strafen seitens des angeblich zurückgesetzten Zwillings nach sich zieht.

Im Voodoo stellt man sich den Kampf der Zwillinge

gegeneinander als erbarmungsloses Ringen vor, das bereits im Mutterleib begonnen habe. Nahezu hysterische Züge nimmt der Zwillingskult daher bei der Verehrung jener Kinder an, die einzeln, jedoch mit zusammengewachsenen Fingern geboren werden: Nach Ansicht der Hungans und Mambos ist diese Mißbildung ein untrügliches Zeichen dafür, daß das betreffende Kind eigentlich ein Zwilling ist und sein Geschwister im Mutterleib »verschlungen« hat.

Zweifellos kann der Kult um die Marassa die Kräfte einer ganzen Familie binnen weniger Jahre verzehren. Tatsächlich kommt es in nicht wenigen Familien mit Zwillingen zu ungewöhnlichen Häufungen von Krankheits- und Unglücksfällen. In jedem Humfò Haitis sind unzählige solcher Geschichten zu hören, die allesamt die Macht der Marassa beweisen.

3

Die Masken der Loas: Katholizismus als Kulisse des Voodoo

Ohne größere Übertreibung kann man behaupten, daß der Voodooismus den offiziellen haitianischen Katholizismus von innen ausgehöhlt und sich gleichsam als Maske übergestülpt hat. Bereits die frühen weißen Missionare registrierten mit Befremden, wie überschwenglich die bekehrten Sklaven insbesondere die apostolischen Heiligen verehrten – während sie den lieben Gott den sprichwörtlichen guten Mann sein ließen.

Im Prinzip ist auch Voodoo, wie bereits gesagt, eine Eingottreligion; indessen sind sich die Voodooisten sicher, daß Bondieu zwar ein guter Gott, aber vom Schöpfungsgeschehen, geschweige vom Alltag der Menschen unendlich weit entfernt ist. Mit ihm kann niemand in Verbindung treten, nicht einmal die mächtigen Loas, deren Bondieu sich bediente, um die Schöpfung ins Werk zu setzen. Daher kennt der Voodookult auch keine Zeremonien zur Anrufung des großen Gottes, der eben viel zu groß und fern ist, um sich seinen Geschöpfen zu zeigen.

Deshalb geriet die voodooistische Bevölkerung Haitis auch niemals in einen inneren Zwiespalt, wenn es galt, in der christlichen Messe den großen Gott, Urquell aller kosmischen Energien, zu ehren. In allen anderen Fragen nämlich hielt und hält man sich lieber an die Loas, die – im Gegensatz zu Bondieu oder dem lieben Gott – für Leben und Tod, Wohl und Wehe zuständig sind.

So besuchen viele Einwohner von Port-au-Prince sonntagmorgens zunächst die Voodoozeremonie in ihrem örtlichen Humfò, wo die Loas angerufen und verehrt werden. Nicht selten dauert dieses Ritual, bis man das Läuten der Kirchenglocken vernimmt – woraufhin dieselben Voodooanhänger, nunmehr als brave Katholiken, zur Christenkirche schreiten, um dort auch noch den fernen lieben Gott zu ehren.

In diesem Nebeneinander von Loa-Kult und Katholizismus sehen die Voodooanhänger durchaus keinen Widerspruch. Seit der christlichen Taufe der ersten haitianischen Sklaven beharren sie vielmehr auf einer Überzeugung, die der einheimische katholische Klerus vergeblich als »heidnischen Irrtum« brandmarkt: Für die Voodooisten Haitis besteht zwischen den apostolischen Heiligen und den großen Loas kein erheblicher Unterschied.

Loas mit Heiligenschein

Buchstäblich jeder Heilige des katholischen Heiligenkalenders ist im Voodooismus mit einem Loa gleichgesetzt. So wird – wie teilweise bereits erwähnt – Metrès Ezilie, die Göttin der Schönheit, des Luxus und Flirts, mit der Jungfrau Maria identifiziert. Der heilige Isidor steht für Ackergott Azacca, da der katholische Gottesmann gleichfalls als Patron der Bauern gilt. Kriegergott Ogu wiederum verehrt man im Bild des heiligen Jakob, der gleichfalls einen Ruf als kämpferischer Ritter Gottes genießt. Des weiteren heften Voodooisten, die Loco, den Heiler und obersten Ahnen-Loa, verehren, ein Bildnis des heiligen Joseph an ihren Hausaltar, da auch Joseph als heilkundig gilt. Und Damballah schließlich, der ehrwürdige Schlangengott, trägt im Voodoo meist die Züge des heiligen Patrick, von dem die fromme Überlieferung kündet, daß er die Schlangen aus Irland vertrieben habe.

Fromme Tarnung für verbotene Geister

Katholische Würdenträger in Port-au-Prince oder anderswo auf Haiti pflegen sich darüber zu empören, daß der Voodookult gute Heilige mit zwielichtigen Heidengeistern vermische. Darauf ist jedoch zu entgegnen, daß die apostolischen Heiligen im wesentlichen nur ihr Antlitz und ihre Gestalt an die voodooistischen Loas ausborgen – an der christlichen Botschaft, der ehrwürdigen Persönlichkeit, der speziellen Geschichte dieser gottesfürchtigen Figuren ist der Voodoo durchaus uninteressiert. Er leugnet also nicht die Unterschiede zwischen Loas und Heiligen, sondern zieht letztere nur insoweit in Betracht, als sie zur Illustration von jenen benötigt werden.

Die Motive für diese Camouflage sind überwiegend historischer Natur. Zum einen war die heilige Maskerade der Loas eine strategische List, deren sich die getauften Sklaven des unfreien Haiti bedienten: Um während der christlichen Zeremonie, zu der sie nun zugelassen waren, unbemerkt ihren eigenen Göttern huldigen zu können, setzten sie diese in einem Akt spontaner Identifikation mit den im Altarraum ausgehängten Heiligenbildern gleich. Fortan befremdeten sie, wie gesagt, zwar die Geistlichkeit durch ihre inbrünstige Verehrung der katholischen Heiligen, doch Gründe, dagegen einzuschreiten, entdeckte die weiße Obrigkeit vorerst nicht. Während die Sklaven als Ungetaufte kaum eine Gelegenheit fanden, ihre dahomeischen Loas zu verehren, konnten sie nun ungestraft etwa Damballah in der Maske des heiligen Patrick anbeten – auch wenn die Christenpriester sich über die Schlangentänze erbosten, welche die sonderbaren Neuchristen vor dem Bildnis des irischen Vipernbezwingers aufführten. Ebenso konnten die getauften Voodooisten scheinbar flehentlich die Jungfrau Maria anrufen – kraft ihrer strategischen List war es in Wirklichkeit, in ihrer Wirklichkeit, die sanfte und schöne Ezilie, Loa der Liebe und der Sehnsucht nach Vollkommenheit. Und das zentrale Requisit des Jesuskults, das Kreuz über dem Altar, wandelte sich im Blick der Sklaven unbemerkt zum gleichschenkligen Kreuz der Voodooisten, dem Symbol ihres Todesgottes Gèdè.

Auch wenn die Ausübung des Voodoo heute in Haiti nicht mehr als Verbrechen gilt, ist der Katholizismus gesellschaftlich weiterhin die dominierende Religion. Wer Karriere machen, es zu bescheidenem Wohlstand oder mehr bringen will, ist daher gut beraten, die christlichen Gebräuche zumindest nach außen hin zu akzeptieren und zu befolgen – Gründe genug, weshalb die strategische List der Sklaven von einst auch bei ihren befreiten Nachfahren noch hoch im Kurs steht.

Zum zweiten füllen die katholischen Heiligenbilder im Voodoo eine Lücke aus, die noch heute auch etliche Vodunkulte Afrikas kennzeichnet: Aus kulturhistorischen Gründen, die für den haitianischen Voodoo seit langem keine Bedeutung mehr haben, wurden die Vodun Dahomes überwiegend nicht durch Statuen und Bilder, sondern im Medium der Besessenheit manifestiert. Da der Voodoo in seinen Anfängen also über keine ikonographische Tradition verfügte, konnte der Katholizismus zumindest in diese Lücke vorstoßen: als Bilderlieferant für einen Kult, dessen Anschauungen ihm zutiefst fremd geblieben sind.

4

Priester, Tempel, Rituale: Vielfalt und Gemeinsamkeit einer Religion ohne Dogma

Die ersten Voodootempel wurden sicherlich noch im 17. Jahrhundert von Marrons, entlaufenen Sklaven, in den Bergen Haitis gebaut. Obwohl Voodooanhänger sofort nach dem Sieg im Unabhängigkeitskrieg begannen, im ganzen Land ihre Heiligtümer zu errichten, prägen diese das Äußere der Städte und Landschaften bis heute keineswegs. Architektonisch stechen vielmehr die katholischen Kirchen, Kathedralen und Kapellen hervor; schließlich ist der Katholizismus nach wie vor offizielle Staatsreligion. Dagegen sind die Voodootempel bis heute auf Bauernhöfen und in städtischen Hinterhöfen so versteckt, wie der Voodookult insgesamt sich seit Jahrhunderten hinter der malerischen Fassade des haitianischen Katholizismus eingerichtet hat.

Die Neigung des Voodoo, sich vor prüfenden Blicken zu verbergen, ist indessen älter als seine listige Maskerade mit den Heiligen der Christenheit. Bis heute ist im Voodoo die dahomeische Tradition der Geheimbünde lebendig; noch immer kultiviert jede Humfò-Gemeinde diesen esoterischen Zug. Folglich ginge man in die Irre, wollte man beklagen, daß der Voodookult gezwungen sei, sich in Hinterhöfen und im Schatten ländlicher Haine zu verstecken: Verborgene Stätten und geheime Rituale sind ihm durchaus gemäß.

Auch die gänzliche Abwesenheit von festen Doktrinen, institutionellen Hierarchien oder auch nur einem offiziellen Schrifttum, die kein Voodooanhänger als Mangel empfindet, erklärt sich zu einem guten Teil mit der geheimbündlerischen Tradition: Das Urbild der Voodoo-»Société« ist die verschworene Gemeinschaft einer dahomeischen Sippe, über die der Patriarch als weltlicher wie religiöser Führer herrscht.

An die Stelle dieses Patriarchen ist im heutigen Voodooismus der Hungan – der Voodoopriester – oder sein weibliches Gegenstück, die Mambo, getreten. Ihre Macht über die Gemeinschaft ist in mancherlei Hinsicht gewaltig; doch anders als aus der Sippe, an die ihn Blutsbande ketten, kann jeder Voodooanhänger aus einer Humfò-Gemeinschaft jederzeit wieder austreten. Dadurch wird die Macht des Hungan erheblich relativiert – auch wenn es im Einzelfall schwierig oder sogar gefährlich sein kann, sich aus der Verstrickung in eine Société wieder zu lösen.

Macht und Berufung der Voodoopriester

Auf der einen Seite scheint der Voodookult eine bemerkenswert »demokratische« Religion zu sein: Ohne der Vermittlung von Eingeweihten zu bedürfen, geraten die Gläubigen auf dem Wege der Besessenheit mit ihren Göttern in innigen Kontakt. Doch auf der anderen Seite bliebe dieser Kontakt für den Gläubigen ein unbegreiflicher Akt, wenn kein Initiierter ihm bei seinem Dialog mit dem Göttlichen behilflich wäre. Die Besessenheit, sagen die

Voodooisten, ist ein Vorgang, der nur den Körper des »Pferdes« betrifft. Dessen Geist, die individuelle Seele, der Gros-bon-ange, bleibt ja während der Besessenheit aus dem Körper – und damit von der Erfahrung der göttlichen Manifestation – ausgesperrt.

So gesehen beruht der Einfluß des Hungan auf die Voodoogemeinde zwar nicht darauf, daß er (wie sein katholischer Kollege) eine rituelle Verbindung zwischen Mensch und Gott herstellt; ohne ihn blieben aber die Worte der Götter gerade für jene – die Besessenen – unverständlich, aus deren Mündern diese Botschaften erklingen. Überdies ist Voodoo eine Religion, die keinen Raum für metaphysischen Skeptizismus läßt: Niemand wird an der Existenz und Macht von Wesenheiten zweifeln, die derart drastisch von ihm Besitz ergreifen.

Die Haitianer benötigen ihre Voodoopriester also nicht zuletzt deshalb, damit diese für ein geregeltes Miteinander zwischen Menschen und Geistern sorgen. Das beginnt damit, daß der jeweilige »Mèt-tèt« (»Meister des Kopfes«) oder Haupt-Loa eines Voodooisten unter Obhut des Hungan sein »Menschenpferd« in jungen Jahren regelrecht »zureitet«. Erst wenn sich das »Pferd« auf diese Weise an »seinen« Loa gewöhnt hat, dessen Eigenheiten kennt, sich zu Beginn einer Besessenheit nicht mehr vor Entsetzen verkrampft oder aufbäumt – erst nach dieser Lehrzeit unter Anleitung des Priesters ist der Betreffende zumindest als Sprachrohr des Übernatürlichen zu gebrauchen. Damit er seinerseits in Kontakt mit der Unterwelt treten, einen wirklichen Dialog mit Loas und Ahnen führen kann, muß er sich einer noch weitaus langwierigeren und keineswegs ungefährlichen Prozedur unterziehen: der Initiation, die unter Voodooisten auch als »zweite Geburt« bekannt ist.

Allein schon diese beiden Instrumente der Erziehung von Gemeindemitgliedern verleihen dem Voodoopriester beträchtliche Macht. Die Initiierten bilden den inneren Zirkel einer Voodoogemeinde; aus ihm rekrutiert der Hungan auch die Würdenträger und Gehilfen, die während der Zeremonien bestimmte Aufgaben erfüllen.

Pflichten und Gefahren

Im weitesten Sinn noch immer mit dem Patriarchen einer afrikanischen Sippe vergleichbar, muß der Hungan vielfältigen Pflichten und Erwartungen gerecht werden. Seine Gemeindemitglieder berät er in praktisch allen Lebensfragen; in kommunalen Belangen macht er zu ihren Gunsten seinen politischen Einfluß geltend. Er muß eine charismatische Persönlichkeit besitzen; überdies sollte er heilkundig und als moralische Autorität imstande sein, Streitigkeiten zu schlichten. Vor allem aber wird von ihm erwartet, daß er das esoterische Wissen und die entsprechenden Praktiken des Kultes beherrscht – von der labyrinthischen Mythologie der Loas über die Rituale zu ihrer Verehrung bis hin zu gewissen Rezepturen der voodooistischen Magie. Daß der Hungan über die Gabe des zweiten Gesichtes verfügt und regelmäßig gewisse Zeiträume »unter Wasser« verbringt, in der Unterwelt der Loas, wird darüber hinaus als selbstverständlich vorausgesetzt.

Dies alles bedeutet umgekehrt, daß Macht und Einfluß

des Hungan auf schwankendem Grund errichtet sind. Scheitert er einmal oder gar mehrfach bei der Heilung von »Leiden übernatürlicher Herkunft«, so wird sein Ruf zu sinken beginnen. Fehlt er, ärger noch, gar bei prophetischen Voraussagen oder mißlingt ihm die zeremonielle Anrufung eines bedeutenden Loas, so kann es geschehen, daß die Anhänger ihn in Scharen verlassen und sich einem anderen Hungan oder einer Mambo zuwenden, die vielleicht nur einige Straßen oder Höfe weiter ihre eigenen Humfòs unterhalten. Denn auch Lage, Anzahl und Verteilung der Tempel werden durch keinerlei kirchliche oder staatliche Behörde geregelt – zum Voodoopriester wird vielmehr, wer diesen Titel erbt oder eine übernatürliche Berufung in dieses Amt erhält.

Der Ruf der Loas

Die Nachricht, daß sie auserkoren seien, kann künftige Voodoopriester im Traum oder durch den Mund eines von einem Loa Besessenen erreichen. Und obwohl ein angesehener Hungan oder eine geschätzte Mambo beträchtlichen Wohlstand und erhebliche Macht an sich ziehen können, ist keineswegs jeder glücklich, den ein solcher übernatürlicher Ruf erreicht.[12]

Vor allem in den Städten führen viele Haitianer heutzu-

12 Ähnlich verhält es sich bei den sibirischen Schamanen: Sie verfügen über beträchtliche Macht; dennoch nimmt kaum jemand gern diese Bürde auf sich.

tage ein Doppelleben: Nach außen hin pflegen sie einen westlichen Lebensstil; mehr oder minder insgeheim hängen sie zugleich dem Voodookult an. Ereilt sie nun die Aufforderung – von wem auch immer –, die offizielle Seite ihres Lebens aufzugeben und sich ganz dem Voodoo zu widmen, so bedeutet das in den meisten Fällen: Aufgabe eines Arbeitsplatzes, Verlust gesellschaftlichen Ansehens, unter Umständen auch Ausschluß aus der katholischen Kirche und so fort. Auf der anderen Seite locken den Abtrünnigen zwar Faszinationen und Erfahrungen von einer Intensität, die das westliche Leben kaum mehr zu bieten vermag; doch die Aussichten eines künftigen Voodoopriesters sind auch recht ungewiß und können zwischen Ruhm und allgemeiner Verachtung, Reichtum und Elend in beliebiger Breite variieren. Kein Wunder also, daß manch ein von den Loas Berufener sich dieser Ehre zu verweigern versucht.

Eine gewöhnliche Ausflucht besteht darin, daß man die im Traum oder durch einen Besessenen erhaltene Botschaft als vieldeutig und unklar brandmarkt. »Woher soll ich wissen, was dieses Zeichen *wirklich* bedeutet?« Doch während der sich Sträubende – laut oder leise – diese Frage stellt, beschleicht ihn bereits die Ahnung, daß er seinem Schicksal nicht entrinnen kann. Warum sonst hätte er sich nach dem Erwachen an das Traumzeichen erinnert – wenn nicht deshalb, weil es eine Botschaft der Loas ist? Außerdem sind, wie die Voodooisten versichern, die Zeichen durchaus nicht vieldeutig, sondern regelrecht schablonisiert.

Wer im Traum ein geweihtes Instrument des Voodookultes erblickt, das in einer engeren Beziehung zu ihm selbst steht, sollte sich darauf gefaßt machen, daß die Götter etwas Größeres mit ihm vorhaben. Wiederholt sich diese Botschaft, so hat es normalerweise wenig Sinn, sich gegen den Beschluß der Loas zu sträuben: Hat man eine Asson, die rituelle Rassel des Hungan, oder eine der Trommeln, welche die Loas herbeirufen, im Traum auch nur berührt, geschweige denn zum Erklingen gebracht, so ist die Botschaft kaum mehr zu mißdeuten.

Berufungen aus den Mündern von Besessenen sind meist noch weniger mißverständlich als Zeichen, die man im Traum erhält. »Wirf dein altes Leben weg«, wurde eine spätere Mambo von Azacca, dem Loa des Ackerbaus, angewiesen, als sie eines Tages als einfache Kultanhängerin an einer Zeremonie teilnahm. »Wirf alles weg, geh durch den Tod in das neue Leben. Und dann weihe mir deinen Humfò!«

Ihren Humfò? Die zukünftige Mambo, zu diesem Zeitpunkt noch Sekretärin in einem Verwaltungsunternehmen in Port-au-Paix, erschrak nicht zuletzt deshalb vor der ihr unvermittelt zuteil gewordenen Berufung: Die Gründung eines eigenen Voodootempels und der zuvor unbedingt zu beschreitende Weg der Initiation und Ausbildung zum Priester erfordern erhebliche Geldmittel, über die durchschnittliche Haitianer schwerlich verfügen. Dem Ruf der Loas zu gehorchen, kann daher in erster Konsequenz bedeuten, daß man sich bei allen erdenklichen Personen verschuldet – um einer äußerst ungewissen Zukunft willen, die hoffentlich Entschädigung für diese Risiken und Entbehrungen bringen wird.

Doch die Zukunft derer, die sich dem Ruf der Loas verweigern wollen, scheint in vielen Fällen noch weitaus ungewisser zu sein. Zumindest kursieren zahlreiche Schauergeschichten von Personen, die den übernatürlichen Wesenheiten die kalte Schulter zu zeigen versuchten – worauf sie beispielsweise von »rätselhafter Schwäche« befallen wurden. Überhaupt strafen die Loas ihre Verächter bevorzugt durch Entzug von Lebensenergie. Wer auch diese Zeichen noch nicht verstehen will, wird unter Umständen durch eine ernstere Erkrankung oder durch »mysteriöse Unglücksfälle« in der eigenen Umgebung eines Besseren belehrt.

Die Erben der Voodootempel

Glücklicherweise kommt es nicht allzu häufig vor, daß eine völlig mittellose, überdies dem Voodooismus eher abgeneigte Person eine übernatürliche Berufung erhält. Weitaus häufiger widerfährt dies den Söhnen oder Töchtern von Hungans oder Mambos – eine Konstellation, die allerdings auch einige Widrigkeiten bergen kann.

Auf der einen Seite leuchtet es ein, daß ein Voodoopriester dieses Amt an eines seiner Kinder weiterzugeben trachtet. Zuviel Wohlstand und Einfluß ist damit verbunden, zuviel Zeit und Mühen hat der Hungan normalerweise investiert, als daß er nicht versuchen würde, den Humfò in der eigenen Familie zu halten. Doch auch aus Traditionsbewußtsein und dem Gefühl besonderer Verantwortung heraus wird er das Bedürfnis haben, über seinen Tod hinaus die Geschicke seiner Voodoogemeinde mitzulenken.

Wenn er beispielsweise seinen ältesten Sohn von früher Kindheit an im Geist des Kults erzogen und ab einem gewissen Alter auf sein Erbe vorbereitet hat, so scheint es durchaus auch im Interesse der Gemeinde zu sein, daß dieser Adept die Nachfolge des alten Hungan antritt. Der potentielle neue Priester seinerseits kann auf eine Laufbahn als Hungan vorausblicken, die ohne mühseligen Aufbau einer Société und Gründung eines Humfò, ohne Bittgänge, Verschuldung, Kampf um Ansehen und so fort beginnen kann.

Was aber geschieht, wenn die Loas keine Anstalten machen, diesen so sorgfältig ausgewählten jungen Mann als Nachfolger des Hungan anzuerkennen?

Und was geschieht umgekehrt, wenn zwar die Loas sich diese Wahl zu eigen machen und dem Erben die bekannten Zeichen einer Berufung senden – der ausersehene Nachfolger jedoch sich weigert, diesen Ruf zu akzeptieren?

Im ersteren Fall läßt sich unschwer voraussagen, daß die Loas – und nicht der aus Amt und Leben scheidende Hungan – ihren Willen durchsetzen werden: Gegen den Widerstand der Geister vermag sich kein Voodoopriester zu behaupten. Im letzteren Fall ist der Ausgang ein wenig offener; meist aber wird sich der ausersehene Erbe auch hier dem Willen der Loas beugen. Zumindest müßte er schon von sehr beharrlichem und unerschrockenem Charakter sein, um dem Druck seitens seiner Familie und zugleich jener ängstlichen inneren Stimme standzuhalten, die ihm unablässig einflüstert, daß die Geister ihn für seine

Abtrünnigkeit mit Krankheit, »Auszehrung«, Verarmung und so weiter strafen werden.

Hat ein zukünftiger Hungan sich jedoch erst einmal dem Willen der Loas gefügt, so kann er darauf bauen, von den Geistern bis in die ihm vorbestimmte Höhe emporgetragen zu werden – jedenfalls so lange, wie er den Dienst an den Loas gewissenhaft versieht.

Blick in einen Voodootempel

Werfen wir an dieser Stelle rasch einen Blick auf den Schauplatz, an dem sich die Loas unter der rituellen Regie der Mambo oder des Hungan manifestieren. Die Größe der Humfòs kann beträchtlich variieren – von einem Hinterraum in einer ärmlichen städtischen Wohnung bis zu einem ausgedehnten Anwesen auf dem Land.

Ein durchschnittlicher ländlicher Humfò wird aber in jedem Fall ein Peristyl – den (meist überdachten) Innenhof, in dem die Zeremonien stattfinden und dessen Zentrum der Poteau-mitan bildet – sowie ein oder mehrere Gebäude umfassen, die sich an das Peristyl anschließen und als Behausungen der Loas gelten, denen das Humfò geweiht ist. Größere Humfòs können auch über zwei Peristyle verfügen, einen für die Rada-Loas, einen zweiten, meist deutlich kleineren und weniger geschmückten für Geister der Petro-Linie. Wenn wir also von »Voodootempeln« sprechen, handelt es sich hierbei um offene Anlagen aus mehreren Komponenten, die architektonisch oft nur lose miteinander verbunden sind.

An den Dachbalken des Peristyls hängen die wertvollsten und spirituell mächtigsten Gegenstände des Humfò: die Trommeln, deren unterschiedliche Klänge die jeweils ihnen zugeordneten Loas herbeizurufen vermögen. Diese Trommeln, auf die ich noch zu sprechen komme, gelten zugleich als »Stimmen der Loas«, mit denen die Geister selbst auf die Rufe der Menschen antworten.

Um die Hütten der Geister, genannt Kay-mystè, herum zieht sich meist noch ein Hof oder Wiesenstück, auf dem heilige Bäume zur Verehrung von Legba, Damballah oder anderer Loas wachsen. Wenn es sich bei dem Hungan um einen Bauern handelt, schließen sich an das Heiligtum Felder oder Wirtschaftsgebäude an, und in jedem Fall trifft man verschiedene Arten von Haustieren – Hühner, Ziegen – auf dem Gelände an, die sowohl dem Bauern als auch dem Priester (als Opfertiere) nützlich sind.

Die Ausstattung der Hütten der Loas hängt von den mythologischen Charakteren der einzelnen Geister sowie natürlich auch vom Wohlstand des betreffenden Humfò ab. So wird man in einem Ezilie geweihten Raum die erwähnten Requisiten für Reinigung und Verschönerung finden, also Waschschüssel, Seife, Tücher, feine Kleider, möglichst auch Parfüm und Schmuck.

In Räumen, die Schlangengott Damballah und seiner Gattin Ayida geweiht sind, darf das Wasserbassin nicht fehlen, in das sich diese Loas mit Vorliebe zurückziehen. In der Kay-mystè von Gèdè wiederum wird man auf folgende Gegenstände stoßen: je drei Hacken, Schaufeln und Spitzhacken als Requisiten des Totengräbers, außerdem Skeletteile, insbesondere Totenschädel; einen Erdhügel mit dem gleichschenkligen Grabkreuz und schließlich eine möglichst große und vielfältige Sammlung hölzerner Phalli und anderer phallischer Gegenstände.

Der Poteau-mitan in der Mitte des Peristyls ist eine bis zur Decke reichende Säule, umgeben von einer runden Plattform in Kniehöhe, auf der man die Opfer für die angerufenen Geister ablegt.

Ebenso auffällig wie diese mit dem Vèvè Legbas geschmückte Säule ist der Altar eines Humfò, der sich meist in einem separaten, kleineren Raum befindet. Den unkundigen Betrachter pflegt die Überfülle bunter Dinge zu verblüffen, die diesen »Rogatoire« genannten heiligen Schrein normalerweise bedecken. Hierzu zählen beispielsweise Paquets, die der Abwehr üblen Zaubers dienen, tönerne Govi – Krüge, welche Gros-bon-anges enthalten –, grellfarbene Heiligenbilder, die Maria (Ezilie), St. Patrick (Damballah) oder auch andere Wesenheiten darstellen, oder magische Puppen, die Loas der Gèdè-Linie gewidmet sind.

Lehrjahre der Voodoopriester

Jeder Hungan gebietet während der Zeremonien über eine Schar ausgebildeter Gehilfen, ohne deren Beistand die komplexen und langwierigen Zeremonien nicht auszuführen wären. Doch nur der Hungan oder die Mambo selbst müssen über das gesamte rituelle Wissen, die Heilverfahren und magischen Rezepturen verfügen, deren Kenntnis oder Beherrschung von einem Voodoopriester erwartet wird. Um dieses umfängliche Wissen zu erwerben, müssen die künftigen Mama-loa und Papa-loa, wie die Priester auch genannt werden, ihrerseits eine Lehrzeit bei einem erfahrenen Hungan oder einer Mambo absolvieren.

Im Idealfall haben die Novizen bereits Jahre vorher begonnen, sich auf ihr Amt vorzubereiten. Falls sie sich anschicken, die Nachfolge eines Elternteils anzutreten, haben sie unter der kundigen Leitung von Vater oder Mutter die Prozedur der Initiation hinter sich gebracht und den Titel eines Canzo erworben. Spätberufene jedoch, die auf übernatürlichem Weg zum Voodooismus geführt werden, müssen bei einem Hungan oder einer Mambo eine regelrechte Ausbildung absolvieren.

Nehmen wir an, daß es sich um eine Novizin handelt. Während ihrer Lehrzeit bekleidet sie anfangs den Rang einer Hunsi bossale, der unerfahrenen Priesterschülerin, von der es heißt, daß sie so gut wie keine Kontrolle über die Loas besitzt. Ihre Funktion während der Zeremonie beschränkt sich zu dieser Zeit darauf, zusammen mit den anderen Hunsis (»Gattinnen des Geistes«) den Chor zu bilden und die rituellen Anrufungen der Loas zu singen. Zugleich aber lernt sie durch Teilnahme und Beobachtung wesentliche Komponenten des Rituals kennen, so etwa die »Flaggenparade« mit den Fahnen des Humfò am Anfang der Zeremonie, Namen und Bedeutung ritueller Requisiten wie der Asson, der heiligen Rassel des Priesters, und der verschiedenen Trommeln, deren Klänge und Rhythmen bestimmte Loas herbeirufen.

Auf der nächsten Stufe erfüllt die künftige Mambo die Pflichten des Houngenikon: Dieser neben dem Zeremonienmeister, dem La-place, wichtigste Mitarbeiter des Priesters hat unter anderem die Aufgabe, während der Zeremonie die Lieder in der rituell richtigen Reihenfolge anzustimmen. Er oder sie sollte außerdem darin geübt sein, die Ankunft eines Loas an dessen typischen Zeichen zu erkennen und dafür zu sorgen, daß die entsprechenden Lieder zu seiner Begrüßung intoniert werden.

Hat die Adeptin auch diese Stufe bewältigt, so übernimmt sie zeitweise das Amt des Zeremonienmeisters, genannt La-place, da er unter anderem die Teilnehmer der Zeremonien »plaziert«. Überdies jedoch bereitet der La-place die Opfer für die Loas vor, und ihm obliegt es, die Zubereitung der Speisen für die Geister zu überwachen. Der La-place ist es auch, der die Vèvès zur Anrufung der Loas auf den Boden des Peristyls zeichnet, und er ist sogar befugt – beziehungsweise verpflichtet –, die Zeremonie weiterzuführen, wenn und solange der Hungan oder die Mambo selbst von einem Loa besessen ist.

Nachdem die Novizin dieses umfangreiche Lernpensum bewältigt hat, wird sie schließlich einem Initiationsritus unterzogen. Im wesentlichen handelt es sich hierbei um eine etwas mildere Form der Canzo-Initiation, auf die ich weiter unten noch zu sprechen komme: Die künftige Mambo wird in einem Raum eingeschlossen, den sie neun Tage lang nicht verlassen darf. Während dieser langen Zeit muß sie reglos auf einer Matte liegen, ihre Asson, die heilige Rassel der zukünftigen Priesterin, bereits neben sich. Ihr Kopf ist auf einen Stein gebettet; reglos liegt sie dort, Stunde um Stunde; allenfalls für kurze Augenblicke erlaubt man ihr, sich aufzurichten. »Wirf dein altes Leben fort«, lautet das Gebot: Den Weg der Initiation zu gehen bedeutet, einen symbolischen Tod zu sterben, um abermals geboren zu werden – nun aber geistig, spirituell, bei wachem Bewußtsein, im Unterschied zur ersten oder natürlichen Geburt, die man ohne Bewußtsein durchlief.

Während der Initiationszeit pflegen die Adepten lebhaft zu träumen. Ihre Träume sind Botschaften der Loas; vor allem Loco, der erste Voodoopriester und oberste der Ahnen-Loas, meldet sich in den Gesichten der werdenden Priester zu Wort. Seine Weisungen bestimmen oftmals die Richtung, die das ganze künftige Leben der Initiierten nimmt.

Wenn sie die neun peinvollen Tage überstanden hat, wird die Adeptin in einer »Erhebung« (»Haussement«) genannten Zeremonie sowohl symbolisch wie buchstäblich levitiert: Man setzt sie in einen Sessel, der dreimal in die Höhe gestemmt wird, während die Teilnehmer der Zeremonie lautstark applaudieren.

Die Gehilfen des Hungan

Einige wichtige Gehilfen der Mambos und Hungans haben wir im vorigen Kapitel bereits kennengelernt. Im folgenden werde ich noch etwas genauer darstellen, worin ihre Pflichten bestehen. Da es, wie nochmals betont werden soll, keine offiziellen Dogmen oder kodifizierten Rituale des Voodoo gibt, sind sowohl bei den Aufgaben der Priestergehilfen wie auch im Ablauf der Zeremonien beträchtliche Abweichungen möglich.

Hunsi – die Gemahlin des Geistes

Zu den Geschlechterrollen unterhält der Voodookult ein bemerkenswert spielerisches Verhältnis: Männliche Loas können sich in Frauen verkörpern und umgekehrt. Manifestiert sich etwa die schöne Ezilie in einem männlichen Körper, so empfinden die Kultanhänger durchaus die Komik dieses Auftritts, mehr aber noch die tiefere Wahrheit dieser Manifestation: Kosmische Harmonie erwächst erst aus der Überwindung der Spaltung in Geschlechter; daher die Verehrung der Marassa, daher auch die Anbetung von Mawu-Lisa, der androgynen Urgottheit.

Vor diesem Hintergrund ist auch der zunächst irritierende Umstand zu sehen, daß die Hunsis, wörtlich die »Gattinnen der Götter«, ebensogut männlichen wie weiblichen Geschlechts sein können. Allerdings handelt es sich, wie gesagt, beim Voodoo insgesamt um einen ausgeprägt maskulinen Kult. Tatsächlich nehmen alle Loas, gleichgültig, ob es sich ihrem Mythos nach um weibliche oder männliche Geister handelt, gegenüber den Gläubigen eine entschieden »männliche« Rolle ein: Sie »besteigen« die Besessenen, sie dringen in ihre Körper ein. Der Titel »Hunsi« läßt sich also vielleicht auch so verstehen: Voodooanhänger, ob Männer oder Frauen, sind den Loas gegenüber stets in einer »weiblichen« Position.

Die Hunsis jedenfalls sind dem Hungan oder der Mambo bei der Durchführung der Zeremonie behilflich. Novizen vom untersten Rang der Hunsi bossale dürfen lediglich im Chor mitsingen, der in rituellen Gesängen die Loas anruft, und an den zeremoniellen Tänzen teilnehmen. Ergreift ein Loa von einer Hunsi bossale Besitz, so bedarf diese meist noch des Beistands geübter Voodooisten, da es ihr an Erfahrung im Umgang mit den Geistern mangelt. Erst als Hunsi canzo, als initiierte Gattinnen der Götter, können sie bereits eine gewisse Kontrolle über die Loas ausüben, die sich während der Zeremonien offenbaren.

Über die rituellen Dienste hinaus müssen die Hunsis jedoch auch profane Tätigkeiten verrichten. So kochen sie unter Anleitung des Houngenikon (oder »chef-cambuse«, Proviantmeister) die für die Loas vorgesehenen Speisen, säubern das Peristyl und reinigen die für den Kult bestimmten Instrumente.

Dem Voodoopriester des Humfò, in dem sie Dienst tun, schulden die Hunsis unbedingten Gehorsam. Umgekehrt übernimmt der Hungan oder die Mambo, indem sie eine Person als Hunsi aufnehmen, umfassende Verantwortung für Gesundheit und Wohlergehen des Novizen. Falls der Betreffende über keine Mittel, keine Behausung verfügt, muß der Priester ihn bei sich aufnehmen, mit Kleidung und Speisen versorgen. In der Regel wird er versuchen, für seinen Schützling eine Arbeitsstelle zu finden, doch ob ihm dies gelingt oder nicht, er ist in jedem Fall verpflichtet, seine Hunsis wie seine eigenen Kinder zu behüten und zu versorgen.

Houngenikon – die Königin des Voodoochors

Unter den Hunsis eines Humfò nimmt die Houngenikon die erste Stelle ein. Sie wird in Bälde ihrerseits zur Priesterin erhoben werden und hat bereits den größten Teil ihrer Lehrzeit absolviert. Als Initiierte verfügt sie über Erfahrung im Umgang mit den Loas und in den rituellen Details. Wenn der Chor seine Gesänge zur Anrufung und Verehrung der Geister anstimmt, ist sie es, die mit lauter Stimme die ersten Strophen des Liedes singt. Sie dirigiert die Hunsis, berichtigt den Rhythmus, spornt die Sänger und Tänzer an. Ergreift ein Loa Besitz von einem der Anwesenden, so identifiziert die Houngenikon diesen Geist und begrüßt ihn mit den vorgeschriebenen Formeln.

Anders als der Hungan oder die Mambo und anders als die Hunsi überwacht die Houngenikon auch während langwieriger Zeremonien (manche Feiern erstrecken sich über etliche Tage) unablässig das Geschehen, ohne sich jemals einer Besessenheit zu überlassen. Ebenso wie die Trommler, auf die ich noch zu sprechen komme, inszeniert und fördert sie die rituelle Trance der Anwesenden, wahrt aber ihrerseits strikte Selbstkontrolle und Distanz.

La-place, der Zeremonienmeister

La-place ist die Kurzform eines Titels, der in voller Länge so ehrfurchtgebietend klingt, wie der Titelträger aufzutreten pflegt: Der »Commandant général de la place« (örtliche Generalkommandant) wacht über die Einhaltung der rituellen Formen während einer Zeremonie. Nach dem Priester selbst nimmt er die bedeutendste Position in der Hierarchie des Humfò ein. Zum Zeichen seiner Würde trägt er einen Säbel oder eine Machete. Die Zeremonie pflegt mit einer Fahnenparade zu beginnen, bei der die Hunsis die Flaggen des Humfò in vorgeschriebenem Muster schwingen, angeführt vom La-place, der statt einer Flagge seine Machete schwingt.

Während der Zeremonie zeichnet der La-place die Vèvès auf den Boden des Peristyls, um die Loas herbeizurufen. Er bereitet die Opfer für die Geister vor und überwacht die Hunsis, wenn diese die Opferspeisen für die Loas zubereiten. Während der gesamten Zeremonie sorgt er für einen geordneten Ablauf, und so versteht es sich von selbst, daß auch der La-place sich der Inbesitznahme durch einen Loa zu verweigern pflegt.

Die Société

Wohlstand und gesellschaftliche Macht eines Hungan bemessen sich nicht zuletzt daran, wie zahlreich seine Anhänger sind und wie viele einflußreiche Persönlichkeiten der Gemeinde angehören. Die Zeremonien zu Ehren der Loas sind aufwendig und erfordern beträchtliche wirtschaftliche Aufwendungen, die kein Voodoopriester aus eigener Tasche bestreitet. Vielmehr versucht er eine Reihe wohlhabender und großzügiger Personen an sein Heiligtum zu binden, damit diese dem Humfò regelmäßige finanzielle Unterstützung zufließen lassen.

Auf der anderen Seite umfaßt die Société, die Gemeinde eines Voodoopriesters, natürlich auch eine mehr oder minder große Anzahl von Personen, die dem Humfò keine Spenden zukommen lassen, sondern ihrerseits materieller und sonstiger Zuwendungen bedürfen. Als Seelsorger und Sozialarbeiter in Personalunion müssen sich der Hungan oder die Mambo auch um diese Bedürftigen kümmern. Bei den reicheren Mitgliedern der Gemeinde sammeln sie Spenden für die Ärmeren; von lokalen Politikern oder Unternehmern, die zur Société gehören, versuchen sie Unterstützung in Form von Erlassen, Arbeitsplätzen und anderem mehr zu erwirken.

Unter gewissen Umständen kann ein Humfò seinerseits ein »Unternehmen« von nicht unbeträchtlicher wirtschaftlicher Größe sein, auch wenn seine Transaktionen naturgemäß einen diskreten Charakter wahren. Daher verfügen die meisten Hungans auch über einen Verwalter, der sich um die wirtschaftlichen Belange des Heiligtums im engeren und der Société im weiteren Sinne kümmert.

Ein erfolgreicher Hungan wird innerhalb seiner Société und darüber hinaus Ansehen und Respekt genießen, aber zu seinem Erfolg gehört auch, daß man ihn (mehr als nur ein wenig) fürchtet. Tatsächlich besitzt der Voodoopriester beträchtliche Macht über die Seelen wie über die Körper der Menschen.

Erkrankt ein Gemeindemitglied, so werden Hungan oder Mambo gerufen, sofern ein Verdacht auf »übernatürlichen Ursprung« des Leidens besteht. Für seine Behandlung, meist eine Mischung aus Kräutermedizin und magischen Rezepturen zur Abwehr von Schadenzauber, erhält der Voodoopriester eine keineswegs geringfügige Entlohnung, deren Höhe sich nach den persönlichen Verhältnissen des Erkrankten richtet. Gerade wenn der Verdacht besteht, daß der Patient aufgrund von Schadenzauber erkrankt ist, keimt zugleich fast unweigerlich der Argwohn, daß der Hungan »beide Hände im Spiel« haben könnte: bei der Verzauberung wie bei der magischen Heilung.

Überhaupt stehen viele Mambos und Hungans notorisch im Verdacht, »mit beiden Händen zu dienen«, also die wohlwollenden ebenso wie die übelwollenden Geister anzurufen. Doch dem Erkrankten und seiner Familie bleibt auch dann zunächst einmal kaum eine andere Wahl, als den Priester für seinen Beistand zu bezahlen – auf die Gefahr hin, daß er sich diese Einnahmequelle durch Hexerei oder durch Absprache mit einem Zauberer, einem Bokor, selbst verschafft hat. Überdies pflegen überzeugte Voodooisten auf solche skeptischen Einwände zu entgegnen, daß die Loas auf Dauer keinen Hungan duldeten, der »mit beiden Händen dient«: Der Zauber wirke unfehlbar auf ihn zurück, den Frevler selbst mit den Gebrechen schlagend, die er anderen anhexen ließ.

Ähnlichen Argwohn können auch andere »Nebentätigkeiten« der Priester erwecken, die beispielsweise Paquets, also magische Schutzmittel, gegen allerlei dämonische Unbill verkaufen – etwa gegen Angriffe von Werwölfen, Auszehrung, böse Blicke und so fort. Doch hier steht es dem einzelnen mehr oder minder frei, ob er von dem Angebot Gebrauch machen will. Dagegen scheinen die Mitglieder der Société in anderen Angelegenheiten dem Willen des Hungan vollständig unterworfen. Und hierbei geht es um erheblich mehr als um ein paar Münzen für einen Talisman.

Vor allem dem Initiationsritual des Voodoo sollten sich nach der Überzeugung der Priester möglichst viele Kultanhänger unterziehen. Einerseits dient die Einweihung ihrer spirituellen Entwicklung und fördert die Chancen der Initiierten, dereinst auch ihrerseits zu mächtigen Loas aufzusteigen. Auf der anderen Seite handelt es sich um eine Prozedur, bei der man sich in extremem Maß dem Hungan unterwerfen muß – und für deren Durchführung die Familie des Adepten beträchtliche wirtschaftliche Gegenleistungen zu erbringen hat. Insgeheim stöhnen daher viele Familien im Umkreis einer Société unter dem Druck, den der Hungan auf sie ausübt, zumindest eines ihrer Kinder dem Canzo-Ritual zu unterziehen. Jedoch wagt sich letztlich kaum jemand diesem Drängen zu widersetzen – aus Furcht vor dem Hungan oder der Mambo, aber sehr viel mehr noch aus Angst vor den mächtigen Loas, mit denen die Priester im Bunde sind.

Selbst Einsicht und Gehorsam der Voodooanhänger sind selten frei von Spuren der Furcht.

Das Anfangsritual

Die meisten Hungans und Mambos machen von ihren Gestaltungsspielräumen gern und ausgiebig Gebrauch. Um ihre Gemeinde zu faszinieren und neue Anhänger anzulocken, lassen sie sich immer neue, immer malerischere und überraschendere Variationen der Rituale einfallen. Einige Grundelemente aber kehren in praktisch jeder Voodoozeremonie wieder. Vor allem sie möchte ich im folgenden skizzieren.

Die Zeremonie wird eingeleitet durch das sogenannte Orientierungsritual und durch die Flaggenparade. Der Hungan hebt einen Wasserkrug nacheinander in die vier Himmelsrichtungen empor, wodurch der spirituelle Raum markiert wird. Mit dem Wasser aus dem Krug zieht er sodann eine Spur vom Eingang des Peristyls zum Poteau-mitan, dem symbolischen und architektonischen Zentrum des Raumes. Sofern das Peristyl über mehrere Eingänge verfügt, wiederholt er diese Handlung entsprechend häufig.

Die Flaggenparade

Sodann ziehen zwei Hunsis des Humfò unter Führung des La-place in das Peristyl ein. Sie betreten es vom Bagui her, dem Altarraum, wo die heiligen Gegenstände aufbewahrt werden, und zwar rückwärts schreitend. Erst im Peristyl wenden sie sich um und bewegen sich auf den Poteau-mitan zu. Der Zeremonienmeister wirbelt seinen Säbel, die Hunsis schwingen die Flaggen der Société, die möglichst kostbar und aufwendig ausgeführt sind. Während die Hunsis ein Lied anstimmen, grüßen der La-place und die Flaggenträger nacheinander die Geister der vier Himmelsrichtungen, den Poteau-mitan, die heiligen Trommeln und – dann erst – den Hungan bzw. die Mambo des Humfò. Diese Begrüßungen schließen komplizierte rituelle Bewegungen ein, die – je nach örtlicher Tradition – aus höfischem Knicksen oder Verbeugungen bestehen können; in manchen Humfòs ist es auch üblich, daß sich die Akteure der Flaggenparade jeweils bäuchlings zu Boden werfen.

Bei der Begrüßung zwischen Hungan und La-place kommt es regelmäßig zu einem stilisierten Gefecht zwischen dem Zeremonienmeister und dem Priester, ausgeführt mit dem Säbel des einen und der heiligen Rassel des anderen; auf diese Weise bietet der Hungan seinem Humfò-Loa oder Mèt-Humfò, dem Schutzgeist des Tempels, symbolisch die Stirn. Denn eine nicht geringe Aufgabe des Hungan während der Zeremonien besteht darin, die sich offenbarenden Loas zu bändigen und unerwünschte Geister, die Anstalten machen, anwesende »Pferde« zu besteigen, energisch abzuweisen. Das stilisierte Gefecht ist demnach als Ankündigung in Richtung der Loas zu verstehen, daß der Priester bei der folgenden Zeremonie für Maß und Ordnung sorgen werde.

Vèvès, die Zeichen der Loas

Vor oder nach der Flaggenparade begibt sich der Hungan (in anderen Fällen auch der La-place) zum Poteau-mitan, wo er auf dem Boden die Vèvès der anzurufenden Loas zeichnet. Diese komplizierten Symbole werden meist mit Mehl ausgeführt; zuvor hat der Hungan daher den Teller mit dem Mehl ebenso »orientiert«, also in die vier Richtungen des Universums erhoben, wie er mit dem Wasserkrug verfahren ist und es nachher auch mit den Opfergaben tun wird.

Unter neuerlichen Gesängen der Hunsis zeichnet der Hungan oder der La-place das Vèvè auf den Peristylboden. Einige Vèvès sind in diesem Buch abgebildet; auf den ersten Blick erkennt man, daß es beträchtliche Übung erfordert, solche komplexen Symbole aus dem Handgelenk zu malen. Nach vollendeter Zeichnung wird jedes Vèvè geweiht, indem der La-place einige Maiskörner darauflegt und einige Tropfen Clairin, Rum oder andere Libationen darüber aussprengt. Außerdem werden Kerzen angezündet, wozu der Hungan seine Asson schwingt und in rituellen Formeln wiederum die Loas anruft.

Prière Guinée, die Anrufung der Götter

Da der Voodookult, wie gesagt, jeden einzelnen der »großen Loas« mit einem katholischen Heiligen camoufliert hat, sieht das Anfangsritual an dieser Stelle eine bemerkenswerte liturgische Doppelung vor: Einerseits wird die katholische Heiligenlitanei gebetet, andererseits ruft man in einem langgezogenen Klagegebet, genannt Prière Guinée, sämtliche großen Loas an.

Diese Anrufung kann sich so lange hinziehen, daß bereits die Eingangsrituale für unkundige Beobachter zu einer qualvollen Geduldsprobe werden. Außer daß der Hungan jeden einzelnen Loa formelhaft anruft und zuweilen seine Rassel schüttelt, geschieht stundenlang anscheinend gar nichts. Ab und an wirft sich ein Initiierter zu Boden, wenn der Name »seines« Loa oder der eines Geistes genannt wird, der ihm aus anderen Gründen viel bedeutet. Ansonsten werden die Anrufungen monoton, wenn auch mit beschwörender Stimme fortgesetzt; allenfalls berührt der Hungan bei der Nennung einzelner Geisternamen mit besonders großer Inbrunst die Erde, unter der sich nach voodooistischer Anschauung die Unterwelt Guinée befindet.

Ein letztes Klappern der mit einem Netz voller Perlen und Schlangenwirbel umspannten heiligen Rassel, dann endet das Prière Guinée, und praktisch im selben Moment beginnen die Trommeln zu dröhnen. Die Hunsis klatschen, und die Trommler schlagen in schwerem, langsamem Takt, einem Rhythmus, der in der Tat wie ein Pochen an die »Tore der Unterwelt« anmutet.

Damit ist alles für die Heraufkunft der Geister bereit.

Manjé-loas, die Speisung der Geister

Wie in den Mythologien vieler anderer Völker wird auch im Voodoo vorausgesetzt, daß zwischen den Göttern und ihren Geschöpfen ein energetischer Austausch stattfindet. Die großen guten Geister versorgen die Welt der Sterblichen mit Lebensenergie und müssen ihrerseits durch geeignete Opfergaben energetisch genährt werden. Man nimmt also selbstverständlich nicht an, daß die Loas sich in einem physischen Sinn an den dargebrachten Opferspeisen laben; aber sie nehmen die »Essenz« der Opfer in sich auf und werden hierdurch so sehr gestärkt, daß sie auch die Menschenwelt mit neuer kosmischer Energie versorgen können.

Bleiben die Opfer dagegen aus oder geraten sie zu dürftig, weil es die Menschen an Ehrfurcht und Aufmerksamkeit fehlen lassen, so werden die Loas so sehr geschwächt und überdies so zornig, daß sie die Welt der Sterblichen ebenso unzureichend mit neuer Energie speisen. Die Folgen sind Krankheiten, Dürre, allgemeiner Verfall. Nach Überzeugung der Voodooisten liegt es also auch im wohlverstandenen Eigeninteresse der Menschen, die Loas durch Opfer zufriedenzustellen. Allerdings wird auch ein starker und kundiger Hungan oder eine ebensolche Mambo benötigt, damit die Loas in ihren Forderungen nicht maßlos werden.

Töten, um die Loas zu laben

Die Speisen, die man den Loas opfert, werden nach bestimmten rituellen Regeln dargebracht. Dabei ist eine Fülle streng geregelter Einzelheiten zu beachten: Je nachdem, welchem Loa das Opfer gilt, wird man eine andere Tierart wählen, und auch Zubereitung, Umfang und sonstige Bestandteile des Opfers variieren entsprechend.

Die Tatsache, daß lebende Tiere geopfert werden, kann auf den westlichen Teilnehmer einer solchen Zeremonie befremdlich, ja abstoßend wirken. In der Geborgenheit eines europäischen Gelehrtenzimmers über die vielschichtige symbolische Bedeutung solcher Opfer zu schreiben ist eines; hautnah vor Ort zu erleben, wie das herzwarme Blut aus der Kehle eines mit bunten Bänden geschmückten Stieres springt, ist ein Erlebnis von ganz anderer Qualität.

Im wesentlichen unterscheidet man zwischen Huhn-, Ziegen- und Stieropfern; hinzu kommen noch Schweineopfer für einige Petro-Loas. Auch die Farbe des Fells bzw. des Gefieders spielt eine bedeutende Rolle, wie überhaupt in der gesamten Zeremonie nichts dem Zufall überlassen bleibt und kein einziges Detail als bedeutungslos gilt. So sind beispielsweise die weißen Opfertiere den »weißen« (im wesentlichen Rada-)Loas vorbehalten; schwarze Exemplare opfert man den »bitteren« Dämonen; rote Tiere sind Feuer-Loa Ogu angenehm; gescheckte Tiere dienen als Opfer für die Marassa und so fort.

Das zur Opferung bestimmte Tier wird von den Hunsis und dem Houngenikon mit besonderer Hochachtung behandelt. In den Tagen und Wochen vorher hat man es bereits sorgfältig gefüttert, wobei auf Vorlieben und Abneigungen des zu bedenkenden Loas geachtet wurde. Vor der Opferung unterzieht man das Tier einer rituellen Reinigung; Hörner von Ziegen und Stieren werden außerdem mit Bändern in den Farben des betreffenden Geistes geschmückt. Die Körper von Stieren und Ziegen verhüllt man überdies mit kostbaren seidenen Tüchern. Auch wenn große Opferzeremonien häufig von »Auftraggebern« finanziert werden, kommen aus Kostengründen Huhnopfer sehr viel häufiger als Opferungen von Ziegen oder gar von Stieren vor.

Ein Huhn für den Loa

Betrachten wir nun also die wichtigsten rituellen Verrichtungen bei der Opferung eines Huhns. Die Mambo oder der Hungan ergreift es an den Flügeln, um das Tier in der nunmehr schon bekannten Weise nach den vier Richtungen des Kosmos zu »orientieren«. Sodann begibt sich der Priester mit dem Huhn zu jedem einzelnen Kultanhänger, um ihn oder sie mit Hilfe des Opfertieres symbolisch von widrigen Energien zu reinigen. Er hält das Huhn an den Füßen und führt es über den Kopf des Teilnehmers, während dieser sein Haupt entblößt und sich unter Umständen sogar hingekniet hat.

Nach Abschluß dieser spirituellen Reinigungsrunde schwingt der Hungan das Opfertier durch die Luft, um es sodann mit dem Schnabel zu der Nahrung zu führen, die auf dem Vèvè für den angerufenen Loa bereitsteht. Pickt das Huhn einige Brocken von dieser Speise auf, so bedeutet dies, daß der Loa das Opfer annehmen wird. Daraufhin beginnt die Schlachtung des Opfertiers.

Auch wenn die Voodooisten beteuern, daß jeder Schritt der Zeremonie aus symbolischen Gründen unerläßlich sei, steht für mich außer Frage, daß zumindest einige Bestandteile des Opferrituals für das Opfertier äußerst qualvoll sind. Hierzu zählt vor allem der Brauch, als nächstes die Flügel und Beine des Huhns zu brechen. Schließlich müsse man verhindern, heißt es, daß das Huhn, geladen mit den negativen Energien, die von den Teilnehmern auf es übergegangen sind, die Flucht ergreifen könne. Nun, zu einer solchen Flucht hätte die bedauernswerte Kreatur gewiß auch dann keine Gelegenheit, wenn man sogleich zu dem Schritt überginge, der ohnehin als unmittelbar nächster vorgesehen ist: der Tötung des Huhns.

Je nachdem, zu Ehren welchen Geistes man das Opfer darbringt, wird das Huhn nun erwürgt oder erstochen. Legba etwa bevorzugt Hühner, denen der Hals umgedreht wurde; Loco aber, der oberste Ahnen-Loa und erste Voodoopriester, hat eine Vorliebe für Hühner, deren Kehle durchschnitten worden ist, woraufhin man sie ausbluten läßt.

So oder so wird bei solchen Opferungen reichlich Blut vergossen – erheblich mehr Blut, als ein durchschnittlicher Europäer zu sehen (und zu riechen!) gewohnt ist. Der heilige Wasserkrug wird mit Blut eingerieben; selbst die Stirn dessen, der die Opferzeremonie erbeten hat, beschmiert man mit Blut. Falls das Huhn Gèdè geopfert wurde, nutzt man die Gelegenheit, Kranke herbeizutragen und an den befallenen Körperstellen mit Opferblut einzureiben; denn wer vor einem frühen Tod verschont werden möchte, braucht hierzu den Beistand von Totengott Gèdè. Sofern es sich bei dem Opfertier um eine Ziege oder gar um einen Stier handelt, werden so große Mengen Blut vergossen und aufgetragen, daß sich die heilige Stätte in den Schauplatz eines Massakers zu verwandeln scheint.

Schließlich legt man das Opfertier auf das Vèvè; der Hungan oder der La-place streut weiteres Mehl in Form eines gleichschenkligen Kreuzes über das Tier. Weitere Nahrungsmittel (getrocknete Pflanzen, Fladen u.a.) werden auf das tote Tier gelegt, sodann Libationen, Trankopfer, darauf vergossen; beispielsweise Wasser oder Clairin. Endlich nimmt man das Huhn auf, um es zu reinigen, zu kochen und dem Loa symbolisch zu servieren; hierfür wird die Speise auf einem Teller angerichtet, dieser in die vier Richtungen »orientiert« und sodann auf dem Altar des betreffenden Loa oder auf der Plattform zu Füßen des Poteau-mitan abgestellt.

Zu diesem Zeitpunkt hat sich meist schon beim Hungan selbst oder bei einigen Teilnehmern eine Besessenheit eingestellt: Zum Zeichen, daß er den Opfernden wohlgesonnen sei, ist der Loa, den man mit dieser Zeremonie ehren will, in den Sattel gestiegen – wobei man davon ausgeht, daß er sich in einer beliebigen Anzahl von »Menschenpferden« zugleich manifestieren kann.

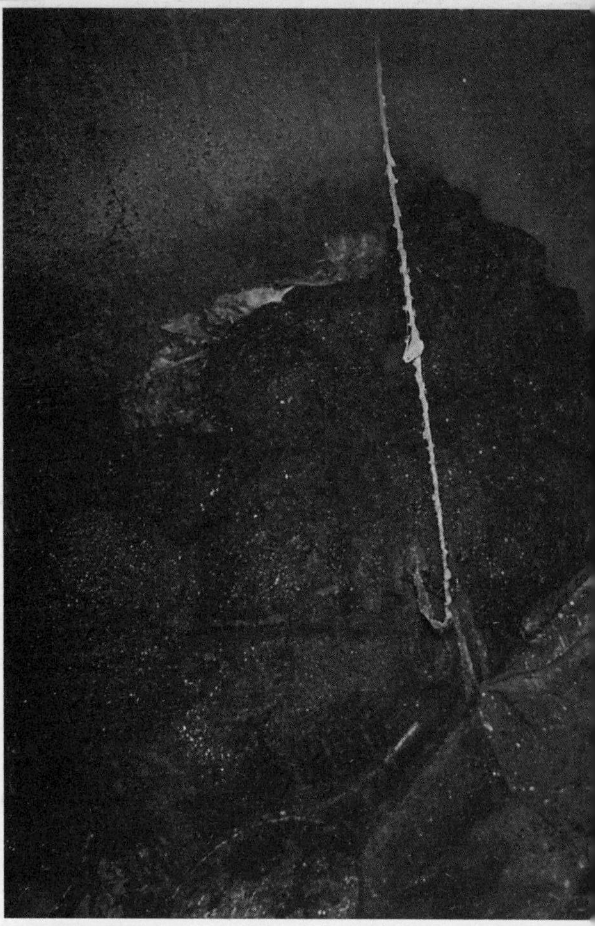

Im afrikanischen Vodunkult wird nach vollzogener Stieropferung ein Fetischstein mit dem Blut des Opfertiers »gefüttert«. Auch im haitianischen Voodoo kann das

Heiligtum nach rituellen Schlachtungen der Stätte eines Massakers ähneln.

Ziegen- und Stieropfer verlaufen im Prinzip nach dem gleichen Schema. Nur ist das Blutige, Brutale des Aktes hier um so deutlicher, als diese großen Säugetiere den Menschen weitaus näherstehen. Selbstverständlich nennen die Voodooisten wiederum viele – aus ihrer Sicht – einleuchtende Gründe, warum der Ziegenbock vor der Opferung kastriert werden muß, und zur Rechtfertigung anderer Scheußlichkeiten mehr. Wie mir berichtet wurde, ist man jedoch in dem einen oder anderen Humfò dazu übergegangen, »echte« Tieropfer durch symbolische Handlungen zu ersetzen, und meiner Überzeugung nach könnte der Voodooismus insgesamt diesen Schritt vollziehen, ohne Einbußen an spiritueller Substanz befürchten zu müssen. Wer dagegen einmal miterlebt hat, wie der Voodoopriester und seine Gehilfen mit düsterer Feierlichkeit einen lebendigen Bock kastrieren und scheren; wie sie das Tier an den Füßen packen und in die Luft stemmen; wie sie ihm schließlich die Kehle durchschneiden und das körperwarme Blut in hellem Strahl aus der Halsschlagader springt – wer an einer solchen Opferung einmal teilgenommen hat, wird sich zumindest nicht darüber wundern, daß man Voodooisten für fähig hält, unter gewissen Umständen auch Menschenblut zu vergießen.

Allerdings sei an dieser Stelle ebenso betont, daß für die Voodooanhänger selbst ein entscheidender Unterschied zwischen der Opferung eines Tieres und der Tötung eines Menschen besteht. Kein »weißer« Loa, kein Geist der Rada-Linie zumindest, würde das Opfer einer »Ziege ohne

Hörner« oder eines »nackten Bockes« akzeptieren; im Gegenteil würden die Frevler, die einem »sanften« Loa ein solches Opfer darbringen wollten, hierdurch großen Zorn in der Geisterwelt heraufbeschwören.

Wie aber verhält es sich mit gewissen Loas der Petro-Dynastie, etwa mit der schrecklichen Marinette, der man in schwarzer Nacht ebenso schwarze Eber zu opfern pflegt? Nur wenige Voodooanhänger würden sich wirklich dafür verbürgen, daß Marinette oder ihr schauerlicher Gemahl einer solchen Labung abgeneigt wären. Hierauf komme ich im abschließenden Kapitel noch zu sprechen. Vorläufig aber befinden wir uns im weitaus harmloseren Rahmen einer Zeremonie, in der zwar auch reichlich Blut fließt, allerdings »nur« das Blut von Tieren.

Der berühmte Ethnologe Michael Leiris hat ein voodooistisches Stieropfer im Detail beschrieben. Ich zitiere hier einige Auszüge aus seinem Bericht: »Man führt den Stier heran (der bis zu diesem Augenblick einige Meter vom Peristyl entfernt auf der rechten Seite im Hintergrund gewartet hatte), einen rotbraunen Stier, mit einer rosa- oder karminroten Decke auf dem Rücken und einem um die Hörner geschlungenen Tuch in den entsprechenden Farben.« Aus dieser Farbwahl ist zu schließen, daß es sich um ein Opfer für Ogu handelt. Der Beobachter fährt fort: »Der Stier wird am Poteau-mitan angebunden. Daraufhin beginnt eine Greisin im Peristyl zu tanzen. Sie schwankt, als wäre sie betrunken, und beginnt zu schreien: Der Krieger-Loa kommt über sie. Nun gießt sie Trankopfer über den Stier, gefolgt von Speisen, die gleichfalls zum Opfer gehören. Dann reißt sie ihm gewaltsam das Maul auf, schiebt die Flasche in seinen Rachen und zwingt ihn zu trinken: der Rum rinnt ihm aus dem Maul.« An die Flanke des Stiers gelehnt, verharrt die Alte einen Moment in triumphierender Haltung, dann kehrt sie an ihre ursprüngliche Position nahe den Hunsis zurück. Und wie Leiris nicht ohne Erstaunen notiert, trinkt die Greisin nun ihrerseits »mit großen Zügen aus der Flasche«, die sie eben in den Rachen des Stiers gestoßen hatte.

Nachdem der Stier »geweiht« worden ist, wird er seines Schmucks entkleidet und hinaus auf den Hof geführt. Dort beginnt eine rituelle Jagd auf das Tier, an der sich alle beteiligen – »in ungeordneter Weise, wild gestikulierend, mit Geschrei und Gelächter«. Das Opfertier wird über ein Zuckerrohrfeld bis in wildes Gelände geführt. Dort sucht »ein Mann … am Hals des Stiers die geeignete Stelle und stößt dann die Klinge seiner Machete fast vertikal hinter den Hörnern in den Nacken, ein wenig hinter der Stelle, wo die Matadore den sogenannten *descabello*-Stoß ausführen. Der Stier stürzt wie vom Blitz getroffen zu Boden. Nun wird die Kehle mit einem Messer aufgeschlitzt. Sein Blut rinnt auf die Erde.«[13]

Normalerweise wird dieses Blut allerdings nicht einfach auf die Erde vergossen: Die Voodooisten pflegen es vielmehr als Hauptbestandteil eines Getränks namens Migan zu trinken. Hierfür wird das Blut in einer Kalebasse, die Salz und Clairin enthält, aufgefangen und gegen das Gerinnen umgerührt. Der Hungan oder die Mambo pflegen

13 Zit. n. Metraux, a.a.O., Seite 210 ff. – Bibliographische Hinweise s. Anhang.

einen Löffel voll körperwarmen Blutes direkt aus der Kalebasse zu schlürfen. Nachher wird es unter anderem mit Zucker, Zimt, Muskatnuß vermischt, woraufhin jeder Teilnehmer der Zeremonie einen Löffel voll Migan zu sich nimmt.

Seinen Hunsis aber malt der Hungan mit dem Finger ein gleichschenkliges Kreuz aus Opferblut auf die Stirn.

Dansé-loas, der Tanz der Besessenen

Wenn die Loas die Opfer angenommen haben, beginnen im Peristyl die Freudentänze: Die Trommeln dröhnen, die Hunsis singen, klatschen und tanzen. So still und angespannt alle während der Opferung waren, so ungehemmt brechen nun Zuversicht, Lachen und Lebensfreude aus den Teilnehmern hervor.

Gewöhnlich haben sich zu diesem Zeitpunkt bereits mehrere Loas manifestiert. Sie »tanzen« in den Köpfen ihrer »Menschenpferde«; diese – die Besessenen – taumeln anfangs wie betrunken durchs Peristyl. Doch sowie sich das »Pferd« an seinen übernatürlichen Reiter gewöhnt hat, geht mit dem Besessenen die erwähnte, für den unkundigen Betrachter immer wieder tief verblüffende Wandlung vor.

Dabei sind es keineswegs nur äußere Requisiten, die diese Veränderung hervorrufen. Während sie den Strohhut Agwés, die Brille Gèdès oder eine rote Schärpe von Ogu überstreifen, durchlaufen die Besessenen innerlich eine tiefe Verwandlung: Offenkundig sind es bereits nicht mehr sie, die gewöhnlichen Menschen, sondern eben die großen Loas, die sich auf eine für sie angemessene Weise zurechtmachen; Geister, die sich für gewisse Zeit der Hände, der Gestalt, der Gesichtszüge ihrer »Wirte« bedienen, ohne doch mit ihnen in irgendeiner persönlichen Beziehung zu stehen.

Ebensosehr pflegt es westliche Teilnehmer an Voodoozeremonien anfangs zu irritieren, daß niemand im Peristyl bei Erscheinen eines Loa die geringste Überraschung zeigt. Die Götter sind gegenwärtig; das sind sie indessen immer; nur ist es nun durch das Ritual gelungen, sie sichtbar zu machen und in persönliche Verbindung mit ihnen zu treten: Loas und Menschen tanzen gemeinsam zum Rhythmus der Trommeln im Peristyl.

Die Stimmen der Götter

Wann immer die Obrigkeit – erst im Sinne der weißen Masters, später auf Drängen der katholischen Kirche – versucht hat, den Voodookult zu unterdrücken, richteten sich Verbote und Razzien als erstes gegen die Trommeln des Voodoo. Darin waren sich die Verfolger offenbar mit den Kultanhängern einig: Stärker als von jedem anderen Requisit des Voodoo geht von den Trommeln eine magische Kraft aus. Es sind die Stimmen, die im Auftrag des Hungan oder der Mambo die Loas herbeirufen, wobei genau festgelegt ist, welche Trommel welche Geister anzurufen vermag. Und es sind zugleich die Stimmen der

Loas selbst, mit denen diese auf die Rufe antworten und sich während ihrer Präsenz im Peristyl artikulieren.

Während einer Voodoozeremonie kommt folglich den Trommeln und den Trommlern außerordentliche Bedeutung zu – nicht zufällig werden beim einführenden Ritual die heiligen Trommeln noch vor dem Priester gegrüßt. Doch im Gegensatz zu Hungan oder Mambo, im Unterschied zu den Hunsis oder auch zu vielen gewöhnlichen Teilnehmern werden die Trommler selbst während der Zeremonie von keinem Loa »ergriffen«, sondern wahren Distanz und konzentriertes Bewußtsein, ähnlich dem Houngenikon.

Eine profane Erklärung für die heilige Macht der Trommeln lautet, daß deren Rhythmen die Entstehung der erwünschten Trance begünstigen. Dies wird von Kennern des Voodoo durchaus nicht bestritten; nur daß »Trance« für den Voodooisten kein pathologisches Verdämmern des Bewußtseins meint, sondern Öffnung für die jenseitige Welt. Die Rhythmen der Trommeln, sagen Voodooanhänger, synchronisieren den Pulsschlag – die Energiefrequenz – von Menschen und Geistern; jene Aufgabe, die der Mythos Mittlergott Legba zuschreibt, erfüllen also die Trommler im Medium der Musik. Tatsächlich können geübte Voodootrommler durch ihre Musik Besessenheiten gezielt herbeirufen – und ebenso zielgenau unterbinden oder beenden.

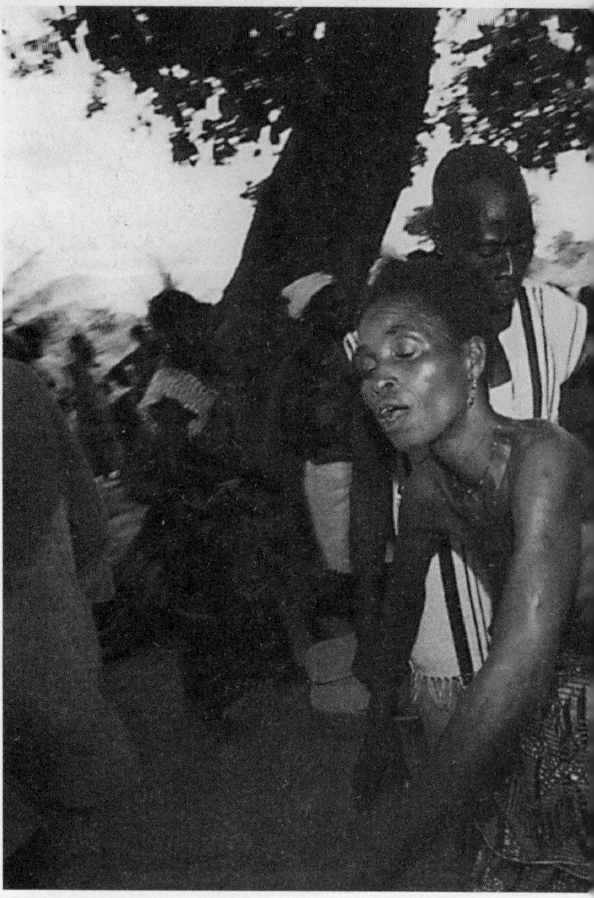

Diese afrikanische Vodun-Anhängerin ist von der Wassergottheit Mami Wata besessen. Ihr Begleiter gibt

acht, daß sie sich nicht verletzt, während sie von der Gottheit »geritten« wird.

Ebenso wie die Rada-Loas selbst ähneln auch die zu ihrer Anrufung verwendeten Trommeln am ehesten noch den afrikanischen Originalen. Nach uralter Tradition werden sie aus Baumstämmen gefertigt, die man aushöhlt und zur Form eines Kegelstumpfes modelliert. Die Haut einer Ziege oder eines Ochsen dient als Membran; Wirbel dieser Tiere und Lederschnüre benutzt man, um die Haut auf der Trommel zu spannen. Die Farben und Zeichen, mit denen die Trommeln bemalt werden, entsprechen den Loas, die man durch sie herbeirufen will.

Rada-Trommeln werden stets im Trio eingesetzt: Die Haupttrommel, genannt Manman oder auch Adjuntò, mißt mehr als einen Meter, die mittlere, namens Huntò, etwa einen Dreiviertelmeter; die kleinste Trommel, bekannt als Bula, ist knapp einen halben Meter hoch.

Um die Haupttrommel zu schlagen, sitzt der Trommler hinter seinem Instrument, das ihm stark entgegen geneigt ist; mit der Hand schlägt er auf den Rand der Trommel, mit einem Schlegel auf die Membran. Den Huntò dagegen preßt der Spieler zwischen seine Knie; mit beiden Händen oder auch mit einem Bogen namens Aguida bearbeitet er die Membran. Die Bula schließlich steht stets senkrecht, wenn der Trommler sie bespielt, wofür er normalerweise zwei Schlegel verwendet.

Der Manman ist sozusagen die Gesangsstimme, die beiden anderen Trommeln bilden den Rhythmus. Mit der Haupttrommel, deren Stimme mächtig durch die Nacht hallt, werden die Loas gerufen; ihr hypnotischer Klang ist es auch, der selbst ängstliche oder widerspenstige Tänzer in Trance verfallen läßt, so daß der Loa sie »besteigen« kann.

Im Unterschied zur Dreiergruppe der Rada-Trommeln werden die heiligen Instrumente des Petro-Rituals im Duo eingesetzt. Sie sind deutlich kleiner als die Rada-Trommeln; die größere heißt Gros-Baka, die kleine Ti-Baka; die letztere ist für das Ritual wichtiger als die große Trommel, auf der man den Rhythmus schlägt. Beide werden, ohne zusätzliche Instrumente wie Bogen oder Stab, mit der flachen Hand bespielt.

Opfer für den Trommelgott

Im Voodoo betrachtet man die Trommel in jedem Fall als heiliges Instrument, heiliger selbst als die Asson, die Rassel des Priesters: Diese entfaltet nur in der Hand des Berufenen ihre bemerkenswerte Kraft; jene jedoch, die Voodootrommel, ist ein Gefäß des Göttlichen. Nach der Überzeugung vieler Kultanhänger sind die Trommeln nichts anderes als Verkörperungen übernatürlicher Macht, die man folglich ebenso wie andere Loas mit festgelegten Opferzeremonien verehrt.

So kennt der Voodoo etwa eine Zeremonie namens Coucher-tambour, Niederlegen der Trommeln, bei der man die Trommelgötter gleichsam zum Schlafen bettet. Ähnlich dem Manjé-loas, der Speisung der Götter, gibt es ein Manjé-tambour, die Speisung der Trommelgötter, mit zeremoniellen Speiseopfern für die den Trommeln innewohnenden Loas. Hierfür werden die Trommeln auf Bananenblättern feierlich nahe dem Vèvè niedergelegt, das ihre Symbole enthält oder darstellt.

Assoto, die allerheiligste Trommel

Auch wenn die diversen »Kampagnen gegen den Aberglauben« den Voodoo nie wirklich gefährden konnten, blieben die barbarischen Übergriffe seitens der katholischen Kirche und der amerikanischen Besatzer doch nicht ohne zerstörerische Wirkung: Die meisten der »allerheiligsten Trommeln«, genannt Assoto, aus den Frühzeiten des Voodoo sind damals vernichtet worden oder doch seit jener Zeit unwiederbringlich verschwunden.

Diese Trommeln wurden nicht bei gewöhnlichen Zeremonien, sondern nur zu herausragenden Anlässen eingesetzt. Schon aufgrund ihres gigantischen Umfangs – angeblich wiesen sie eine Höhe von bis zu drei Metern auf – waren sie nur unter umständlichen Zurüstungen zu bespielen. Zugleich läßt sich aus solchen Abmessungen unschwer folgern, daß man diese Trommeln beinahe ausschließlich als Verkörperungen von Gottheiten ansah.

Traditionell wurden die Assotos aus dem Holz des Mahaudeme-Baums gefertigt, von dem die Voodoo-Überlieferung besagt, daß es »mit Blut gesättigt« sei. Weitere traditionelle Vorschriften verlangen, daß der Baum bei Vollmond gefällt wird und man dann um Punkt Mitternacht die Trommelhaut spannt. Nicht anders als ein lebendes Wesen wurde auch der fertiggestellte Assoto in einer

Initiationszeremonie »getauft«: Man setzte seine Seele ein, wie es hieß.

Tanz der Geister

Als »getanzte Religion«, wie Metraux den Voodoo zutreffend charakterisiert hat,[14] verfügt der Kult über eine große Vielfalt an tänzerischen Ausdrucksformen. Daß diese mit Gesellschaftstänzen im abendländischen Sinn wenig gemein haben, versteht sich von selbst; ebenso allerdings, daß der zeremonielle Tanz im Voodoo gleichwohl auch eine soziale Funktion erfüllt: Es ist eine Form der Kommunikation, welche die Loas mit den Menschen, aber auch diese untereinander verbindet.

Ebenso wie zwischen Petro- und Rada-Loas unterscheidet man auch zwischen den Tänzen beider Rituale. Eine dritte Gruppe bilden die obszönen und parodistischen Gèdè-Tänze; die Tänze der Congo- und Ibo-Loas aber, die einmal eigenständige Gruppen dargestellt haben, sind heute weitgehend mit den dominanten Riten verschmolzen.

Einige Grundregeln und Bewegungsformen findet man bei den meisten Voodootänzen wieder: Jeder Tänzer tanzt für sich allein; in einer flutenden Bewegung umkreisen die Tänzer den Poteau-mitan entgegen dem Uhrzeigersinn. Auch die einzelnen Tänzer vollführen, speziell mit ihren Oberkörpern, überwiegend weiche, fließende Bewegungen, die an Wasser oder an Schlangen gemahnen. Viele der

14 Metraux, a.a.O., Seite 220.

»großen« Loas – etwa Damballah und Ayida, Agwé und Ezilie – werden nicht zuletzt als Wassergeister verehrt; überdies stellt man sich vor, daß sich das Reich des Übernatürlichen tief unter dem Meer befinde. Die fließenden Bewegungen der Tänzer lassen sich also als Annäherung an die Welt der Mystères verstehen, als eine kollektive Verwandlung, die alle Teilnehmer erfaßt, und zwar noch unabhängig davon, ob sie im einzelnen von einem Loa »ergriffen« werden. In den Zeremonialtänzen zu Ehren einzelner Wasser- oder Schlangen-Loas werden dann diese fließenden, schlängelnden, flutenden Grundbewegungen individualisiert und so ausgearbeitet, daß der Kundige anhand der Tänze sogleich erkennt, ob es sich um Tänze für Agwé, Damballah oder einen anderen Wasser-Loa handelt.

Von den sanften, vielfach gemächlichen, durchweg harmonischen Rada-Tänzen heben sich die Tänze zu Ehren der Petro-Loas so deutlich ab, daß auch Nichteingeweihten der krasse Unterschied kaum entgehen kann. Wie bereits erwähnt, wurden die Petro-Tänze schon von Saint-Méry als wirbelnd und elektrisierend beschrieben: Es handle sich um einen Tanz, schrieb er, »der dem Voodootanz verwandt, aber in den Bewegungen noch hektischer ist. Dieser Tanz … hat zu Todesfällen unter den Negern geführt. Die Zuschauer, die ebenfalls durch die zuckenden Tanzbewegungen elektrisiert werden, sind so berauscht wie die Tänzer selbst und bringen durch ihren Gesang und den immer schneller werdenden Rhythmus die Krise, an der sie in gewisser Weise selbst teilhaben, auf den Höhepunkt.«

Die Besessene übermittelt als Medium einer Gottheit Botschaften, an die sie sich selbst später nicht erinnern wird.

Bis heute gelten die charakteristischen Petro-Rhythmen, bestehend aus drei Takten und einer Pause, als sicherster Weg in rituelle Trance. Selbst bei furchtsamen und ungeübten Voodooisten, die sich davor ängstigen, von einem Loa »bestiegen« zu werden, stellt sich unter der Wirkung der Petro-Rhythmen die Besessenheit fast unfehlbar ein.

Dagegen handelt es sich bei den Tänzen, die man zu Ehren der Gèdè aufführt oder zu denen ein Gèdè den von ihm Besessenen nötigt, um Bewegungen von drastischer Obszönität. »Pferde«, die von Baron-Samedi oder den Seinen »geritten« werden, machen stoßende, wackelnde, wiegende Bewegungen mit Becken und Hüften und lassen bei jedem Tanzschritt, jeder Geste erkennen, daß sie in einer imaginären Kopulation begriffen sind. Besonders berühmt oder berüchtigt ist in dieser Hinsicht der Banda, der so unmißverständliche wie parodistische »Begattungstanz« des Todesgottes. Und sollte einer der Anwesenden noch nicht bemerkt haben (was eigentlich kaum möglich ist), daß sich für den von Gèdè Besessenen in diesen Momenten die ganze Welt sexualisiert hat, so dürften die obszönen Bemerkungen, die Gèdè während des Tanzes freigebig ausstreut, ihn letzter Zweifel entledigen.

Zieht sich die drastische Manifestation über Gebühr in die Länge, so kann der Hungan die Trommler anweisen, einen *Mazone* oder *Erabigné* anzustimmen – Rhythmen von argloser Fröhlichkeit, die geeignet sind, die tanzenden und reitenden Loas zum Rückzug in die Unterwelt zu bewegen.

Canzo, die rituelle Initiation

Warum gilt Besessenheit im Voodoo als so positiv und erwünscht? Neben den »großen« Antworten, die mit kosmischen Belangen und der Notwendigkeit des Energieaustauschs argumentieren, gibt es auch eine »kleine« Antwort, die vor allem auf die Bedürfnisse des Individuums abzielt: Wenn ein bestimmter (wohlwollender und bekannter) Loa in gewissen Abständen im Kopf einer Person zu »tanzen« pflegt, bedeutet dies, daß sich keine anderen, möglicherweise übelwollenden, in jedem Fall aber unkontrollierbaren spirituellen Kräfte dieses Kopfes bemächtigen können.

»Wer nicht Gottes ist, ist des Teufels«, lautet eine verwandte Aussage der Christen. Auch wenn der Voodoo eine solche starre Trennung zwischen Gut und Böse ablehnt, kennt er durchaus den Unterschied zwischen Geistern, die den Menschen wohlgesonnen sind, und solchen, über die zumindest nichts Gutes bekannt ist.

Wie aber erreicht man, daß ein sanfter und wohlwollender Loa sich für ein bestimmtes »Menschenpferd« entscheidet und fortan dieses auch vor übernatürlichen »Pferdedieben« beschützt? Nach voodooistischer Erfahrung können im Lauf eines Lebens die verschiedensten Loas von ein und demselben Menschen Besitz ergreifen; dennoch stellt sich zu einem gewissen, vergleichsweise frühen Zeitpunkt einer dieser Loas als dominant heraus. Es ist derjenige Geist, der dem betreffenden Menschen – seinem Charakter, seinen Neigungen oder Gefährdungen oder auch der Aufgabe, die er in diesem Leben zu erfüllen hat – am besten entspricht. Kein anderer Loa ist diesem Menschen so vertraut wie dieser Geist, den er meist als seine persönliche Schutzgottheit erfährt. Andere Loas mögen sich behelfsmäßig in diesem Menschen verkörpern; aber sie leihen sich das »Menschenpferd« gleichsam nur von dessen eigentlichem Reiter aus. Denjenigen Loa, der sich als Haupt- und Schutzgeist eines Menschen manifestiert hat, nennen die Voodooisten den Loa mèt-tèt, den »Meister des Kopfes«, eine Formulierung, die den Aspekt der spirituellen Führung bereits anklingen läßt.

Aus den Loas mèt-tèt läßt sich folglich auch eine Art Typologie der Menschen ableiten, die mit diesen Geistern intimen Umgang pflegen. Allgemein gesagt, wird man einem Menschen vertrauensvoller begegnen, dessen »Meister des Kopfes« zu den Rada-Loas zählt, als einem von den Petro-Loas oder gar von den Gèdè Geleiteten. Um es noch einmal zu betonen: Niemand würde behaupten, daß gewisse Petro-Geister oder Angehörige der Gèdès geradezu übelwollende Mystères seien. Aber in jedem Fall muß man in solchen Fällen mit Angriffen und Hinterlist rechnen, während die Rada-Loas sich durchweg beschützend und defensiv verhalten und von aufrichtigem Wesen sind.

Auch wenn sich schon frühzeitig zeigen kann, welcher Loa im Kopf eines Anhängers potentiell vorherrscht, ist hierdurch der Loa mèt-tèt durchaus noch nicht etabliert. Vielmehr bedürfen »Pferd und Reiter« einer leitenden Hand, damit der betreffende Mensch sich an seinen spirituellen Meister gewöhnt, aber auch deshalb, damit die anderen Loas die Herrschaft des Loa mèt-tèt über dieses spezielle Individuum respektieren. Eine solche förmliche

Verbindung zwischen dem einzelnen Kultanhänger und seinem Loa vermag einzig der Voodoopriester zu stiften. Und der Weg, den er hierfür empfiehlt, ist die Canzo genannte voodooistische Initiation.

Voodooistische Erweckung

Wie viele andere Religionen, kennt auch der Voodoo das Erlebnis der Erweckung. Durch ein Traumgesicht, aufgrund einer Krankheit oder einer anderen nachdrücklichen Erfahrung wird dem Erweckten mit einem Mal die spirituelle Dimension seines Lebens bewußt. Dieses plötzlich erlangte Wissen um die Präsenz der unsichtbaren Mächte und die eigene Unsterblichkeit erfordert als angemessene Reaktion eine Änderung des eigenen Lebens. Für dieses Erfordernis hält der Kultus ein passendes Ritual bereit, eben die Initiation.

Wie bereits erwähnt, kann selbstverständlich auch von der Gruppe der Anhänger – im Fall des Voodoo von der Société – oder vom Priester selbst ein gewisser Druck auf Familien oder Individuen ausgehen, sich der Initiationsriten zu unterziehen. Der Hungan oder die Mambo gewinnen an Macht und Ansehen, indem sie ihre Société vergrößern; auch wird der Initiierte den Ruhm des Priesters verbreiten, wenn er später vielleicht auch seinerseits einen Humfò leitet. Doch unbeschadet dieser praktischen Erwägungen handelt es sich beim Canzo vor allen Dingen um eine kultische Erfahrung, die dem Leben des Adepten Richtung, Sinn und Tiefe verleiht.

Auch im ursprünglichen Vodunkult Afrikas spielt der Tanz der Besessenen eine zentrale Rolle. Das Bild zeigt den Tanz eines jungen Afrikaners, der vom Kriegsgott Kokou »geritten« wird.

Die Stufen der Initiation

Der Etablierung einer gefestigten Verbindung zwischen dem Menschen und seinem Loa mèt-tèt geht eine mehr oder minder lange Phase »wilder« Beziehungen voraus. Ungeregelte Besessenheiten können für das »Pferd« ausgesprochen unangenehm und sogar gefährlich sein; für den »Reiter« sind sie in jedem Fall eine Quelle des Zorns. So kann ein Mensch in einer Situation, in der er bei klarstem Bewußtsein sein sollte – zum Beispiel am Steuer eines Autos –, von seinem Loa ergriffen werden oder auch in einem Voodooheiligtum niederen Ranges, das seines Schutzgeistes nicht würdig ist. Auch muß das »Pferd« seinerseits lernen, zumindest minimale Kontrolle über den Loa zu erlangen, damit es in Phasen der Besessenheit nicht buchstäblich zuschanden geritten wird: Gewisse Loas, vor allem solche der Petro-Linie, sind dafür berüchtigt, mit brutaler Gewalt in einen Menschen zu fahren. Wer also nicht rechtzeitig lernt, diese Situation ein wenig zu steuern, riskiert über kurz oder lang sowohl seine psychische wie auch seine körperliche Unversehrtheit.

Die Zeremonie der Kopfwaschung

Auf den untersten Stufen der Initiation werden Roß und Reiter gleichermaßen noch als »Wilde«, als Bossale, angesehen. In einer zeremoniellen »Kopfwaschung« wird der Loa bossale, der wilde Geist, sozusagen getauft. Bei dieser Zeremonie geht man wie folgt vor:

Aus vegetarischen Zutaten (Mais, Brot, Wein u.a.) wird eine dicke Paste gefertigt, die man in Palmblätter wickelt und mit einem Tuch auf dem Kopf des Neophyten fixiert. Dieser wird sodann für zwei bis drei Tage (je nach örtlicher Tradition) in einen Raum eingesperrt, während sich seine Angehörigen vor der Tür in rituellen Gesängen ergehen. Am Ende des ersten Tages der Absonderung darf der Adept das Tuch mit der Paste abnehmen; doch erst am Ende des zweiten bzw. dritten Tages darf der Kopf gewaschen werden. Ergreift der Loa während oder kurz nach der Waschung von seinem »Pferd« Besitz, nimmt man an, daß ein erster Schritt der Zähmung und wechselseitigen Gewöhnung von »Pferd und Reiter« vollzogen worden ist. Allerdings hat der Hunsi bossale weiterhin so gut wie keine Kontrolle über seinen Loa mèt-tèt. Hierfür ist es erforderlich, daß er als Lehrling des Hungan oder der Mambo weiteres rituelles Wissen erwirbt.

Die Zeremonie der Ernennung zum Hunsi bossale

Nach der Kopfwaschung hat der Neophyt ein Anrecht darauf, in die Société aufgenommen zu werden. Dies geschieht in einer weiteren kleineren Zeremonie, in welcher er sich mit traditionellen Formeln der Autorität des Voodoopriesters unterwirft und die bestehende Hierarchie der Société anerkennt. Nun erst darf er sich als Hunsi bezeichnen, aber er gilt weiterhin als »wild«: Hunsi bossale heißt er nun so lange, bis er die oberste Stufe der Initiation bewältigt hat und zum Hunsi canzo geworden ist.

Die Lehrzeit der Hunsis bossales kann, je nach Eifer und äußeren Verhältnissen der Adepten, Monate oder sogar mehrere Jahre dauern. In dieser Zeit müssen sich die Novizen umfängliches rituelles Wissen aneignen. Der Voodoopriester macht sie mit Geschichte und Gewohnheiten, Kraft und Charakter ihres persönlichen Schutz-Loa vertraut. Sie lernen alle Einzelheiten der Rituale zur Anrufung, Huldigung und Speisung ihres Loa mèt-tèt. Des weiteren müssen sie, um sich der Canzo-Initiation unterziehen zu können, auch die Rituale für alle anderen »großen« Loas erlernen, insbesondere für solche Geister, die als Loa mèt-humfò, als Schutzgeist dieses Voodootempels, gelten.

Absonderung und rituelle Reinigung

Die eigentliche Initiation, die in den nun noch folgenden Schritten vollzogen wird, geht hinsichtlich Intensität und Radikalität über die Aneignung rituellen Wissens und Einübung von Gebräuchen weit hinaus. Das Ziel der Initiation besteht unzweideutig darin, die alte – natürliche, unbewußte – Person des Initianden sterben zu lassen und ihn durch seine zweite Geburt bis hin zum Erwachen in spiritueller Bewußtheit zu geleiten. Somit handelt es sich bei der Initiation zugleich um eine symbolische Reinkarnation.

Die wesentlichen Hilfsmittel, die man bei diesem Prozeß anwendet, sind Rückzug in die Stille; Fasten und körperliche Säuberung; Meditation und spirituelle Reinigung. Auf diese Weise soll das Bewußtsein des Adepten von allen

Ablagerungen der Vergangenheit gesäubert werden, bis er wieder genau so rein und unschuldig ist wie ein neugeborenes Kind.

Diese Reinigungsriten werden unter der besonderen Obhut von Ayizan vollzogen, die nach mythologischer Überlieferung die erste Voodoopriesterin war und bis heute als oberste Ahnen-Loa verehrt wird. Ayizan ist gleichsam die spirituelle Mutter, die den Adepten bei seiner zweiten Geburt neuerlich zur Welt bringt.

Mit Gesängen zu Ehren Ayizans, angestimmt von den Hunsis des Humfò, beginnt daher die Phase der Absonderung des Adepten. Die Blätter eines Palmenzweigs, vom heiligen Baum der Loa Ayizan, werden unterdessen in so feine Streifen geschnitten, daß der Palmwedel der grünen Feder eines phantastischen Riesenvogels gleicht. In einer Prozession, deren vorgeschriebene Bewegungen je nach örtlicher Tradition variieren, bringt man den Federzweig Ayizans in die Kammer, in welche der Initiand sich zurückgezogen hat, um dort die folgenden vier bis sieben Tage zu verbringen. Dort wird der Palmwedel niedergelegt; man unterzieht den Adepten einem reinigenden Bad und kleidet ihn anschließend in eine weiße Tunika. Auch sein Kopf wird mit einem weißen Tuch verhüllt.

Nach der körperlichen Reinigung legt sich der Initiand auf eine Liege, die mit Mombinblättern »aus Guinea« und dem zu einer Feder zerschnittenen Palmwedel Ayizans bedeckt ist. Wie ein Toter liegt er dort, und tatsächlich ist die Person, die er bis dahin war, nun gestorben, seine Vergangenheit ausgetilgt.

Die symbolische Wiedergeburt ist indessen ein Akt, der

Geduld und Kontemplation erfordert. Je nach lokalen Gebräuchen bleibt der Kandidat bis zu sieben Tage auf diese Liege gebettet. An jedem Tag, wenn die Sonne im Zenit steht, kehren die Hunsis unter Leitung des Hungan oder der Mambo zurück, entkleiden den Adepten und reiben seinen Körper mit Öl ein. Während dieser Phase erhält der Kandidat lediglich eine karge vegetarische Kost, eine dünne Brühe, die im wesentlichen aus Mais gebraut ist. Es ist ihm verboten, mit anderen außer mit dem Hungan zu sprechen, den er mit einer kleinen Glocke herbeirufen kann. Auch die Hunsis dürfen das Wort nicht an ihn richten, jedoch nehmen sie an jedem Abend Aufstellung in seiner Kammer und stimmen Gesänge an, um den Beistand der Loas für den Initianden zu erbitten.

Nach Ablauf dieser Phase ist der Kandidat, wie man sich denken kann, körperlich geschwächt, doch seine Seele ist ruhig und weit für die spirituelle Welt geöffnet.

Die Erschaffung des Gros-bon-ange

Manche Voodoopriester lassen der Rückzugsphase noch eine zweite zeremonielle »Kopfwaschung« vorausgehen, wobei man die Hilfe von Loco erfleht, dem ersten Voodoopriester des Mythos, obersten Ahnen-Loa und Gemahl Ayizans. Ob der einzelne Hungan eine solche neuerliche Zeremonie angeordnet hat oder nicht, in diesem Stadium geht man jedenfalls davon aus, daß der »Meister des Kopfes« nunmehr etabliert und zwischen dem Adepten und seinem Loa mèt-tèt ein lebenslang unzerreißbares Band geknüpft worden ist. Dies ist um so wichtiger, als der Priester sich nun anschickt, den Gros-bon-ange des Anwärters zu erschaffen, indem er diesen mit einer Repräsentation des Loa mèt-tèt vermischt.

Zu diesem Zweck schneidet der Hungan eine Haarlocke vom Kopf des Adepten, rasiert dessen Achsel- und Schamhaare ab und schneidet ihm außerdem die Nägel der linken Hand und des linken Fußes. Diese Dinge repräsentieren das Individuum, dessen Seele nun durch Vermengung mit der spirituellen Energie des Schutz-Loa erschaffen werden soll.

Der Loa mèt-tèt seinerseits wird auf folgende Weise ins Spiel gebracht: Man legt einige Maiskörner auf den Kopf und die Handflächen des Adepten, der noch immer auf seiner geschmückten Bettstatt liegt. Der oder die Houngenikon bringt ein für die Opferzeremonie bestimmtes lebendes Huhn herbei, das natürlich die Farbe des Loa mèt-tèt aufweisen muß. Pickt das Huhn die Körner auf, so gilt dies als Zeichen dafür, daß der betreffende Loa das Opfer angenommen hat und den Adepten durch seine Anwesenheit ehrt. Man geht folglich davon aus, daß das Huhn selbst diesen Loa nun repräsentiert. Daraufhin wird das Huhn nach ritueller Vorschrift getötet.

Ein wichtiger Gegenstand dieser Zeremonie ist der sogenannte Pot-tèt, der »Topf des Kopfes«, der den Kopf des Anwärters darstellt. In diesen Topf gibt der Hungan während der Zeremonie einerseits die vom Körper des Adepten abgeschnittenen Haare und Nägel – die seine Vitalenergie repräsentieren –, andererseits aber auch den Schnabel, einige Federn sowie etliche Blutstropfen des geopferten Huhns, welche nun die spirituelle Energie des Schutz-Loa symbolisieren.[15]

Die Absicht dieses feierlichen, ja pathetischen Prozesses ist offenkundig: Die Voodooisten nehmen an, daß sich im Pot-tèt die individuelle Lebenskraft des Adepten und die spirituelle Energie seines Schutz-Loa vermischen. Durch diese Vermischung entsteht die individuelle Seele des Initianden, sein Gros-bon-ange, der durch die Beimengung von Loa-Energien weit über die gewöhnlichen Gros-bon-anges von Nichtinitiierten erhoben ist.

Eigenartigerweise befindet sich dieser so ausgezeichnete Gros-bon-ange nun allerdings in einem irdenen Topf, dem Pot-tèt (oder Pot-canzo). Nach der Überzeugung der Kultanhänger besitzt man fast unumschränkte Macht über einen Menschen, dessen Pot-tèt man in seine Gewalt bringt. Der Canzo-Initiierte pflegt seinen Pot-canzo dem Voodoopriester zur treuen Verwahrung zu überlassen. Der Hungan plaziert ihn auf dem Altar; man nimmt an, daß er durch Manipulation dieser Seelenkrüge auch seine Hunsis beliebig dirigieren kann. Umgekehrt ist es die denkbar drastischste Mißtrauenserklärung gegenüber einer Mambo oder einem Hungan, wenn jemand seinen Pot-tèt von ihnen zurückverlangt.

15 So bizarr ein solches Ritual westliche Menschen anmuten kann, seine Komponenten sind universell und finden sich sehr ähnlich bspw. auch beim Eskimovolk der Inuit.

Ein Initiand ist in Trance gefallen. Andere Adepten helfen ihm wieder auf die Beine.

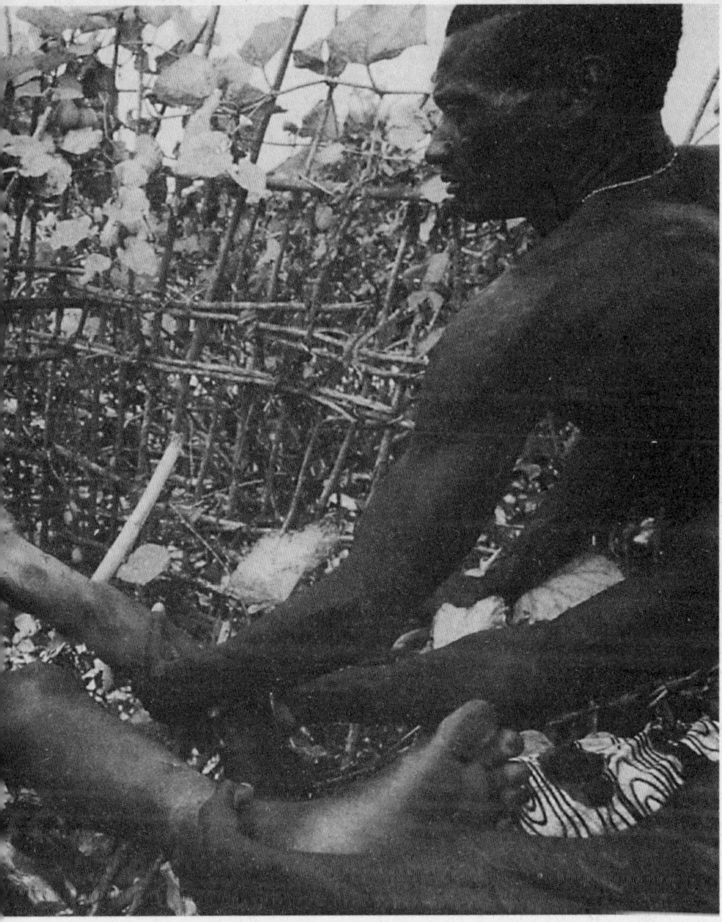

Den »Ritt des Loa« zu kontrollieren ist eine wichtige Lektion für Initianden.

Noch befinden wir uns jedoch mitten in der Initiationszeremonie. Der Gros-bon-ange des Adepten ist geschaffen, der Pot-tèt feierlich versiegelt worden. Nun geleiten die Hunsis zwei Kinder herbei, einen Knaben und ein Mädchen, die beide noch nicht geschlechtsreif sein dürfen. Möglichst sollte es sich um natürliche Zwillinge handeln, denn sie stehen für die mythologischen Marassa, die göttlichen Zwillinge der Urschöpfung: Als deren Statthalter taufen die beiden den Gros-bon-ange des Anwärters auf einen Namen, den Voodooisten zeitlebens streng geheimhalten. Denn nicht anders als der Pot-tèt selbst enthält der geheime oder auch »heilige Name« die Essenz des betreffenden Individuums. Wer diesen Namen kennt, kann seinem Träger mit Hilfe der Dämonen folglich großen Schaden zufügen. Doch Sinn und Absicht der ganzen Zeremonie bestehen ja im Gegenteil darin, möglichst Schaden und Unheil von dem Canzo abzuwenden, indem man den Loa mèt-tèt in seinem Kopf etabliert und die Essenz des Individuums mit der starken Energie des Schutzgeistes vermischt.

In gewisser Weise etabliert die Canzo-Initiation Besessenheit als Normalzustand des Voodooisten. Denn fortan enthält seine Seele stets eine kleine Beimischung des Loa, der sich zuweilen allerdings – während der rituellen Trance – in größerer Stärke manifestiert. Wenn also im Gefolge der Taufe auf den Geheimnamen nun der Schutz-Loa angerufen wird und sich im Initianden verkörpert, so ist dies nur noch eine – allerdings gewaltige – Steigerung der latenten Besessenheit, die während seines restlichen Lebens die Wirklichkeit des Initiierten prägen wird. Der herabgerufene Loa läßt sich im Kopf des Adepten nieder; er – der Schutzgeist – ist es nun, der mit den Händen und dem Mund seines »Pferdes« von den Opfergaben kostet. Nach der Überzeugung der Voodooisten ist damit die Verschmelzung beider Welten im Initiierten erfolgreich beendet. Nach seinem körperlichen Ableben werden ebenso aufwendige Zeremonien erforderlich werden, um die Verbindung zwischen dem Loa mèt-tèt und dem Gros-bon-ange wieder zu lösen, so daß sich beide in die Welt der Invisibles begeben können.

Bruler-zin, die Feuerprobe

Das sogenannte Bruler-zin, eine komplexe Zeremonie zum Abschluß des Canzo, ist sicher weitaus mehr als ein »Test«, mit dem der Erfolg der Initiation überprüft werden soll. Gleichwohl scheint es so zu sein, daß nur derjenige diese Prüfung schadlos übersteht, der sich gewisse »magische« Fähigkeiten aneignen konnte.

Pío Martinéz jedenfalls, der in meinem Auftrag an einem Bruler-zin teilgenommen hat (natürlich nur als Zuschauer), hat den feurigen Vorgang später so kommentiert: »Zumindest hat man einen *Bedarf* an magischen Kräften, wenn es gilt, eine Hand in siedendes Öl zu tauchen oder mit nackten Füßen einen glühenden Topf vom Feuer zu ziehen.« Eine Ansicht, die ich uneingeschränkt teile.

Die Zeremonie selbst ist wiederum langwierig und enthält zahlreiche Komponenten, die wir aus anderen Zeremonien bereits kennen. Tiere werden geschlachtet und geopfert; die Trommeln dröhnen; Besessene tanzen schwankend durchs Peristyl. Auf drei Feuerstellen hat man währenddessen ebenso viele Töpfe (»zins«) voller Öl erhitzt: einen eisernen für Ogu, den Krieger- und Schmiede-Loa sowie Patron des Feuers, einen für die Toten und den dritten für den Loa mèt-tèt des Initiierten, der nun seine »Feuerprobe« bestehen soll. Aus Maismehl werden Fladen geformt, die man ebenso wie Stücke der geopferten Hühner in das brodelnde Öl gibt.

In einer Prozession, die Elemente der Flaggenparade des Anfangsrituals aufgreift, führen der La-place und zwei Hunsis als Flaggenträger den Canzo vom Altarraum her ins Peristyl. Der Canzo ist mittlerweile in erheblichem Umfang geschwächt, wobei teils die karge Kost der Absonderungszeit, teils wohl auch die intensiven Erlebnisse ihn ermattet haben. Wieder ist er in die weiße Tunika gehüllt; überdies halten die Hunsis ein großes weißes Tuch wie ein Zelt um ihn herum, so daß er den Blicken fast vollständig entzogen ist.

Man führt ihn zu den Feuerstellen und dort dreimal um die Töpfe voller Öl herum. Dann kniet der Canzo vor den Töpfen nieder; das weiße Tuch wird nun so gehalten, daß es den Initiierten ebenso wie die Töpfe verhüllt. So atmet er gleichsam den Feueratem Ogus ein, die reine Lebensenergie, die sich nach Anschauung des Voodoo im Feuer manifestiert.

Dann ergreift der Hungan die Hand des Initiierten und taucht sie in einen der Töpfe voll siedendem Öl. Der Canzo nimmt einen Klumpen Maismehl aus dem Topf und übergibt ihn dem Hungan, der den Klumpen einen Moment lang knetet; dann läßt er ihn in die Hand des Canzo zurückgleiten, die er fest um das Teigstück schließt.

Warum sich die Hände des Canzo und des Hungan nicht ihrerseits in Klumpen blutigen, schmorenden Fleischs verwandeln, ist nicht leicht zu verstehen. Metraux' Erklärung, daß das Öl einen Schutzfilm bilde, der vor Verbrennungen schütze[16], überzeugt jedenfalls nicht. Zumindest hat Martinéz an Bruler-zin-Zeremonien teilgenommen, während derer die Kandidaten ihre Hände ohne weitere Vorbereitung in siedendes Öl tauchten, das ja als »Schutzfilm« sicher nicht in Frage kommt. Auch Maya Deren schildert entsprechende Zeremonien als echte Feuerproben, bei denen im Grunde nur fanatischer Glaube an die eigenen magischen Kräfte schlimmste Verbrennungen verhindern kann.

Anscheinend ungerührt knetet nun auch der Canzo den Teigklumpen, der mit nach wie vor siedendem Öl gesättigt ist. Damit nicht genug, führt man anschließend die nackten Füße des Initiierten durch die Flammen, die aus der Feuerstelle lodern. Und da durch diese Prozedur vorerst nur Ogu geehrt worden ist, wiederholt man sie anschließend mit den beiden anderen Töpfen voll siedenden Öls und kochender Maisklumpen, um sowohl die Toten als auch den Loa mèt-tèt zu ehren. Jedesmal im Anschluß werden die Füße des Canzo über die Flammen der Feuerstellen geführt.

16 Metraux, a.a.O., Seite 242.

In welchem Zustand der Initiierte sich nun befinden mag, bleibt zumindest den gewöhnlichen Teilnehmern der Zeremonie verborgen: Man führt ihn zurück in seine Kammer, wo er vor Entkräftung vermutlich abermals entschlummern wird. Draußen im Peristyl aber lädt der Hungan währenddessen alle anwesenden Canzos ein, es dem frisch Initiierten nachzutun. Daraufhin tauchen alle furchtlos ihre Hände in Töpfe voll siedenden Öls und holen kochende Maismehlklumpen heraus. Nachdem einige Hunsis die Töpfe schließlich mit bloßen Füßen vom Feuer gezogen haben, bricht man die Behälter in Stücke, wickelt die Maisklumpen in Mombinblätter ein und vergräbt dies alles in einem Erdloch.

Der Hügel aufgeworfener Erde, der auf diese Weise entstanden ist, wird als Grabhügel angesehen, somit als Symbol des Todesgottes Gèdè. Ihm zu Ehren singen die Hunsis, mit nackten Füßen den Erdhügel einebnend, zum Abschluß der Bruler-zin-Zeremonie ein rituelles Lied, das in den meisten Fällen Baron-Samedi und einige der Seinen herbeiruft. Daraufhin geht die Zeremonie über in ein Gèdè-Ritual mit den bekannten Komponenten parodistisch übersteigerter Obszönität. Die Tänze können sich bis zum folgenden Morgen hinziehen, wenn man den Canzo zum endgültigen Abschluß seiner Initiation abermals herbeiführt.

Weihe des Initiierten

Da die Voodoorituale, wie gesagt, aus strategischen Gründen an den christlichen Kalender angeglichen worden sind, finden Bruler-zin-Zeremonien meist an Samstagabenden statt. Die abschließende Weihe des Canzo fällt folglich auf einen Sonntag.

Unter einem weißen Tuch, das wie ein Baldachin über ihm ausgespannt wird, führt man den Initiierten neuerlich ins Peristyl. Noch immer ist er geschwächt, doch die Hunsis geleiten ihn sorgsam, und überdies gilt es nun keine Feuerproben mehr zu überstehen. Der Canzo ist in eine blütenweiße Tunika gehüllt; zum Zeichen seiner Würde trägt er gar einen Strohhut wie Legba, der göttliche Mittler zwischen den Welten. In feierlicher Prozession begibt man sich in den Hof des Humfò, wo man vor jedem heiligen Baum haltmacht, um den Initiierten dem übernatürlichen Bewohner des Heiligtums vorzustellen. Es ist, als wäre der Canzo erst jetzt wirklich geboren worden, als wäre sein ganzes Vorleben nur Vorbereitung auf diesen Moment gewesen, da er mit erwachtem Bewußtsein, mit einer Seele, der göttliche Funken beigemischt sind, in diese Welt hinaustritt.

Während der Besessenheit befinden sich Voodooisten auf dem gleichen Energielevel wie ihre übernatürlichen »Reiter«. Daher ist es für sie oft nicht leicht, aus dem

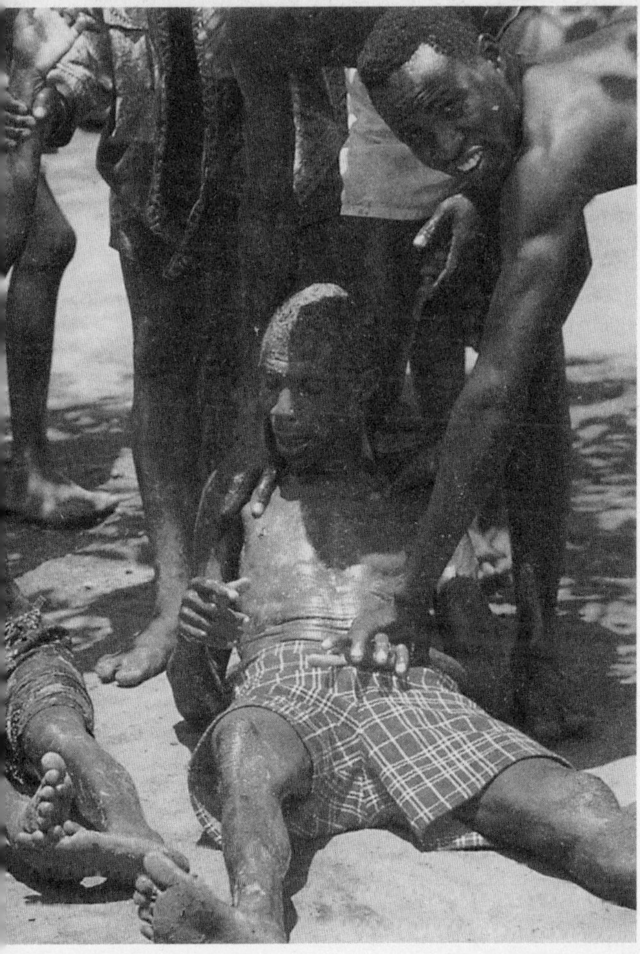

Zustand der Trance zurückzukehren, löst dann aber rauschhafte Glücksgefühle aus.

Mystische Hochzeit mit einem Loa

Für viele Voodooanhänger ist die Initiation, bei der die spirituelle Energie des Schutzgeistes und die Vitalkraft des Adepten im Pot-tèt symbolisch vermischt werden, nur ein erster Schritt zu noch innigerer Verschmelzung mit dem Loa mèt-tèt. Tatsächlich kennt der Voodookult die mystische Hochzeit zwischen einem Loa und seinem Initiierten als feste Einrichtung. Manche Anhänger scheuen nur deshalb vor einer solchen »Ehe« zurück, weil sie beträchtliche Kosten verursacht. Denn übernatürliche Bräute wie Ezilie oder kosmische Freier wie Damballah erwarten von ihren irdischen Partnern eine kostbare Aussteuer, eine aufwendige Hochzeitsfeier, ein eigenes Brautgemach – und lebenslängliche Treue, die einmal wöchentlich unter Beweis gestellt werden muß.

Kosmische Brautschau

Auf den ersten Blick scheint diese Tradition noch bizarrer als andere Riten des Voodoo; doch gerade die mystische Hochzeit ist ein auch im Katholizismus bekannter Brauch: Nonnen pflegen sich mit Jesus als »himmlischem Bräutigam« im Geiste zu vermählen. Der Unterschied zum Voodoo scheint im wesentlichen darin zu bestehen, daß haitianische Kultanhänger nicht von vornherein auf einen einzigen kosmischen Geliebten festgelegt sind. Was allerdings nicht bedeutet, daß sie bei der kosmischen Bräutigams-

bzw. Brautschau freie Wahl hätten – oder gar, daß sich der mystisch Vermählte späterhin wieder scheiden lassen könnte.

Ähnlich wie bei der Etablierung des Loa mèt-tèt kündigt sich auch der übernatürliche Partner meist in Traumgesichten an oder indem er durch den Mund eines Besessenen den Wunsch zur Vermählung äußert. In der Mehrzahl der Fälle wird es sich bei dem heiratswilligen Geist ohnehin um den Loa mèt-tèt der umworbenen Person handeln; denn auch unter Loas herrscht oftmals Eifersucht, und ein »Meister des Kopfes« würde es nicht ohne weiteres hinnehmen, daß ein anderer Loa sein »Pferd« in mystischer Vermählung ehelicht. Tatsächlich geht die Eifersucht der Schutzgeister meist so weit, daß sie ihrem Schützling nur dann erlauben, eine irdische Ehe einzugehen, wenn er zuvor auch sie heiratet. Zögert er seine Zustimmung hinaus oder weigert er sich gar rundheraus, den himmlischen Ehewunsch zu erfüllen, so läßt der Loa ihm die bewährten »Warnungen« und »Strafen« zukommen, um einen Sinneswandel zu erwirken.

Gelegentliches Unwohlsein, Alpträume, überraschendes Zerbrechen von Freundschaften und andere Widrigkeiten wird manch einer noch hinnehmen, ohne in seinem Entschluß wankend zu werden. Doch wenn der Loa ihm als nächstes Krankheiten und berufliche Mißerfolge sendet, wenn er ihn oder dessen Angehörige gar in Unfälle und Unglücksfälle verwickelt, ist für den Umworbenen der Zeitpunkt zur Kapitulation gekommen. Spätestens jetzt wird er in die mystische Hochzeit einwilligen. Falls es sich bei dem oder der »Künftigen« um den eigenen Loa mèt-tèt handelt, hat der menschliche Partner dieses intime Bündnis mit seinem Schutzgeist meist ohnehin nicht aus Abneigung, sondern nur aus Angst vor den gewaltigen Hochzeitskosten vermeiden wollen.

Nicht selten verlangt es umgekehrt den menschlichen Partner, seinen Loa mèt-tèt zu ehelichen. In diesem Fall kann es vorkommen, daß sich auch der Loa eine Weile ziert, zumindest so lange, bis – vom Hungan kundig moderiert – Höhe der Aussteuer, Opulenz der Opferzeremonien und Ausstattung der »Hochzeitskammer« ausgehandelt sind.

Dann jedoch ist der Zeitpunkt gekommen für die feierliche Vermählung, die auf den ersten Blick wie eine groteske Parodie auf die katholische Trauungszeremonie aussieht. Auf den zweiten Blick stellt man fest, daß es sich in der Tat um eine Imitation des katholischen Ritus handelt.

Hochzeit mit Ezilie

Insbesondere unter den männlichen Voodoo-Anhängern erfreut sich Ezilie, die Göttin der Schönheit und des Flirts, des Luxus und der Liebe, schwelgerischer Verehrung. Viele haitianische Frauen hätten einigen Anlaß, auf diese übernatürliche Nebenbuhlerin eifersüchtig zu sein; doch in ihren Wunschträumen, heißt es, gleichen sie selbst der schönen und großzügigen Ezilie aufs Haar. In gewisser Hinsicht ist Ezilie also ein verklärendes Bild des Weiblichen, in dessen Idealisierung haitianische Männer und Frauen weitgehend übereinstimmen.

Befindet sich ein männlicher Voodooist unter dem Schutz von Ezilie als seiner Loa mèt-tèt, so wird er (außer, wie gesagt, aus finanziellen Gründen) nicht zögern, der himmlisch Schönen die mystische Ehe anzutragen. Ezilie ihrerseits ist dafür bekannt, die Vermählung mit jedem Mann anzustreben, der ihr angemessen huldigt. In vorausgehenden Verhandlungen mit dem Hungan oder der Mambo muß der Freier sich verpflichten, eine – nach dem Maß seiner Möglichkeiten – kostbare Aussteuer für Ezilie bereitzustellen und eine Hochzeitszeremonie von äußerster Opulenz zu bezahlen. Überdies fordert Ezilie von ihrem Bräutigam ein luxuriös ausgestattetes Brautgemach, in dem er fortan einmal wöchentlich übernachten soll – nicht in den Armen seiner irdischen Frau (falls er auch eine Sterbliche ehelichen sollte), sondern in mystischer Hingabe an seine himmlische Gemahlin Ezilie.

Als ein Relikt aus den Zeiten der christlichen Missionierung Haitis treten noch heute in Voodoozeremonien sogenannte Pè-savann (Pères savannes, Buschprediger) auf. Diese Pseudopriester repräsentieren das »katholische Element« im Voodookult. Hauptsächlich ist es ihre Aufgabe, die Heiligenlitanei zu rezitieren, welche die Kultanhänger – wie beschrieben – als Anrufung ihrer Loas dechiffrieren. In ähnlicher Weise trägt der Pè-savann bei der mystischen Voodoohochzeit eine Parodie der christlichen Ehesakramente vor – ohne mit der Wimper zu zucken, wenn Braut und Bräutigam sich vor dem Altar einfinden, indem beide abwechselnd vom Körper des Bräutigams »Besitz ergreifen«.

Nach einigen weiteren katholischen Litaneien pflegt die

Travestie auf das christliche Trauungsritual in eine unverbrämte Voodoozeremonie überzugehen: Der Pè-savann, ohnehin nur ein niederer Gehilfe des Hungan, räumt das Feld und überläßt dem Voodoopriester, Houngenikon und La-place, dem Chor der Hunsis und dem Trio der Trommler das Peristyl.

Spätnachts, wenn Opferungen und Besessenheitstänze, Manjé-loas und Dansé-loas, beendet sind, zieht sich der Gemahl in die Hochzeitskammer zurück, die mit einem Brautbett und einem Altar für Ezilie ausgestattet ist. Dort begeht er die Hochzeitsnacht mit der Loa der Liebe und wird fortan eine Nacht pro Woche in Ezilies Kammer nächtigen – eine Nacht sexueller Enthaltsamkeit, in der er sich in süßen Träumen mit der verführerischen Loa vereinigt.

Der Kult um die Toten

Wenn Haitianer ihren Glauben an die Heilige Dreifaltigkeit beteuern, meinen sie normalerweise nicht die göttliche Trias des Christentums, sondern die heiligen drei »M« des Voodoo: »les Mystères, les Morts et les Marassas«, die Loas, die Toten und die Zwillinge. Tatsächlich spielt der Kult um die Toten und die Geister der Ahnen in dieser Religion eine ebenso bedeutende Rolle wie die Zeremonien zu Ehren der Loas.

Der Voodooismus hat sehr konkrete Konzepte der eigentümlichen »Hochzeit« zwischen Geist und Materie entwickelt, die man gemeinhin Leben nennt. Ebenso plastisch sind die voodooistischen Vorstellungen zu den Maßnahmen, die erforderlich sind, um Seele und Leichnam wieder voneinander zu trennen. Ein Geist, der in der Hülle des toten Körpers gefangen geblieben ist, wird sich an den nachlässigen Nachkommen furchtbar rächen. Im Grunde handelt es sich um einen lebendig Verscharrten, und wie viele Schaufeln Erde die Trauernden auch auf seinen Leichnam häufen, er wird seinen Sarg öffnen, sich mit kalter Hand zurück ans Tageslicht kratzen und den treulosen Nachkommen als Wiedergänger erscheinen.

Das Zittern des Leichnams

In der Umgebung von Port-au-Prince bekam Pío Martinéz zahllose Geschichten zu hören, die nach der Überzeugung der Erzähler die reale Existenz von Wiedergängern belegten. So wurde ihm beispielsweise eine verstörte junge Frau vorgeführt, von der es in tadelndem Tonfall hieß, daß sie und ihre Familie sich »von den Loas entfernt« hätten. Offenbar war es bereits eine Folge dieses Verrats, daß der junge Gemahl wenige Monate nach der Hochzeit auf mysteriöse Weise ums Leben kam: Angeblich war er vom Dach eines Bauernhauses gestürzt. Zwar konnte nie geklärt werden, was er dort oben gesucht hatte; Tatsache war jedoch, daß man ihn eines Morgens am Boden vor dem Gemäuer fand, und zwar mit zerschmettertem Schädel.

Zweifellos begingen die Familien des Toten und der

jungen Witwe den zweiten folgenreichen Fehler, als sie den jungen Mann nach katholischem Ritus bestatten ließen – ohne zugleich dafür zu sorgen, daß ein Hungan oder eine Mambo nach voodooistischem Brauch den Gros-bon-ange des Unglücklichen aus dessen Leichnam befreien konnte.

Bereits in der dritten Nacht nach der Bestattung suchte der Tote die Witwe heim. Genauer gesagt: Von einem süßen Traum geblendet, wähnte sie sich in den Armen ihres Gemahls; deutlich spürte sie seine zärtlichen Berührungen, die Lippen, die sich auf ihren Mund preßten ... bis ihr auf einmal die Kälte seiner Hände bewußt wurde und der modrige Geruch, der seinem Mund entströmte. Da erwachte sie, hieß es, mit einem Schrei und fand sich weiterhin in den Armen ihres Gatten – »eines hohläugigen Leichnams, der sie mit verwesenden Fingern liebkoste«.

Immerhin drei Wiederholungen dieses makabren Erlebnisses stand die junge Witwe durch; dann wandten sie und die Familie des Verstorbenen sich widerstrebend an die örtliche Mambo. Diese empfahl die im Voodooismus übliche Zeremonie, genannt Dessounen, um den Gros-bon-ange des Toten aus der zerfallenden Hülle zu befreien. Noch eine letzte Nacht als Bedenkzeit erbat sich die Witwe; in dieser Nacht muß etwas Grauenvolles vorgefallen sein. Schon am folgenden Tag jedenfalls wurde die Zeremonie des Dessounen auf dem örtlichen Friedhof nachgeholt.

Auf westliche Betrachter wirkt diese Zeremonie selbst dann – gelinde gesagt – bizarr, wenn in ihrem Mittelpunkt eine soeben verstorbene Person steht. Um wieviel makabrer aber mutet das Ritual an, wenn man hierfür eine vor Tagen bestattete Leiche eigens wieder aus Grab und Sarg holt. Die Rechtfertigung freilich lautet aus voodooistischer Sicht, daß man hierdurch nicht den Frieden des Betreffenden störe, sondern ihm allererst zur verdienten Grabesruhe verhelfe.

Unter reger Anteilnahme des ganzen Humfò wird das Grab am hellen Tag geöffnet. Auf dem Hügel frisch aufgeschütteter Erde beginnen sogleich einige Hunsis zu tanzen, von denen Gèdè Besitz ergriffen hat. Erdbrocken poltern auf den Sarg in der Tiefe, als Gehilfen der Mambo das Behältnis mit dem Toten mühsam aus der Grube ziehen. Dann ächzen die Nägel, splittern die Bohlen: Auf ein Zeichen der Priesterin öffnen die Gehilfen mit einem Stemmeisen den Sarg.

Der Tote, eingehüllt in ein Leichentuch, liegt starr und kalt in seinem Behältnis. Doch die Mambo läßt sich nicht täuschen: Unter gebannter Anteilnahme der Hunsis befiehlt sie, den Leichnam aus dem Sarg zu heben und ins Gras neben dem offenen Grab zu legen. Dann kniet sie nieder neben dem Toten, der bereits Verwesungszeichen aufweist, lüftet das Leichentuch und kauert sich rittlings über ihn.

Sie schüttelt die Asson, die heilige Rassel; währenddessen nimmt die Besessenheit einiger Hunsis durch Todesgott Gèdè enstatische Züge an. Mit rauher Stimme flüstert die Mambo dem Leichnam Beschwörungen ins Ohr – Beschwörungen, die natürlich nicht dem toten Körper gelten, sondern dem Gros-bon-ange, der durch ein sträfliches Versäumnis der Lebenden im Leichnam eingesperrt ist.

Zum Abschluß ihrer magischen Flüsterrede ruft die Mambo dreimal mit lauter Stimme den Namen des Toten. Da überläuft ein Zittern den Leichnam, er hebt den Kopf oder sogar auch Hals und Schultern, als wolle er der Mambo, seiner Retterin, noch einmal tief in die Augen sehen. Aber dann verläßt ihn jene Energie, die in ihm noch gefangen war: Endlich schlüpfen Loa und Seele aus seinem Mund, der sich wie zu einem lautlosen Schrei weit geöffnet hat. Dann sinkt der Leichnam zurück, nun wirklich von allen Lebensgeistern befreit. Jetzt erst können sich auch die Seele des Verstorbenen und dessen Loa mèt-tèt voneinander lösen, um sich beide in die Welt der Invisibles zu begeben.

Die Mambo erhebt sich; man legt den Leichnam zurück in den Sarg und setzt diesen wieder ins Grab, das die Hunsis unter besessenen Gesängen neuerlich verschließen. In heiterer Stimmung, nun sorgenfrei und zuversichtlich, verlassen die Lebenden den Friedhof und begeben sich zurück in ihre Welt, die mit der Welt der Toten allerdings innig vermischt bleibt.

Wer die ihm anvertrauten Toten durch ein vorschriftsmäßiges Dessounen aus dieser Welt geleitet, heißt es, hat von der Geisterwelt der Toten nichts Übles zu befürchten – im Gegenteil. Denn die Ahnen sind zugleich die Weisen des Voodoo, an die man sich mit jedem lebenspraktischen Problem vertrauensvoll wenden kann.

Diese Überzeugung der Voodooanhänger wird selbstredend auch durch die Geschichte von jener Witwe bestätigt: Nach vollzogenem Dessounen, so erfuhr Martinéz, sei die junge Frau nie wieder vom Wiedergänger ihres verstorbenen Gatten behelligt worden – auch nicht in der Nacht, die auf ihre neuerliche Vermählung folgte.

Dessounen canzo – rituelles Geleit für Initiierte

Wird bereits die Seele eines gewöhnlichen Menschen als unsterblicher Geist (und potentieller Loa) angesehen, so gilt dies um so mehr für den Gros-bon-ange eines Initiierten: Dieser besteht ja nicht zuletzt aus spirituellen Beimischungen des Loa mèt-tèt, also desjenigen Geistes, der zu Lebzeiten des Verblichenen in dessen Kopf residiert. Versäumen es die Nachkommen oder gar ein ungetreuer Hungan, diesen göttlichen Funken in der Seele des Verstorbenen freizusetzen, so haben sie schmerzliche Strafen zu gewärtigen.

Beim Dessounen für einen Initiierten geht man daher so sorgsam wie möglich vor. Der Hungan oder die Mambo leitet die Zeremonie durch Anrufungen desjenigen Loa ein, der als Loa mèt-tèt des Verstorbenen gilt. Dieser ist im Peristyl aufgebahrt; nur der Priester, seine engsten Gehilfen und die Angehörigen haben Zutritt. Wie oben geschildert, beugt oder kauert sich der Hungan über den Leichnam und bewegt den Loa des Toten durch Schütteln der Asson und magische Beschwörungen zum Austritt aus dem leblosen Leib.

Der Gros-bon-ange des Initiierten aber befindet sich in jenem Govi, dem Krug, den der Hungan meist seit der Canzo-Initiation in seinem Altarraum aufbewahrt. Daher gilt es nun, nach dem Loa auch den Gros-bon-ange freizusetzen: Der Leichnam wird zum Abschluß der Zeremonie bestattet, der Gros-bon-ange aber muß durch das Medium des Feuers, den flammenden Atem Ogus, von allem Stofflichen gereinigt werden, ehe er in die Welt der Invisibles übertreten kann.

Reinigung für Leib und Seele

Als Vorstufe der spirituellen Reinigung ist die Säuberung des Leichnams anzusehen, welcher sich der Hungan und seine Gehilfen als nächstes widmen. Der Tote wird entkleidet und am ganzen Körper mit einer aromatischen Essenz eingerieben, der verschiedene magische Wirkungen zugeschrieben werden. So nimmt man an, daß die verwendeten Kräuter den Leichnam für übelwollende Schwarzmagier unbrauchbar machen; ebenso, daß die Essenz den Körper »in der Erde fixiert«, damit er sich nicht, von Unruhe erfaßt, doch noch einmal aus seinem Grab erhebt. Der Hungan verschließt Nasenlöcher und Ohren des Toten mit Wattebäuschen, den Mund mit einer Kinnbinde und verknüpft die beiden großen Zehen mit einem Band. Eigentümlicherweise spricht er währenddessen unablässig mit dem Toten, so als ob dieser noch am Leben und nur gerade ein wenig schläfrig wäre. Er erläutert dem Leichnam, daß und mit welchen Essenzen er ihn wasche. Dann bemüht er sich, den Toten unter größtmöglicher Wahrung von Höflichkeit und Würde wieder anzukleiden, wobei er ihn sogar um Mithilfe bittet und sich für seine Ungeschicklichkeit entschuldigt.

Nun erst dürfen sich auch die Angehörigen wieder nähern. Sie umringen das Bett das Toten und tragen ihm allerlei Wünsche auf, die er den im Jenseits beheimateten Geistern übermitteln soll. Schließlich wird er jetzt die Schwelle, die man bei lebendigem Leib nur momentweise in Trance überschreiten kann, dauerhaft hinter sich lassen (um sich eines Tages wiederzuverkörpern oder aber seinerseits als Loa mèt-tèt eines Angehörigen zurückzukehren). Zu den Wünschen, die man ihm vorträgt, zählt die Bitte, daß er das Übel, das ihn selbst hinweggerafft hat, mit sich nehmen möge. Viele Hinterbliebene gehen einen Schritt weiter und bitten den Toten, auch die Krankheiten, von denen sie selbst befallen sind, auf sich zu nehmen und gleichsam in der jenseitigen Welt zu entsorgen.

Diese aufwendigen und sorgfältig durchgeführten Zeremonien sind offenkundig nicht nur von Trauer um den Toten und Respekt vor seiner Person, sondern kaum weniger von schierer Angst vor den Toten geprägt. Streitlustig wie die Marassa, hinterlistig wie gewisse Petro-Loas, könnten die Toten Rache üben, wenn man auch nur das kleinste rituelle Detail übersieht. Zu diesen fatalen Einzelheiten gehören vor allem Gegenstände beliebiger Größe und Beschaffenheit, die ein nachlässig verabschiedeter Toter mit sich nehmen könnte. Denn ein solches Ding, und wäre es noch so unscheinbar und winzig, kann dem Toten Macht über denjenigen verleihen, dem es einst gehörte. Also stülpt man die Taschen des Toten um und untersucht sie mit peinlicher Sorgfalt, ja man zerschneidet die Taschen sogar, um sicherzustellen, daß sich nichts mehr darin befinden kann. Noch strikter als der Hungan achten die

Angehörigen darauf, daß der Leichnam barfuß eingesargt wird: Ohne seine Schuhe, heißt es, kann er keine weiten Strecken gehen; und verläßt er gleichwohl sein Grab und irrt ruhelos umher, so werden die Schritte seiner nackten Füße zumindest nicht den Schlaf der Lebenden stören.

Aber damit es so weit nicht kommt, der Leichnam keinesfalls als Wiedergänger zurückkehrt, haben sich der Priester, seine Gehilfen und die Angehörigen des Verblichenen ja zu dieser kostspieligen Zeremonie versammelt, die nun ihrem Höhepunkt entgegenstrebt:

An Dessounen und Leichenwäsche schließt sich eine weitere Bruler-zin-Zeremonie an, die spiegelbildliche Wiederholung der »Feuerprobe«, mit welcher der Betreffende einst initiiert worden war. Zu Beginn dieses Rituals zeichnet der Hungan mit Mehl ein gleichschenkliges Kreuz auf die Stirn des Toten. In feierlicher Prozession haben zuvor der Houngenikon oder der Hungan selbst, gefolgt von einigen Hunsis, den Pot-tèt mit dem Gros-bon-ange in den Peristyl des Humfò gebracht. Dort wird er auf der Plattform des Poteau-mitan plaziert, während abermals Töpfe voller Öl auf den Feuerstellen erhitzt werden.

Anstatt seine lebendige Hand in das siedende Öl tauchen zu müssen, übergibt der Verstorbene – repräsentiert durch den Voodoopriester – nun seinen »Topf des Kopfes« dem purifizierenden Element: Nach weiteren feierlichen Anrufungen des Loa mèt-tèt läßt der Hungan den Govi des Toten in Ogus glühenden Topf gleiten, wo der Krug mit dem widrigen Geräusch splitternder Knochenplatten zerspringt. In einer Fontäne aus Flammen und Rauch stiebt der freigesetzte Gros-bon-ange hervor, und damit erst ist die Seele wirklich von ihrem Leib losgelöst. Daß der Tote als Wiedergänger zurückkehrt, muß nun nicht mehr befürchtet werden; ebensowenig, daß sein Loa mèt-tèt die Hinterbliebenen wegen Mißachtung der Geister strafen könnte.

Trauerzug im Laufschritt

Bizarre Züge nimmt die Angst vor den Toten in dem Maße an, in dem man sich dem Friedhof nähert. Für überzeugte Voodooanhänger sind Friedhöfe Stätten abgrundtiefen Entsetzens. Geister gehen dort umher, Wiedergänger lauern darauf, Lebende in ihre Gräber hinabzuziehen. Zombies rumoren in ihren Särgen, und oben auf den Erdhügeln singen die Todesgötter, Baron-Samedi und Madame Brigitte, schaurige Leichenträgerlieder.

Buchstäblich im Laufschritt pflegen sich daher voodooistische Trauerzüge dem Friedhof zu nähern. Der Leichnam ist ordnungsgemäß eingesargt worden, alle vorher erforderlichen Zeremonien hat man mit äußerster Sorgfalt durchgeführt. Dennoch überwiegt die panische Angst, gegen ein unbekanntes Gesetz der Totenwelt verstoßen zu haben. Bedrückt stimmen die Trauernden, von einem Pèsavann angeleitet, katholische Gesänge an – aber was weiß der Katholizismus schon von der Macht der Toten? Zaghaft tasten die Hinterbliebenen nach ihren Amuletten, die sie vor Angriffen von Wiedergängern schützen sollen – aber hat man nicht schon oft genug gehört, daß solche Makandals die Untoten geradezu herbeilocken?

Die Greuelgeschichten über das Verhängnis, das einen auf Friedhöfen ereilen kann, sind so zahllos wie die Knochen in den Gräbern Haitis:

Zwischen den berüchtigten Zombies, lebenden Toten aus Fleisch und Blut, und sogenannten Astralzombies besteht ein beträchtlicher Unterschied – zutiefst unheimlich sind jedoch beide. Bei letzteren handelt es sich um ruhe-, heimat- und körperlose Seelen von Verblichenen, die zwischen den Gräbern umherirren, da ihnen der Zugang ins Jenseits verwehrt ist. Angeblich sind es oftmals Seelen von Selbstmördern oder durch eigene Schuld tödlich Verunglückten, die gezwungen sind, in diesem gespenstischen Zwischenstadium zu verharren, bis die ihnen zugemessene Zeit auf Erden abgelaufen ist. Da sie dem Stofflichen noch verhaftet sind, leiden sie entsetzlichen Durst und Hunger; da sie jedoch ihre Körper bereits verloren haben, gibt es keinerlei Möglichkeit, sie vor der Zeit von ihrer Qual zu erlösen.

Manchmal lassen sich Astralzombies von Wiedergängern zu schauerlichen Hilfsdiensten verlocken. Der Wiedergänger, in seinem Sarg gefangen und unfähig, sich aus eigener Kraft zu befreien, verspricht dem Astralzombie, ihn von seinem Elend zu erlösen, wenn dieser ihm einen arglosen Lebenden zuführt. Als Blendspuk oder in ähnlich unheilvoller Rolle lockt der Geist daraufhin einen Lebenden, der es versäumt hat, sich durch weiße Magie zu schützen, an das betreffende Grab, das der Wiedergänger währenddessen unterwühlt hat:

Der Angelockte tritt an den Rand des Grabes; unter ihm stürzt der Boden ein; etwas zieht ihn hinab in schwarze

Tiefe, wo ein vermodernder Arm ihn mit kalter Gewalt packt und den Unglücklichen zwingt, den Wiedergänger vollends aus dem Sarg zu befreien. Wer sich auf solche Weise übertölpeln läßt, wird seines Lebens kaum mehr froh werden: Künftig ist er für das Wohl und Wehe, aber auch für Tun und Lassen des Wiedergängers verantwortlich, den in der Regel nur eines in die Welt der Lebenden zurückgetrieben hat: die Gier nach Rache für ein Unrecht, das seine Hinterbliebenen ihm einst angetan haben.

Zu den abgründigsten Geschichten, die Pío Martinéz im Zusammenhang mit Friedhöfen und Toten in Erfahrung brachte, gehört aber diese: Junge Frauen und Männer in heiratsfähigem Alter, die aus irgendeinem Grund »im Status der Keuschheit«, also jungfräulich, gestorben sind, dienen fortan den Todes-Loas als Objekte abwegiger Lust. Mädchen werden von den männlichen Gèdès, den phallischen Todesgöttern, auf Grabhügeln vergewaltigt, bis ihre Erdenzeit abgelaufen ist; junge Männer werden von Madame Brigitte und ihren gebresthaften Anverwandten weiblichen Geschlechtes in Katakomben und Särgen mißbraucht. Wahrlich, der Voodookult zeigt keine Scheu, die schwärzesten Seiten der Seele auszuleuchten.

Der Tote jedoch, den wir in diesem Kapitel zum Friedhof begleiten, hat derart grausige Qualen nicht zu befürchten – um so mehr fürchten sich die Anverwandten umgekehrt vor ihm. Sicherheitshalber hat sich der Trauerzug vom Humfò zum Friedhof nicht nur im Laufschritt bewegt, sondern auch eine Reihe aufwendiger Umwege eingeschlagen, um den Toten in seinem Sarg zu verwirren. Angesichts des offenen Grabes greift man nun zu einem letzten Kunstgriff, indem der Sarg im allerletzten Moment noch einmal gedreht wird: Scharrt sich der Tote trotz allem wieder ans Tageslicht empor, so soll er zumindest nicht mehr wissen, wo in der Welt der Lebenden vorne und hinten, Norden oder Süden ist. Daß diese kleinen Tricks gegen die Macht der Toten sehr viel auszurichten vermögen, glaubt unter den jammernden Trauergästen allerdings wohl niemand.

Casser-canari – das Zerbrechen der Krüge

Eine eigentümliche Variante der Bruler-zin-Zeremonie, durch die man den Gros-bon-ange des Verstorbenen freisetzt, ist die Zeremonie des Casser-canari, des »Zerbrechens der Krüge«, die in manchen Voodoogemeinden die Bestattungszeremonie beschließt. Anscheinend wendet man es dann an, wenn der Verstorbene kein Initiierter war, so daß auch kein Pot-tèt zur Verfügung steht, durch dessen rituelle Öffnung sich der Gros-bon-ange freisetzen ließe.

Bei dem Canari handelt es sich um einen größeren irdenen Krug, der – ähnlich dem Leichnam zuvor – mit gewissen Kräutertinkturen gereinigt wird. Sodann wird er vom Hungan oder der Mambo geweiht; in einer kleinen Opferzeremonie füllt man den Krug nun mit allerlei Speisen, die im Voodoo als heilig gelten, wie etwa Mais oder Jamswurzeln. Sodann fügt man solche Speisen hinzu, die den Loas, die man anrufen will, besonders angenehm sind. Schließlich wird der Krug von außen mit Clairin übergossen und versiegelt, während der Hungan seine heilige Rassel darüber schüttelt und der Chor der Hunsis diejenigen Loas anruft, die man als Schutzgeister der Zeremonie ansieht.

Zum Abschluß der Begräbniszeremonie werden eine Reihe von Krügen, die zuvor auf diese Art hergerichtet worden waren, unter rituellen Gesängen wieder zerschlagen: Der La-place hat einigen ausgewählten Hunsis armdicke Stöcke ausgehändigt. Auf ein Zeichen des Priesters hin heben die Gehilfen ihre Stöcke, die anderen Hunsis beginnen zu singen, und nun schlägt man wie mit Trommelschlegeln auf die Canaris ein. Diese halten die harsche Behandlung nicht lange aus und zerbrechen, doch die Hunsis, längst von Ekstase ergriffen, schlagen weiter und weiter, bis nur noch Scherben am Boden liegen. Allenfalls von kurzen Libationen, Getränkeopfern, unterbrochen, prügelt man bis zur Erschöpfung auf Scherben und Splitter und den einstigen Inhalt der Krüge, die sorgsam zubereiteten Speisen, ein, bis im Wortsinn nur noch Staub und Schlamm übrig sind.

Währenddessen hat der Hungan weitere Hunsis angewiesen, am Rand des Anwesens eine Grube auszuheben. Als von den Canaris nur noch eine graue Masse übrig ist, zeichnet der Priester ein mehlenes Kreuz darauf, zieht einen Kreis, gleichfalls aus Mehl, um die Stelle, wo die Canaris annihiliert worden sind, und sammelt schließlich Staub und Schlamm sorgsam in ein weißes Tuch. Er verschnürt das Tuch zu einem Bündel, wiegt dieses wie ein Baby in seinen Armen und legt es sodann in die Grube, in welche die Hunsis nun mit großem Eifer weitere Tongefäße und Scherben werfen. Als das weiße Bündel vollkommen mit den Scherben bedeckt ist, treten abermals die

Hunsis mit den Stangen hervor und schlagen neuerlich wie im Rausch auf das irdene Gut ein. Zugleich nähern sich die Trauernden von allen Seiten der symbolischen Grabstätte und beginnen, mit nackten Füßen Erde in die Grube zu schieben. Unter wehmütigen Gesängen und Trommelrhythmen, jedoch in raschem Tempo wird die Grube auf diese Weise zugeschüttet; die Hunsis mit den Stöcken springen hervor; schon ist das Grab der zerbrochenen Krüge wieder eingeebnet. Der Hungan zeichnet ein Vèvè darüber; mit einem Mal verstummen Trommeln und Gesänge; in völligem Schweigen wenden alle Teilnehmer der Zeremonie sich ab und gehen mit raschen Schritten davon, ohne sich noch einmal umzusehen.

Opfer für die Toten

Ihre Pflichten gegenüber den Toten aber haben die Lebenden selbst nach diesen aufwendigen Zeremonien noch lange nicht erfüllt. Vielmehr ist jeder Voodooist dazu verpflichtet, zeitlebens auch seine entferntesten Angehörigen in wiederkehrenden Opferzeremonien zu ehren und spirituell zu nähren. Die positive Kehrseite dieser oft drückenden Bürde besteht darin, daß man sich jederzeit mit der Bitte um Rat an die weisen Ahnen wenden kann. Aber nicht selten quält den Ratsuchenden ein Problem, das durch den exzessiven Totenkult überhaupt erst verursacht worden ist: die Frage, wie er angesichts der Allgegenwart und Allmacht der Toten die letzten Rechte und Reste des eigenen Lebens zu wahren vermag.

Bereits wenige Tage nach der Bestattungszeremonie beginnt im Haus der Familie des Verstorbenen eine Totenandacht, die nicht weniger als neun Tage dauert. Sämtliche Verwandten, Angehörigen und Freunde sind gehalten, allabendlich in weißer Trauerkleidung an diesen Zeremonien teilzunehmen. Im Totenhaus wird ein Altar errichtet, auf dem man Heiligenbilder aufstellt, Kreuzzeichen und Symbole derjenigen Loas, die dem Verstorbenen besonders viel bedeutet haben. Ein Pè-savann stimmt katholische Litaneien an, doch der voodooistische Charakter der Zeremonie ist nicht zu übersehen.

Auf einem Tisch nahe dem Altar werden auch Speisen und Getränke für den Toten aufgestellt. Die Trauernden selbst sitzen im Kreis und sprechen gleichfalls den Speisen zu. Der weltliche Aspekt dieses Treffens besteht darin, daß die Hinterbliebenen etwaige Erbfragen klären können; wichtiger ist jedoch die spirituelle Seite der Veranstaltung: Die Trauernden nehmen Zwiesprache mit den Toten auf, die man um Rat fragt und flehentlich bittet, den Dahingegangenen freundlich aufzunehmen.

Schließlich wird eine lebende Ziege (oder zumindest ein Huhn) hereingebracht. Die Ziege, mit weißem Kopfschmuck, dem Zeichen der Trauerzeremonie, erhält Zutritt zu dem Altarraum, wo auch der Tisch mit den Speisen für den Toten steht. Macht sich das Opfertier über die Speisen her, gilt dies als Zeichen dafür, daß der Tote versöhnlich gestimmt ist. Dieser Bund zwischen Lebenden und Toten wird nun sogleich gefestigt, indem man die Ziege nach vorgeschriebenem Ritus opfert. Zum Abschluß der Zeremonie pflegen die Hinterbliebenen ausgelassen zu tanzen, wobei insbesondere der Banda, der obszöne Toten- und Begattungstanz der Gèdès, niemals fehlt.

Um jedoch vor der Rachsucht und Mißgunst der Toten sicher zu sein, muß man die Opferzeremonien mindestens einmal im Jahr wiederholen.

Retirer d'en bas de l'eau – Zurückfordern der Seelen

Wie alle Reinkarnationslehren hat auch der Voodooismus genaue Vorstellungen von dem Ort, an den sich eine Seele nach dem Tod ihrer physischen Hülle begibt, und von der Zeitspanne, die sie dort ausharren muß. Nach Ansicht der Voodooanhänger muß sich der Gros-bon-ange wenigstens ein Jahr in der Unterwelt aufhalten. Und da sich dieses mythische »Guinea« unter dem Meer befindet, gelangt die Seele in die Menschenwelt zurück, indem man sie gleichsam aus dem Wasser emporzieht.

Die Unterwelt des Voodoo hat mit Höllenkonzepten nicht das mindeste zu tun; es geht also nicht um Schuld und Strafe. Seelen von Verstorbenen müssen dort vielmehr verharren, bis alle Prägungen, die sie aus ihrem Vorleben mitgebracht haben, gänzlich getilgt und sie selbst wie noch nie geboren sind. Auf der ehernen Stufenleiter zur Unsterblichkeit können sie sodann voranschreiten, indem sie entweder wiedergeboren werden oder ihre Individualität überwinden und als spiritueller Funke mit der überpersönlichen Weisheit der Ahnen verschmelzen – oder indem sie ihrerseits den Rang eines göttlichen Loa erreichen.

Was auch immer ihr weiteres Schicksal sein mag – zunächst müssen sie das mythische Guinea, die »Insel unter dem Meer«, wieder verlassen. Hierfür jedoch bedürfen sie der Hilfe der Lebenden.

Woher wissen die Hinterbliebenen, wann die Seele des geschätzten Toten bereit ist, die nächste Stufe auf der Schicksalsleiter in Angriff zu nehmen? Botschaften zwischen den Welten zu übermitteln ist im Voodoo, wie wir nun schon verschiedentlich sahen, eines der kleineren Probleme. Der einfachste Weg besteht darin, daß der Tote einem seiner Nachkommen im Traum erscheint – aufgrund des eingewurzelten Respekts vor den Geistern wird sich der Hinterbliebene sputen, die Wünsche der aus Guinea sich meldenden Seele zu erfüllen. Sofern diesem Gros-bon-ange ein größerer Schritt auf der Treppe zur Unsterblichkeit bevorsteht, kann es auch geschehen, daß während einer Voodoozeremonie ein Loa von einem Teilnehmer Besitz ergreift und durch dessen Mund einem anderen Teilnehmer die Botschaft verkündet: Der Vorfahr des Betreffenden wünsche aus der Unterwasserwelt zurückzukehren! Der Nachfahr möge also die vorgeschriebenen Vorkehrungen treffen.

Finsternis und Kälte, die auf der Insel unter dem Meer herrschen, scheinen nur für gewisse Zeit erträglich zu sein. Die Geister darben. Offenbar empfinden sie eine tiefe Sehnsucht nach der Wärme und Stofflichkeit irdischen Lebens. Widersetzen sich die Anverwandten der Bitte eines Toten, aus der Unterwelt zurückkehren zu dürfen, so drohen einmal mehr die bekannten Strafen: Krankheit, rätselhaftes Unglück, »Auszehrung«, plötzliche Verarmung und so fort. Der auf übernatürlichem Weg Angerufene wird also in aller Regel der Bitte des Verblichenen entsprechen und sich an den örtlichen Hungan oder die lokale Mambo wenden. Das Mittel, das diese empfehlen, ist vielfach bewährt, wenn auch abermals mit einer aufwendigen Zeremonie verknüpft: dem »Retirer d'en bas de l'eau« oder »Zurückholen vom Grund des Wassers«.

Schon die Vorbereitungen für diese Zeremonie sind umfangreich. Entsprechend hohe Kosten fallen auch hier wieder an, weshalb sich oft verschiedene Familien oder ganze Clans für ein Retirer d'en bas de l'eau zusammentun. Sofern sich der betreffende Humfò nicht in der Nähe eines Gewässers befindet, behilft man sich allerdings schlicht mit einem Wassertrog, der das Meer symbolisiert.

Am Tag der Zeremonie stellen die Hunsis nahe dem Peristyl ein weißes Zelt auf. Im übrigen bereiten sie zusammen mit dem Hungan stundenlang Govis vor – Krüge für die zurückzuholenden Seelen, die mit aromatischen Essenzen gesäubert und mit magischen Zeichen markiert werden. Auch Tieropfer sind vorzubereiten; ein Lamm, ein Schwein, ein Huhn, eine Ziege werden bereitgehalten, damit man sie im gegebenen Moment den Geistern darbringen kann.

Am Abend, wenn die Zeremonie beginnt, vergewissert man sich zunächst durch die vorgeschriebenen Anfangsrituale und Anrufungen des Wohlwollens der Loas. Einige Geister ergreifen sogleich Besitz von etlichen Hunsis und vielleicht auch von Angehörigen. Sodann begibt sich der Hungan an der Spitze einer Prozession von Krüge tragenden Hunsis vom Peristyl zu dem vorbereiteten weißen Zelt. Der Weg dorthin ist mit Matten bedeckt; jeder, der einen

Krug trägt, achtet sorgfältig darauf, nicht den nackten Boden zu berühren, da sonst ein ungebetener Geist in seinen Krug schlüpfen könnte. Die Menge der Krüge entspricht der Anzahl zurückzuholender Seelen; würde sich herausstellen, daß ein Krug bereits besetzt ist, müßte eine der Seelen in der Unterwasserwelt verbleiben – mit fürchterlichen Folgen für die Angehörigen, den nachlässigen Voodoopriester und seine Gehilfen.

Im Zelt angekommen, wo ein Schemel für den Hungan und der besagte Trog voller Wasser bereitstehen, stellen die Hunsis die Krüge ab und reihen sich hinter den Govis an den Zeltwänden auf. Das Zelt wird verschlossen, so daß die Angehörigen, die sich draußen versammelt haben, zwar hören, aber nicht sehen können, was sich im Innern abspielt. Der Hungan stimmt ein schier endlos langes Gebet an, halb Klagegesang, halb Beschwörung: Er nennt die Namen der Toten, die von den Geistern zurückgeholt werden sollen, und fleht die Mystères an, die Betreffenden freizugeben. Je nach Reaktion der Loas und Temperament des Hungan kann diese Anrufung die verschiedensten Schattierungen annehmen – von unterwürfiger Bitte bis zu herrischem Befehl, falls der Priester den Geistern die Stirn zu bieten wagt.

Immer wieder intoniert der Hungan seine magischen Formeln, um die Toten aus dem Wasser emporzuziehen, und endlich hat er Erfolg: Die Teilnehmer draußen vor dem Zelt hören ein Plätschern im Wasser. Schon fragt der Hungan streng, wie der Name des Ankömmlings laute. Dieser, der aus dem Wasser emporgezogene Tote, gibt sich meist übellaunig: Er nennt seinen Namen und fragt sogleich, ob diese oder jene Angehörigen anwesend seien. Warum man ihn so lange dort unten habe schmachten lassen? Meist bezichtigt der Zurückgekehrte den einen oder anderen seiner Anverwandten, ihn absichtlich aus dem Weg geräumt, seine Grabstätte vernachlässigt, sein Andenken geschändet zu haben und anderer Vorwürfe mehr.

Die Angehörigen draußen, welche die vertraute Stimme hören, wissen sich vor Ergriffenheit und Furcht oft kaum zu fassen: Auf jede Bemerkung des Toten antwortet ein Schluchzen oder Seufzen, ein Ruf der Empörung oder gar ein schriller Schrei. Doch der Hungan versteht es, den Gang der Ereignisse so zu lenken, daß sowohl die Toten wie auch die Lebenden zu ihrem Recht kommen. »Es ist genug«, sagt er, wenn der Tote wieder und wieder lamentiert und seine Nachkommen ausreichend bezichtigt hat. »Ich bitte dich, begib dich nun in den Krug.«

Die Anwesenden draußen halten den Atem an. Man hört, wie im Zelt ein Govi geöffnet wird. Noch ein-, zweimal beschwert sich der zurückgekehrte Tote, dann vernimmt man abermals ein Plätschern im Wasser und schließlich Geräusche, die anzeigen, daß der Govi wieder verschlossen ist.

Damit ist die betreffende Seele aus dem Wasser geborgen. Nachdem der Hungan auf gleiche Weise alle Toten, die es an diesem Abend zurückzufordern galt, aus dem Wasser gezogen und in die bereitstehenden Krüge komplimentiert hat, werden diese in feierlichem Zug in den Altarraum getragen. 41 Tage darauf wird eine weitere Zeremonie zu Ehren der geborgenen Gros-bon-anges veranstaltet, die man nun aber bereits als Loas, als unsterbliche mächtige Geister, ansieht. Gemeinsam mit den Angehörigen erhalten sie umfangreiche Speiseopfer; fortan behandelt man sie als Schutzgeister ihrer Sippe, die Anrecht auf regelmäßige Opfer haben und im Gegenzug ihren Clan stets beraten und beschützen werden.

5

Die Magier des Voodoo

Aus Sorge um den ohnehin nicht gerade strahlenden Ruf des Voodoo versichern viele Anhänger und Verteidiger dieses Kultes, daß ihre Religion mit Magie sowenig zu schaffen habe wie der christliche Glaube mit Hexerei. Das trifft insofern zu, als auch der Voodookult in seinem Kern gewiß nicht darauf abzielt, durch Manipulation übernatürlicher Mächte egoistische Bedürfnisse zu befriedigen. Dennoch spielt Zauberei in diesem Kult eine erheblich größere Rolle als in anderen Religionen.

Auch wenn sich die Grenze zwischen Religion und Magie nicht immer scharf ziehen läßt, kann man beide im Prinzip leicht unterscheiden: Religiöse Systeme und Rituale wollen die universellen, als prinzipiell wohlwollend angesehenen Mächte unterstützen, indem sie deren Gesetzen in der Menschenwelt zur Geltung verhelfen. Bei magischen Praktiken dagegen geht es immer nur darum, übernatürliche Kräfte so zu manipulieren, daß der Zauberer selbst oder seine Hintermänner sich davon einen Nutzen versprechen können.

Wie problematisch diese Unterscheidung in der Realität allerdings ist, zeigt bereits ein flüchtiger Blick auf verbreitete Praktiken: Handelt es sich etwa beim Regenzauber um magische Manipulation oder religiöse Unterstützung? Wer zu erwirken versucht, daß Regen auf die Erde fällt und das Saatgut gedeihen kann, versucht einerseits, den als menschenfreundlich angesehenen kosmischen Mächten

Geltung zu verschaffen; andererseits erhofft sich der Bauer, der den Regenzauber in Auftrag gibt, einen handfesten materiellen Vorteil. Und wie steht es mit jenem unbescholtenen Familienvater (eine weitere Geschichte, die Pío Martinéz in Port-au-Prince hörte), der sich an einen Bokor, einen Schwarzmagier, wandte mit dem Auftrag, einen jungen Voodooanhänger namens Jepe von sogenannten Bakas grausam töten zu lassen?

Jepe hatte die Tochter des Mannes verschleppt, mißbraucht und zur Prostitution gezwungen; nach einigen Monaten hatte das Mädchen vor ihrem Peiniger fliehen können – allerdings nur durch einen Sprung in den Tod. Hatte der unglückliche Vater nicht lediglich den wohlwollenden kosmischen Kräften eben dadurch Geltung verschafft, daß er jenen, der gegen die freundlichen Mächte frevelte, für seine Missetaten bestrafen ließ? Die Bakas nämlich, durch schwarzmagische Beschwörung in Gang gesetzte übelwollende Dämonen, hatten Jepe unerhörten Leiden unterworfen: Als man ihn endlich in einem Wald fand, war der Leichnam buchstäblich durchsiebt von den Bissen Tausender nadelspitzer Zähne, über deren Herkunft und Beschaffenheit kein Aufschluß zu gewinnen war. Im Obduktionsbericht hieß es angeblich nur, das Opfer habe »bei lebendigem Leib seine Körpersäfte verloren« und sei »vermutlich qualvoll vertrocknet« – eine spektakuläre Variante jener geheimnisvollen »Auszehrung«, mit welcher die Mächte des Voodoo nicht selten ihre Widersacher und abtrünnigen Anhänger strafen.

Alle Magie hat mindestens zwei Gesichter, wie dieses Werk eines zeitgenössischen Voodookünstlers veranschaulicht.

Eine kleine Zauberkunde: Was ist und wie wirkt Magie?

Erinnern wir uns an die Geschichte des Voodoo, wie ich sie im zweiten Kapitel geschildert habe: Der Glaube der Kultanhänger, aber auch ihrer weißen Feinde an die magischen Kräfte der Voodoopriester war Ende des 18. Jahrhunderts eine der stärksten Waffen der aufständischen Sklaven, die sich mit nackten Fäusten gegen Gewehre und Kanonen stemmten. Die Rebellionsführer der haitianischen Spartakusbewegung, zugleich Feldherren und Voodoopriester, versicherten ihren Gefolgsleuten, daß ihr Zauber stärker als alle Kugeln und Klingen der Weißen sei. Wie Wasser würden die Kugeln aus den Kanonen der Franzosen tropfen, ohne einen einzigen schwarzen Mann zu verletzen. Wer sich mit den Amuletten zur Schadenabwehr versehen habe, welche die Voodoopriester so reichhaltig bereithielten, werde unverwundbar wie ein Engel übers Schlachtfeld schreiten – so die Verheißungen des Voodoo in der Hitze der Rebellion.

Die Wirklichkeit sah dann ein wenig anders aus: Die schwarzen Krieger, nur mit Stangen und Knüppeln, allenfalls mit rostigen Macheten bewaffnet, wurden von den französischen Bataillonen wie Getreide zur Erntezeit niedergemäht. Schwarze Guerillagruppen, die sich in den Hügeln versteckt hielten und Voodoozauberer beauftragt hatten, ihr Lager durch magische Vorrichtungen zu sichern, mußten fassungslos mit ansehen, wie die weißen Verfolger jede Zauberbarriere mühelos überrannten.

Weiße Soldaten jener Zeit haben später berichtet, daß sie in den Bergen »seltsame Gegenstände« mitten auf ihrem Weg vorfanden, ungemein bunte, auf den ersten Blick fröhlich wirkende, insgesamt aber doch »vollkommen undefinierbare und deshalb mehr und mehr unheimliche Dinge«, gefertigt aus Lumpen, Schnüren, kunterbuntem Allerlei, die »alles in allem einen obszönen Eindruck hinterließen«, wie ein französischer Lieutenant zu Protokoll gab.

Ohne sich um mögliche Folgen ihres Tuns zu bekümmern, spießten und schlitzten die weißen Verfolger sämtliche Wangas, deren sie habhaft wurden, mit ihren Säbeln auf und erreichten wenig später unbehelligt das Lager der voodooistischen Guerilleros, die sich widerstandslos überrumpeln ließen. Das Versagen ihres Zaubers, die Ohnmacht ihres Magiers hatte ihnen allen Mut geraubt und die Überzeugung eingeflößt, daß die Götter und Zauberer der Weißen eben doch den alten Geistern und Dämonen aus Guinea überlegen seien.

Doch obwohl der Wanga- und Bakazauber nicht im Ernst als »militärisches« Mittel zu gebrauchen war, verhalf vor allem anderen die voodooistische Magie den Sklaven Haitis zum Sieg über ihre »aufgeklärten« Gegner. Oder war es, genauer betrachtet, nur der *Glaube* der Sklaven an die Macht ihrer Götter und Zauberer? Tatsächlich war dieser Glaube selbst durch ernüchternde Erlebnisse wie die Überwältigung der Guerilleros, die sich durch Wangas gesichert wähnten, nicht ernstlich zu erschüttern: Wie Meereswellen warfen sich die Schwarzen, behängt mit Amuletten und voodooistische Zauberformeln intonierend, zu Tausenden und Abertausenden den Kanonen und

Gewehrläufen der Weißen entgegen, und so viele Feinde diese zu Boden sinken sahen, so viele schienen im selben Moment vor ihnen wieder aufzustehen. Die Sklaven glaubten, daß sie kraft ihrer Götter unverwundbar seien, und dieser Glaube machte sie in der Tat so unverwundbar, daß die weißen Soldaten ihrerseits mehr und mehr an der Kraft ihrer Waffen zweifelten. Und am Ende siegten, wie bekannt, die schwarzen Männer mit nackten Fäusten über eine hochgerüstete europäische Armee.

War dieses Wunder nun durch echten Zauber bewirkt worden oder »nur« durch den Glauben der Kämpfer an ihre magische Kraft? Was aber wäre ein Glaube, der solches zu bewirken vermag, anderes als echte, wunderkräftige Magie? »Zauber wirkt nur bei jenen, die daran glauben«, wie eine bekannte Redensart besagt. Müßte man aber nicht genauer sagen: Zauber wirkt, *indem* er uns an seine Kraft glauben macht – eben durch Verzauberung?

»Mit beiden Händen dienen«: Voodoopriester zwischen Religion und Magie

Die afrikanischstämmigen Loas der Rada-Linie, behütende, patriarchalische Geister von eher defensivem Temperament, versagten sich allerdings schon zu Zeiten der Sklavenaufstände den Wünschen und Forderungen der Voodooführer. Magische Unterstützung war von ihnen nicht zu erwarten, ebensowenig wie Anstachelung der Massen zu

Aufruhr und offener Gewalt. Die voodooistische Revolution war somit die Stunde der Petro-Loas, zorniger, »bitterer« Geister des Krieges und Aufruhrs, der Umwälzung und Erneuerung, die im übrigen auch gewisse magische Interventionen duldeten oder sogar begünstigten. Zwar gibt es auch heute noch etliche Loas der Petro-Dynastie, die in keinerlei Verbindung zu Zauberriten und -praktiken stehen; jedoch gilt umgekehrt: Wenn überhaupt ein mächtiger Loa sich mit übelwollenden Zauberern einläßt, handelt es sich gewiß um einen Petro-Loa, niemals jedoch um einen Gott der Rada-Linie.

Gleichwohl würde jeder Voodooanhänger beteuern, daß die Petro-Loas, selbst die entsetzlichsten, keineswegs einfach als »böse« Geister zu bezeichnen seien – wie übrigens umgekehrt auch die Rada-Loas durchaus launische, ja hinterlistige Verhaltensweisen an den Tag legen können. Ein Hungan, dessen Humfò überwiegend oder einzig Petro-Loas geweiht ist, wird somit ein gewisses Mißtrauen und mehr noch Respekt und Furcht erregen; niemand würde jedoch allein deshalb behaupten, daß dieser Priester »den bösen Dämonen« diene. Erst recht würde man keiner Mambo, die neben den angesehensten Rada-Loas auch einigen Petro-Geistern in ihrem Tempel huldigt, deshalb unterstellen, mit den Mächten der Finsternis verschworen zu sein.

Dennoch wird in Haiti nicht selten (wenngleich meist hinter vorgehaltener Hand) der Vorwurf geäußert, daß dieser oder jener Hungan »mit beiden Händen diene«, also mit den Geistern als Priester ebenso wie als Zauberer verkehre. Der Unterschied ist jedoch weitaus subtiler, als der abendländische Manichäismus vermuten läßt: Unverdächtig ist der Dienst für einen Loa, von dem der Priester auf übernatürlichem Wege berufen worden ist, suspekt dagegen die Verbindung zu einer spirituellen Macht, deren Wohlwollen man gemeinhin erkauft.

Was es mit diesem Unterschied auf sich hat, ist leicht erklärt: Die »natürlichen« Loas werden als Verkörperungen und Spender jener kosmischen Energien angesehen, ohne die das irdische Leben erlahmen würde. Zugleich nimmt man an, daß diese Mächte ihrerseits Energien verbrauchen und sich daher nähren müssen. Indem die Menschen ihnen Opfer darbringen, geben sie den Loas also nur einen kleinen, aber notwendigen Anteil dessen zurück, was die großen Geister den Menschen an positiven Energien gebracht haben.

Ganz anders dagegen die »gekauften« Geister. Sie sind im unermeßlich großen kosmischen Energiepool »vorhanden«, wie dort eben alles Erdenkliche als Tendenz oder Potential vorhanden ist – ohne deswegen bereits verwirklicht zu sein. Der Bokor aber, der Schwarzmagier – und manchmal im geheimen Bündnis oder gar in Personalunion mit ihm auch der Hungan –, macht sich gewisse Kunstgriffe zunutze, um mit diesen schlummernden Kräften in Kontakt zu treten. Er beschwört sie und verschafft ihnen somit Zutritt zur Menschenwelt, auf die sie sonst wenig Einfluß nehmen können. Er fordert etwas von ihnen, manipuliert diese Geister folglich und gibt ihrem Potential eine Richtung und das Streben, sich in unserer Realität zu verwirklichen. An sich sind sie weder »gut« noch »böse«; im Grunde kann man nichts Übleres über sie sagen, als daß sie in unserer

Welt fehl am Platze sind. Hierher aber haben sie sich nicht aus eigenem Drang begeben, sondern der verlockenden Spur folgend, die der Bokor für sie ausgelegt hat.

Da diese Geister jedoch nicht, wie die großen Loas, nach dem edlen Prinzip des energetischen Austauschs mit den Menschen verkehren, muß der Bokor ihnen eine Gegenleistung anderer Art versprechen, damit sie in seinem Sinn tätig werden. Hierin nun doch dem Satan der manichäischen Religionen ähnlich, fordern die beschworenen Dämonen als Entgelt meist die einzige Labung, die ihnen zu behagen scheint: eine Seele oder mehrere, die des Auftraggebers oder von Familienangehörigen – je nach Art und Gewicht des Zaubers, den man mit ihrer Hilfe ins Werk setzen will.

Aus alledem folgt, wie viele Voodooanhänger beteuern, daß kein Hungan sich lange zu behaupten vermag, der insgeheim »mit beiden Händen dient«. Gewiß, die Versuchung und der Verdacht liegen nahe, daß ein Priester sowohl als Bokor wie als heilkundiger Hungan tätig wird: Als Schwarzmagier oder mit Hilfe eines solchen beschwört er die Loa-diab, die dämonischen Geister, auf daß diese eine zahlungskräftige Person mit einer »Krankheit übernatürlicher Herkunft« schlagen; in seiner Eigenschaft als Priester heilt er denselben Patienten sodann von dem Leiden, das er selbst dem Bedauernswerten zuvor angehext hat. Aber in der Praxis, heißt es, könne so etwas kaum geschehen: Die natürlichen Loas, jene Geister also, die den Priester einst beriefen, würden sich sofort von ihm abwenden, wenn er in seinem Humfò auch mit gekauften Loas verkehre. Und sowie sich bei den Zeremonien nicht mehr die »großen« Loas einstellten, sei es um Ansehen, Macht und Einkünfte des von den Göttern verlassenen Priesters geschehen.

Als Pío Martinéz in meinem Auftrag beharrlich nachfragte, räumten seine Informanten allerdings ein, daß sich »unter gewissen Voraussetzungen« selbst schwarzmagische Praktiken allein mit Hilfe gewisser »natürlicher und großer Loas« ins Werk setzen ließen. Hierzu zählen insbesondere Legba-petro, auch genannt Mèt Carrefour, der Patron der Wegkreuzungen, wo sich der Kanal in die Welt der Invisibles öffnet; des weiteren Baron-Samedi, oberster Todesgott von der Sippe der Gèdès; ebenso Ezilie-Ge-Rouge oder das ungemein unbehagliche Pärchen Marinette-bois-chèche und Ti-Jean-Pied-Sec: Sie alle scheinen jederzeit bereit zu sein, dem zauberkundigen Voodooisten bei mehr oder minder fragwürdigen Manipulationen der Materie und der Lebensenergien beizustehen.

In den abschließenden Kapiteln dieses Buches werde ich nun einige dieser magischen Praktiken etwas genauer vorstellen. Selbstverständlich beginnen wir mit der weißen Magie. Auch wenn diese Bezeichnung innerhalb des Voodoo ein wenig widersprüchlich klingt, gibt es doch auch hier magische Praktiken, die durchweg in »positiver« Absicht angewandt werden und auch wenig »Negatives« bewirken können. Eine genaue Grenze zum »schwarzen« oder »übelwollenden« Zauber läßt sich indessen selten ziehen: Gewisse Praktiken der Liebesmagie beispielsweise können aus Sicht des Verzauberten durchaus »negativen« Charakters sein, indem sie ihn zu Handlungen zwingen, die er freiwillig nie verrichtet hätte.

Mit Gris-gris-bag und Makandal: weiße Magie

Bei den »positiv« ausgerichteten Zauberpraktiken sollte man zwischen solcher Magie unterscheiden, die der Abwehr von Schadenzauber dient, und der eigentlichen »weißen« Magie, die dem Auftraggeber gewisse Vorteile (Glück, Reichtum, Schönheit, Liebe etc.) verschaffen soll.

Abwehrzauber

Hier sind an erster Stelle die bereits mehrfach erwähnten Talismane (als Glücksbringer) und Amulette (zur Abwehr von Schadenzauber) zu nennen. In ihrer verbreitetsten Form heißen die Amulette *Makandal*.

Herstellung eines Makandals

Man nehme einen Krokodilzahn und tauche ihn in die sogenannte »Wacheflasche«, die folgende Mixtur enthält:

Drei Teelöffel Schießpulver
einige Tropfen Galle von Stier, Ziege und Keiler
das Blut einer bei Vollmond getöteten Schildkröte
Fingerbreit Wasser aus dem Fischteich
einige Tropfen Rattenblut
20 Gramm mürbes Alligatorfleisch
einige Tropfen Jungfrauenblut

Die Zutaten dieser Mixtur müssen gut verrührt, die Flasche muß fest verschlossen und bei Neumond in die Erde eingegraben werden. Beim folgenden Neumond wieder ausgraben, vorsichtig öffnen. Nun taucht man den Krokodilzahn hinein, den man künftig an einer Schnur um Hals oder Hüften tragen wird. Anschließend die Flasche wieder fest verschließen und neuerlich eingraben. Es empfiehlt sich, diesen Vorgang zwei- bis dreimal jährlich zu wiederholen, da die »Wachekraft« der Mixtur mit der Zeit nachläßt.

Ein solches Makandal wirkt, wie Voodooisten versichern, gegen übernatürliche Angriffe übelwollender Geister (sofern diese Attacke eine gewisse Intensität nicht überschreitet). Um sich noch wirksamer zu schützen, kann man auch – nach dem Vorbild der aufständischen Sklaven Ende des 18. Jahrhunderts – seinen ganzen Oberkörper in Tücher hüllen, die mit der Mixtur aus der »Wacheflasche« getränkt worden sind. Diese Maßnahme scheint mir allerdings nur für Personen mit unterentwickeltem Geruchssinn praktikabel zu sein.

Die magische Lampe

Um sich zu Hause vor fremdem Schadenzauber zu schützen, aber auch um gewisse erwünschte Wirkungen positiver Art hervorzurufen (z.B. Reichtum, Glück, Erhaltung der Arbeitsstelle), kann man eine magische Lampe anfertigen lassen. Sie besteht aus einem beliebigen Behälter, beispielsweise einer irdenen Schale, in die man Öl füllt. Zudem benötigt man einen Docht und zwei Knochensplitter, die über Kreuz auf das Öl gelegt werden, so daß der zwischen die Splitter geklemmte Docht nicht untergeht.

Selbstverständlich muß die magische Lampe von einem Voodoopriester (oder Weißmagier) geweiht werden, damit sie ihre Wirkung entfaltet. Auch ist die Anrufung der Loas erforderlich, deren Beihilfe erwirkt werden soll. Ebenso entscheidend ist jedoch die Absicht, mit der man die Lampe anzündet: Wünscht man sich in dem Moment, da der Docht entflammt wird, Erfüllung seiner Liebe oder Auffüllung des Portemonnaies, so werden die beschworenen Geister in diesem Sinn tätig werden.

Achtung: Die Lampe muß ununterbrochen brennen, bis die Geister ihr Werk vollbracht haben. Außerdem muß man jeden Tag genau in dem Moment, in dem die Sonne im Zenit steht, Öl in die Schale nachfüllen. Währenddessen murmle man:

Baron-Samedi,
Herr der Gräber und Kreuze,
hüte mich, hilf mir,
ich bitte, steh mir bei,
großer Baron-Samedi.

Wer eine magische Lampe entzündet, um einem Feind Schaden zuzufügen, sollte zur Fixierung des Dochtes übrigens Splitter von Menschenknochen verwenden. Das führt allerdings schon in das Gebiet der eindeutig schwarzen Magie, dem wir uns erst weiter unten zuwenden wollen.

Wer mit Krankheit geschlagen ist oder vom Unglück gepeinigt wird, kann sich mit Zauberbädern von dem Pech oder den negativen Energien reinigen, die ihm anscheinend anhaften. Auch verhindert die magische Essenz, häufig genug aufgetragen, daß übelwollende Loas oder andere Dämonen einen neuerlich heimsuchen können.

Bei diesem magischen Ritual wird der Betreffende am ganzen Körper mit einer aromatischen Essenz eingerieben, die in der Hauptsache aus wilden Kräutern und Pflanzen besteht. Jedoch fehlen auch hier selten einige Beimischungen wie Stiergalle oder Mäuseblut, so daß der Gebadete und seine Anverwandten sich abermals auf herbe Geruchsnoten einrichten sollten.

Sowohl als Schutztinktur wie auch in olfaktorischer Hinsicht ist dagegen das »Zauberbad Damballah« zu empfehlen, das unsere Feinde mit uns versöhnt, Krankheiten abklingen läßt und berufliche Nachteile von uns nimmt.

Man gebe in einen Zuber dampfend heißen Wassers:

eine Handvoll Jasminblüten
200 Gramm Mandelpulver (frisch gemahlen)
1/4 Liter Mandelmilchsirup
einige Seerosen
einen Flakon »Wasser der Loas« (beim Hungan zu beziehen)
3/4 Liter Champagner

Nun lege man sich in das Bad, verharre reglos eine halbe Stunde und rufe währenddessen immer wieder Schlangengott Damballah mit folgenden Worten an:

Damballah, du bist eine Schlange,
du, große Schlange, Damballah, hilf.
Eine Schlange bist du, Damballah,
dein Schutz ist mein Gedeihen,
ich bin eine Schlange, Damballah.

Magische Heilpulver

Die meisten Hungans unterhalten regelrechte Zauberapotheken, aus denen sie Pulver und Tinkturen für jede Gelegenheit hervorziehen können. Sicherlich sind etliche Mittel darunter, deren Mischungen aus Kräutern, aromatischen Ölen und anderen Ingredienzien auch in unserem Sinn als heilkräftig einzustufen wären. Die meisten dieser Pulver dienen jedoch ausdrücklich der Bekämpfung von »Krankheiten übernatürlicher Herkunft« – eine dehnbare Kategorie, zu der im Zweifelsfall jedes Leiden und jedes Symptom zählen kann.

Wer sich matt und mutlos fühlt, erhält beispielsweise ein Pulver, das die »auszehrenden Dämonen von ihm nimmt«. Unfälle und Unglücksfälle aller Art haben gleichfalls »übernatürliche Ursachen« – schließlich war es ein manipulierter Dämon, der den Autoreifen platzen oder die Leiter umfallen ließ. Wenn man nur lange genug forscht, stößt man im Grunde immer auf eine übernatürliche Ursache, und gegen jede dieser Quellen der Mißlichkeit haben die Magier und Hungans des Voodoo eine Zaubertinktur oder ein Wunderpulver anzubieten.

Hier das Rezept für ein Zauberpulver gegen Mattigkeit, wie es Pío Martinéz von einem magischen Heiler mitgeteilt wurde:

50 Gramm Pekannüsse
3 Monga-Monga-Blätter aus Afrika
etwas Asche von der Feuerstelle des Humfò
0,04 Liter Clairin

Die Nüsse schälen und mit einem Mörser pulverisieren. Die Monga-Monga-Blätter fein zerreiben. Asche aus dem Humfò darüberstreuen, den Clairin hinzugeben und die Paste mit raschen Bewegungen gegen den Uhrzeigersinn etwa drei Minuten lang verrühren. Währenddessen rufe man Mèt Carrefour an und erbitte ebenso den Beistand von Loco und Ayizan, den obersten Ahnen-Loas und ersten Voodoopriestern, die als Patrone der Heilkunst verehrt werden.

Wenn die Masse zu einem graugrünen Pulver eingetrocknet ist, in einem weißen Leinenbeutel verschließen. Jeden Morgen beim Aufstehen ein wenig von dem Pulver mit dem Zeigefinger auf die Schläfen, das Herz und die Lenden streichen. Am siebten Tag schlachte man zu Ehren der heilkräftigen Loas einen weißen Hahn.

Wer feststellt, daß übelwollende Personen und Dämonen ihm die Seele stehlen oder beschädigen wollen, kann sich folgendermaßen wirksam schützen: Man wende sich einfach an den örtlichen Hungan und bitte ihn, einem die Seele zu extrahieren. Die hierfür erforderliche Zeremonie verursacht erhebliche Kosten, ist jedoch weitaus weniger aufwendig als die weiter oben geschilderte Canzo-Initiation.

Das Ergebnis ist aber in gewisser Hinsicht das gleiche: Der Voodooanhänger unterzieht sich spirituellen und körperlichen Reinigungsprozeduren. Man schneidet ihm je eine Locke vom Haupt- und vom Schamhaar ab, außerdem die Finger- und Zehennägel der linken Körperseite. Anschließend schlachtet und verspeist man einen weißen Hahn und gibt einige seiner Federn zu den Haaren und Nägeln hinzu. Diese Ingredienzien, die den Gros-bon-ange des Betreffenden darstellen, werden in einem Pot-tèt untergebracht, einem Krug, den der Hungan versiegelt und künftig in seinem Altarraum verwahrt.

Damit gilt die Seele als aus dem Kopf »herausgezogen«, und die übelwollenden Angreifer können sie nun nicht mehr stehlen – es sei denn, der Hungan, der den Pot-tèt in seine Obhut genommen hat, stünde mit den schwarzmagischen Aggressoren heimlich im Bunde.

Jeder Hungan muß die Rezepturen für Pulver und Tinkturen kennen, die man zum »Eindämmen« oder »Begrenzen« übelwollender Geister benötigt. Anstatt eine einzelne Person durch Bäder oder Amulette, Pulver oder Essenzen zu schützen, kann man einen magischen Schutzwall um einen räumlichen Bezirk – zum Beispiel ein Grundstück nebst darauf stehendem Haus – errichten, so daß dort keine unerwünschten Dämonen mehr eindringen können.

Zu diesem Zweck gilt es zunächst einmal die Identität der eingedrungenen Loas festzustellen. Diese Aufgabe ist normalerweise – zumindest mit kundiger Unterstützung – leicht zu erfüllen, da sich die Dämonen durch gewisse Zeichen, die sie im Haus hinterlassen, vor allem aber dadurch verraten, daß sie in den Träumen des Betroffenen erscheinen.

In einem Fall, von dem Pío Martinéz bei seinem letzten Aufenthalt auf Hispaniola hörte, hatte sich das zutiefst suspekte Petro-Pärchen Marinette-bois-chèche und Ti-Jean-Pied-Sec in einem Haus am Stadtrand von Port-au-Prince einquartiert. In diesem Haus lebte eine junge Familie, und der Familienvater, Jean-Pierre, war auf den übernatürlichen Besuch durch äußerst unbehagliche Zeichen aufmerksam geworden: Mehrfach war er aus Alpträumen aufgeschreckt, in denen eines seiner drei kleinen Kinder während kannibalistischer Rituale geschlachtet und verspeist worden war. Einmal hatte er im Garten, genau unter den Kinderzimmern, abscheuliche Vorrichtungen rätselhafter Herkunft vorgefunden: eine kleine Feuerstelle, verbeulte Töpfe, Kleinholz, eine Axt …

Der verängstigte Jean-Pierre wandte sich daraufhin an den örtlichen Hungan. Dieser fand durch eine genau Befragung der Familie heraus, daß Jean-Pierre oder seine Frau Françoise offenbar einen Feind hatten, dem es auf irgendeine Weise gelungen war, die Petro-Loas Marinette-bois-chèche und ihren Gemahl Ti-Jean-Pied-Sec gegen ihn einzunehmen. Der Hungan wies die Eltern an, ihre Kinder nicht aus den Augen zu lassen und strengstes Stillschweigen über die Angelegenheit zu wahren. Niemand hätte offen ausgesprochen, daß Ti-Jean und Marinette eine »nackte Ziege« oder einen »Bock ohne Hörner« selten verschmähen, doch anscheinend stand für alle Beteiligten außer Zweifel, daß das Leben der drei Kinder in höchster Gefahr war.

Die Eltern handelten, wie der Hungan es befohlen hatte. Unter einem Vorwand ließ sich Jean-Pierre, der als Verwaltungsangestellter in der Niederlassung einer westlichen Ölgesellschaft arbeitete, für einige Tage beurlauben; Françoise sagte alle Verabredungen ab. Ihre Kinder, die glücklicherweise noch nicht zur Schule gingen, ließen sie nicht mehr aus dem Haus, wobei sie gegenüber Dritten vorgaben, daß die Kleinen an einer Virusgrippe litten. Durch dieses Verhalten versuchten die Eltern nicht nur zu verbergen, daß sie gläubige Voodooanhänger waren, sondern auch – wie vom Hungan befohlen – die Dämonen und jene, die die Loas »gekauft« hatten, in die Irre zu führen.

Währenddessen fertigte der Hungan unter größtmöglicher Geheimhaltung kleine Holzfiguren der angreifenden Loas an. Bei der Abwehr einer Attacke von solcher Stärke, wie sie von den beiden mächtigen Petro-Loas ausging, trug auch der Priester, wie es hieß, ein beträchtliches Risiko: Mißlänge es ihm, die Dämonen »einzudämmen«, so würde sich ihr Zorn verdoppeln und nun auch gegen ihn richten.

Aber ein Hungan, der diesen Titel verdient, fürchtet sich nicht – oder doch nicht wirklich – vor den übernatürlichen Mächten. Hat er nicht während seiner Lehrzeit erfahren, wie man einen Loa »in ein Taschentuch einsperren« kann? Weiß er nicht sogar, wie man Loas in Gruben verscharrt, auf Bäumen bannt, in die Wälder jagt? Gleichwohl wird dem besagten Hungan ein wenig mulmig zumute gewesen sein, als er die groben Holzfigurinen von Marinette-bois-chèche und Ti-Jean-Pied-Sec schnitzte. Es sind die gräßlichsten Loas der Petro-Seite; offen rühmen sie sich der Morde und anderer Schandtaten, die sie unablässig begehen. Nachdem der Hungan die kleinen Figuren fertiggestellt hatte, wickelte er jede in ein schwarzes Tuch, wozu er die vorgeschriebenen Formeln murmelte.

Seinen Hunsis befahl der Priester, vier mal vier leere Rumflaschen zu reinigen und mit einem Pulver zu füllen, das er glücklicherweise in großen Mengen vorrätig hatte. Dieses Pulver enthielt unter anderem die Hoden von zwölf weißen Ziegenböcken, das Blut einer jungfräulichen weißen Ziege und pfundweise zerstoßene »weiße« Kräuter, die von den »schwarzen« Dämonen Ti-Jean und Marinette verabscheut wurden. Die mit dem Abwehrpulver gefüllten Flaschen wurden versiegelt; neben den Figuren steckte der Priester noch einige Meter Schnur und mehrere spitze Nägel zu sich; dann kehrten er und seiner Gehilfen zu der von Dämonen belagerten Familie zurück.

Im Haus der Familie herrschte mittlerweile eine geladene Atmosphäre. Die Kinder – ein Junge von fünf, zwei Mädchen von drei und vier Jahren – quengelten; die Eltern schrien unbeherrscht. Bei jedem kleinen Geräusch unklarer Herkunft fuhren alle zusammen und starrten einander aus weit aufgerissenen Augen an. Einmal hatte man draußen im Garten ein Knacken wie von Holz und Flammen vernommen – als würde dort bereits das Feuer für den kannibalistischen Schmaus angefacht! Ein anderes Mal hatte sich an der Zimmerdecke ein Schatten gezeigt, der plötzlich die Züge der hohläugig feixenden Loa Marinette annahm. Dann wieder, und dies wird das schlimmste dieser Erlebnisse gewesen sein, mußte Françoise auf einmal befürchten, daß niemand anderes als Ti-Jean von ihrem Mann Besitz zu ergreifen versuchte! Nur dank der Empfehlungen, die der Hungan ihnen gegeben hatte, waren die beiden imstande gewesen, den übernatürlichen Reiter abzuwehren.

Nun aber, versicherte der zurückgekehrte Voodoopriester, werde alles gut werden. In einer kleinen Zeremonie, die er im Garten der Familie improvisierte, rief er die großen »weißen« Loas an, Legba und Damballah und viele andere Geister von unzweifelhaft wohlwollender Sinnesart. Er bat sie, ihm zu helfen bei seinem Werk der »Begrenzung« zweier schwarzer Loas, die sich hätten verleiten lassen, diese unbescholtene Familie zu bedrohen. Der Hungan selbst und mehrere seiner Hunsis wurden daraufhin von den angerufenen Loas ergriffen, woraus zu folgern war, daß sie seine Bitte erhört hatten.

Daraufhin ließ der Priester die »Grenzflaschen« mit dem magischen Pulver auspacken und wies seine Hunsis an, sie an den vier äußeren Ecken des Anwesens sowie an den vier Ecken des Hauses zu vergraben. Der Hungan selbst stand mit konzentrierter Miene daneben und murmelte in endlosem Strom rituelle Formeln, um das Gelingen des Abwehrzaubers zu sichern.

Noch einmal glaubte man Brandgeruch im Garten zu riechen, deutliches Knacken wie von Scheiten und Flammen zu vernehmen, so als ob die beiden Menschenfresser-Loas noch immer nicht von ihrem Plan abgelassen hätten. Doch der Hungan ließ sich nicht beirren. Er befahl Jean-Pierre, einige einfache Zaunlatten herbeizuholen, die kreuzförmig zusammengenagelt und in der Mitte einer jeden Wegkreuzung auf dem gesamten Anwesen aufgestellt wurden. Die vergrabenen Flaschen stellten sicher, daß kein übelwollender Dämon sich mehr dem Grundstück nähern, geschweige denn, in das Anwesen oder gar ins Haus eindringen konnte. Die Kreuze auf den Scheidewegen dienten als zusätzliche »Sperren«, um den Loas auch die Möglichkeit zu nehmen, durch spirituelle Kanäle aus der Unterwelt emporzutauchen.

Zuletzt galt es noch, die übelwollenden Dämonen, die sich bereits auf dem Gelände aufhielten, zu »begrenzen«. Denn um sie von diesem Ort gänzlich wieder zu vertreiben, dazu reichte die Macht des Hungan nicht aus. Also wies der Priester seine Hunsis an, im Garten eine tiefe Grube auszuheben. Françoise hatte währenddessen ein schwarzes

Huhn aus dem Stall geholt, das man nun opfern würde, um die beiden gierigen Loas anzulocken. Diese Opferzeremonie barg die größten Risiken des ganzen Unternehmens.

Tatsächlich stellten sich die beiden Loas unverzüglich ein. Marinette-bois-chèche ergriff Besitz von einer Hunsi canzo, die glücklicherweise erfahren genug war, um die aggressive Loa zu bändigen. Ti-Jean-Pied-Sec aber gelang diesmal, was er bereits zuvor versucht hatte: Er schwang sich auf Jean-Pierre, den unglücklichen Familienvater, und zwang sein »Menschenpferd«, unter widrigem Brüllen unverzüglich den kleinen Sohn der Familie zu ergreifen. Als wollte er den Jungen tatsächlich opfern und verspeisen, machte »Jean-Pierre« (in Wahrheit Ti-Jean) Anstalten, das Kind zur Feuerstelle hinter dem Haus zu schleppen.

Doch der Hungan reagierte kaltblütig und rasch: Aus seinem Gewand zog er die beiden Holzfigurinen, die mit schwarzen Tüchern verhüllt waren. Er nahm Nägel und einen Hammer zur Hand und trieb mit schnellen Schlägen ein halbes Dutzend Nägel in die hölzernen Leiber. Dann ließ er sich kreuzweise gespannte Schnüre reichen und umwickelte mit diesen siebenmal beide Figuren, wozu er sang:

Gebunden wirst du Marinette, so, so,
gebunden wirst du Ti-Jean, so, so,
gebunden mit Stricken, so, so
dicker als Ketten, so, so,
gebunden, so, so!

In rasendem Singsang murmelte der Hungan weitere Formeln und schüttelte die heilige Rassel, dann hielt er einen Moment inne. Er saß auf einem Schemel am Rand der Grube; in seinem Schoß ruhten die beiden Figurinen; auf einmal beugte er sich vor und nahm das schwarze Huhn aus den Händen von Françoise. Alle schwiegen, selbst das Huhn war schreckensstarr, und in diesem Augenblick vollkommener Stille drehte der Priester dem Huhn den Hals um. Praktisch im selben Moment wich die Besessenheit sowohl von Jean-Pierre (der das schreiende Kind in seinen Armen fassungslos anstarrte) und der Hunsi, von der Marinette Besitz ergriffen hatte.

Der Hungan bettete das tote Huhn in die Grube, ließ die zusammengeschnürten, mit Nägeln durchbohrten Figurinen folgen und wies die Hunsis an, die Grube rasch wieder zuzuschaufeln.

Wie man Pío Martinéz versicherte, wurde diese Familie nie wieder von den beiden Loas behelligt.

Auffinden von Wangas

So spektakulär wie in dem oben geschilderten Fall geht es jedoch selbst in der Praxis von Voodoopriestern eher selten zu. Weitaus häufiger werden Hungans gebeten, einen »Zauber zu brechen«, der auf einem Haus oder Anwesen lastet.

Ein solcher Schadenzauber hat, wie erwähnt, durchaus handfesten Charakter. Äußerlich betrachtet, handelt es sich bei den sogenannten Wangas meist um eigentümlich geformte bunte Bündel, die vom beauftragten Bokor mit der erwünschten Schadenmagie aufgeladen worden sind. Anschließend werden sie in der Umgebung desjenigen, dem man ein Übel zufügen will, verborgen. Die Aufgabe des zu Hilfe gerufenen Hungan besteht also darin, den Wanga aufzufinden.

Auf den weitläufigen Grundstücken des ländlichen Haiti kann dies eine recht mühsame Aufgabe sein: Hat beispielsweise ein Bauer den Priester gerufen, weil er argwöhnt, daß ein Rivale ihm die Ernte verderben wolle, so bleibt dem Hungan wenig anderes übrig, als die gesamte Plantage abzusuchen. Hierbei bedient er sich indessen auch der übernatürlichen Hilfsmittel, die ihm zu Gebote stehen. So wird ein fähiger Hungan sehr viel eher durch eine Vision als durch physisches Durchstreifen des Geländes fündig werden. Im Zweifel verfügt er allerdings meist über einige Gehilfen, die er entsprechend instruiert und ausschickt, um nach Wangas zu suchen – und nicht etwa, um die Zauberbündel heimlich auszulegen, wie Übelmeinende behaupten.

Hat der Hungan, auf welchem Weg auch immer, das Versteck des Schadenzaubers ausfindig gemacht, gilt es allerdings wiederum, mit großer Sorgfalt zu arbeiten. Mißlingt es ihm, den Zauber augenblicklich zu entschärfen, kann sich dessen Wirkung im Gegenteil vervielfachen – mit der Folge, daß der ausgesandte Schaden neben dem Hausherrn auch noch den Hungan trifft.

Einem erfahrenen Voodoopriester wird ein solches Mißgeschick jedoch nicht passieren. Er betritt den Raum, in dem das Wanga plaziert wurde, zieht es mit sicherem

Griff aus seinem Versteck und trägt es eilends ins Freie, dorthin, wo die Hunsis schon ein Feuer entzündet haben. Im nächsten Moment bereits geht das Wanga in Flammen auf – und wer auch immer den Schadenzauber erwirkt hatte, wird nun seinerseits einen Nachteil erleiden, der seiner Schwere nach dem ursprünglich vorgesehenen Schaden entspricht. Mit anderen Worten: Durch Verbrennen des Wangas wird die negative Energie auf den Verursacher zurückgelenkt. Versenken des Wangas in tiefem Wasser soll übrigens den gleichen Zweck erfüllen.

Vermehrungszauber

Zur Fruchtbarkeits- und Vermehrungsmagie im weiteren Sinn zählen etwa der Regenzauber, dann natürlich der Liebeszauber und schließlich auch die Schatzmagie, die beim Auffinden verborgener Schätze behilflich ist. Auch hierzu wieder einige Beispiele.

Regenzauber

Der »Regenmacher« gehört sicherlich zu den ältesten Berufen der Welt. Regenzauber ist insofern keine dem Voodoo eigentümliche Form der Magie. In Haiti spielt er gleichwohl bis heute eine nicht unerhebliche Rolle, da noch immer ein großer Teil der Menschen von der Landwirtschaft lebt. Und besonders auf dem Land ist der Voodookult nach wie vor tief verwurzelt.

Auch wenn die meisten Hungans sich scheuen, als professionelle Regenmacher aufzutreten, können sie ihren Beistand selten versagen, wenn ein Bauer sich wegen drohender Dürre beklagt.

Insbesondere Simbi gilt es anzurufen, wenn man Regenzauber erwirken will. Zur Erinnerung: Simbi ist ein Wasser-Loa, von dem es heißt, daß er »mit einem Bein in der Rada-Welt, mit dem anderen in der Petro-Sphäre steht«. Als Petro-Loa begünstigt er die Zauberei; zu den Erscheinungsformen des Wassers, über die er gebietet, gehört unter anderem der Regen: Ihn mit gewissen Formeln anzurufen, ist also ein mehr oder minder sicherer Weg, um die Himmelsschleusen über einem Dürregebiet zu öffnen.

Ein berufsmäßiger Regenmacher, von dem Metraux berichtet,[17] behauptete dagegen, der »Regen besitze eine Seele, die sich nur unwesentlich von der unsrigen unterscheide, und man könne mit ihr reden«. Wünschte jemand einen Wolkenbruch über seiner Plantage, so lenkte der Regenmacher einige Wolken dorthin und sprach ihnen gut zu, bis sie sich folgsam entleerten.

Im übrigen sind die Anrufung Simbis und die Bitte um hinreichenden Regen auf Haiti bis heute ein fester Bestandteil vieler Voodoozeremonien.

17 Metraux, a.a.O., Seite 360.

Ob Liebeszauber überhaupt zur »weißen Magie« zählt, scheint in vielen Fällen zweifelhaft zu sein. Denn meist läuft solche Manipulation darauf hinaus, daß man einer anderen Person den freien Willen raubt und sie dazu veranlaßt, so zu handeln, wie man selbst es wünscht.

Aus der Fülle der Gerüchte um versuchten und geglückten Liebeszauber, die in ganz Haiti ständig kursieren, sei an dieser Stelle eine Geschichte herausgegriffen, die mein Gewährsmann Pío Martinéz bei einem seiner letzten Aufenthalte auf Hispaniola erfuhr. Sie ist insofern besonders aufschlußreich, als Martinéz auch die handelnden Personen persönlich kennenlernte und sich daher aus eigener Anschauung vom »Erfolg« der angewandten Liebesmagie überzeugen konnte.

Es war in Port-au-Paix, im Norden der Halbinsel, unweit der kleinen Insel Tortue, wo im 17. Jahrhundert der erste Brückenkopf der Franzosen entstanden war. Ein junger Kreole namens Jean, unlängst in die Stadt gezogen, hatte Quartier in einem bescheidenen Viertel genommen, wo binnen kurzem eine junge Frau aus der Nachbarschaft seine Aufmerksamkeit erregte. Das Mädchen nannte sich Marie; auch ihr Blick ruhte voller Wohlgefallen auf der Gestalt des jungen Mannes; doch ehe es zu mehr als schmachtenden Blicken kommen konnte, wandte sich Jean mit einem Mal von Marie ab. Was war geschehen? Die gewöhnlichste Sache von der Welt, möchte man meinen: Der junge Mann hatte ein anderes Mädchen kennengelernt, und so war Marie für ihn nur noch eine Fremde unter vielen. Aber Marie konnte sich nicht abfinden mit dieser Wendung, mit diesem »Bruch«, wie sie das Geschehnis für sich selber nannte.

Sie überlegte fieberhaft, wie sie Jean für sich zurückgewinnen konnte. Ihre hingebungsvollen Blicke beantwortete er lediglich mit einem befremdeten, beinahe spöttischen Lächeln. Marie erkannte rasch, daß ihr nur eine Ausflucht blieb: Sie mußte Jean durch einen Liebeszauber auf sich fixieren.

Die Mambo, der sie zagend ihren Wunsch vortrug, speiste sie zunächst mit einer zweifelhaften Rezeptur ab: »Schneide je eine Locke«, empfahl sie, »von deinem Haupthaar und deinem Schamhaar ab, gib einige Härchen von deinen Armen hinzu, mahle dies alles zusammen mit Kaffeebohnen und serviere deinem Liebsten das Gebräu heiß, dampfend und ohne jede weitere Zutat. Binnen eines Mondumlaufs wird er sich unrettbar in dich verlieren, und du kannst fortan mit ihm anstellen, was immer du dir erträumen magst.«

Marie errötete bei diesen Worten, teils vor Glück und teils vor Verlegenheit, aber kaum hatte sie die Mambo verlassen, da sank ihr wieder das Herz: Wie sollte sie es anstellen, »ihrem Jean« Kaffee zu servieren? Schließlich hatte er sie noch nie zu Hause besucht, und da sie bei ihrer Familie lebte und ihr Vater ein Mann von überaus strenger Moral war, bestand kaum eine Chance, daß sie Jean jemals in ihrem Zimmer bewirten würde.

In ihrer Herzensnot verschaffte sich Marie einen Job als Aushilfskellnerin in dem kleinen Café, in dem Jean zu frühstücken pflegte. Überrascht sah er beim Klang ihrer

Stimme auf, als sie zum ersten Mal seine Bestellung aufnahm, aber er richtete kein persönliches Wort an sie. Glücklicherweise bestellte er jedoch Kaffee, und Marie, der das Herz bis in die Schläfen hinauf klopfte, schaffte es irgendwie, auf dem Rückweg zu Jeans Tisch den Kaffee in seine Tasse zu praktizieren, den sie am selben Morgen nach der Rezeptur der Mambo zubereitet hatte.

Nachher, als Jean zerstreut nach seinem Kaffee griff, muß Marie ihn vom Tresen her derart gespannt angestarrt haben, daß er innehielt und erstaunt um sich sah. Dann jedoch leerte er die Tasse in einem Zug, legte ein paar Münzen auf den Tisch und war schon im Menschengewühl der morgendlichen Straße verschwunden.

Auf eine Wirkung dieses Liebeszaubers wartete Marie vergeblich. Ungeduldig harrte sie einen ganzen Mondzyklus aus, dabei dämmerte ihr längst, daß die Magie versagen würde. Und in der Tat: Jean begegnete ihr am Ende des Monats so gleichgültig, allenfalls ein wenig spöttisch, wie zuvor.

(Übrigens war es etwa um diese Zeit, daß Pío Martinéz, gleichfalls Gast in jenem Café, von dessen Wirt auf das kleine Drama hingewiesen wurde. »Es war unübersehbar«, berichtete Martinéz mir später, »daß Marie den jungen Mann anschmachtete und dieser nicht das mindeste Interesse an ihr zeigte. Im Gegenteil: Jean schien sich belästigt zu fühlen.« Von diesem Punkt nahm Martinéz an dem romantischen Geschehen regen, wenn auch verhohlenen Anteil und ließ sich durch den Wirt und andere Mittelsleute über jede weitere magische Zurüstung und deren Folgen genauestens informieren.)

Die Mambo, in ihrem Humfò von Marie zur Rede gestellt, hatte eine Rechtfertigung rasch zur Hand: Wenn der Liebeszauber versagt habe, so zeige dies, daß Maries Liebster sich durch ein Makandal, ein Amulett, gegen magische Anschläge dieser Art gesichert habe (eine Schutzmaßnahme, die gerade unter jungen Männern auf Haiti verbreitet ist, da viele fürchten, durch magische Hinterlist von der erstbesten Schönen in die Ehe gelockt zu werden). Aber Marie brauche den Mut nicht sinken zu lassen, fuhr die Mambo fort: Gegen die fixierende Macht des magischen Rituals, das sie ihr nun zur Verfügung stellen werde, helfe kein Gad und kein Dämon.

Nach diesen Worten holte die Priesterin ein blutrotes Stoffpüppchen, einen »Gris-gris-bag« (Zauberbeutel) von gleicher Farbe, eine Handvoll Räucherwerk, ein Fläschchen mit einer aromatischen Essenz und ein kleines Stück Pergamentpapier hervor. Sie weihte die rituellen Requisiten, indem sie einige Formeln darüber murmelte und die heilige Rassel schüttelte, dann trug sie Marie auf, bei dem magischen Liebesritual genau nach ihren Anweisungen zu verfahren.

Von neuer Hoffnung beseelt, befolgte Marie auch diesmal die Anweisungen der Priesterin bis aufs Haar. Zu Hause eingetroffen, richtete sie in einer Ecke ihres Zimmers einen Altar ein. Er war ungleich kleiner und bescheidener als der prunkvolle Voodoohausaltar der Familie, der sich in einem Raum am anderen Ende der Wohnung befand. Dieser Altar hier, hatte die Mambo erklärt, sollte einzig und allein ihrem Liebeszauber dienen.

Als Altartisch verwendete Marie einen niedrigen Schemel, über dem sie eine weiße Decke ausbreitete. Sie schloß Fenster und Vorhänge, bis nur noch ein trüber Schimmer Tageslicht in ihr Zimmer drang. Dann kniete sie vor dem Altar nieder, schloß die Augen und beschwor vor ihrem geistigen Auge den Anblick des Geliebten herauf. Bald schon glaubte sie ihn vor sich zu sehen, so nahe, so lebendig, als ob sie ihn mit der Hand berühren könnte. Benommen schlug Marie die Augen wieder auf, um mit dem Ritual zu beginnen.

Sie zog die magischen Dinge aus der Tasche, die sie von der Mambo erhalten hatte, und legte sie nebeneinander auf den Altar: Die Puppe war aus blutrotem Stoff gefertigt, der mit wohlriechenden Zauberkräutern gefüllt und mit schwarzen Schnüren umwunden war. Der Gris-gris-bag, gleichfalls blutrot, voll magischer Kräuter und mit einer schwarzen Schnur verschlossen, war von so geringem Umfang, daß er in ihre zierliche Faust gepaßt hätte – und doch ging, wie die Mambo versichert hatte, bezwingende Zauberkraft von ihm aus. Das Stück Pergamentpapier, nicht größer als eine Streichholzschachtel, verströmte vielfältige Aromen; Marie legte es neben die Puppe auf den Altar. Das Räucherwerk gab sie in eine Schale: eine Handvoll honiggelber Kügelchen und eine Scheibe gepreßter Weihrauch, schwarz wie Teer und von betäubendem Duft. Schließlich öffnete sie das Fläschchen Zauberöl, eine gelbliche Essenz, in der winzige Blüten schwammen, und stellte es neben die Schale. Nachdem sie noch eine weiße Kerze nebst Halter hinzugefügt hatte, waren alle für das Ritual erforderlichen Dinge versammelt.

Wie von der Mambo angeordnet, zündete Marie nun das

Wie auf diesem improvisierten Altar hat auch Marie alles für den Liebeszauber vorbereitet.

Räucherwerk an. Während die aromatischen Schwaden aufstiegen und sich im Zimmer verbreiteten, rief sie mit beschwörendem Murmeln Bondieu an, den Schöpfer des Universums, Legba, den göttlichen Mittler zwischen den Welten, und Ayizan, die oberste Ahnen-Loa und Schutzpatronin aller weiblichen Belange. Alle drei bat Marie inständig um Beistand bei ihrem Vorhaben.

Nun öffnete sie das Fläschchen mit dem Zauberöl, nahm die Puppe in die rechte Hand und führte sie zuerst bäuchlings, sodann rücklings durch die Schwaden des Räucherwerks. Währenddessen murmelte sie die folgende Formel: »Mit diesem Rauch reinige ich die Puppe und taufe sie auf den Namen JEAN.«

Sie träufelte ein wenig Zauberöl auf eine Fingerspitze und tupfte es auf Kopf, Herz und Lenden der Puppe, wobei sie sagte: »Mit diesem Öl weihe ich die Puppe und ermächtige sie, JEAN zu sein.«

Ihr eigenes Herz klopfte wieder bis unter die Schädeldecke, als Marie die Puppe zurück auf den Altar legte. Ganz sonderbar war ihr zumute bei dem Gedanken, daß er es war – er, Jean –, den sie da nach Belieben berührte und dem sie ihren Willen einflößte.

Nun nahm sie die Kerze und den Gris-gris-bag in die Hand, führte beide langsam durch die Schwaden des Räucherwerks und sagte: »Mit diesem Rauch reinige ich die Kerze und den Gris-gris-bag und widme sie dem Ziel, JEANs Liebe auf mich zu fixieren.« Sie tupfte wieder ein wenig Zauberöl auf ihre Fingerspitzen und rieb die Kerze erst vom Fuß zur Mitte hin, dann von der Dochtseite zur Mitte hin mit dem Öl ein. »Mit diesem Öl«, sagte sie,

»weihe ich die Kerze dem Ziel, JEANs Liebe auf mich zu fixieren.« Dann tupfte sie weiteres Öl auf ihre Finger und rieb den Gris-gris-bag mit dem Zauberöl ein. »Mit diesem Öl«, sagte Marie beschwörend, »weihe ich den Gris-gris-bag dem Ziel, JEANs Liebe auf mich zu fixieren.«

Nun steckte sie die Kerze in den Kerzenhalter zurück und zündete sie an. Während die Flamme emporwuchs, konzentrierte sie sich mit größtmöglicher Intensität auf ihr Anliegen, das Ziel des magischen Rituals. Wie die Mambo es ihr geraten hatte, beschwor sie abermals ein klares und lebendiges Bild ihres Geliebten vor ihrem geistigen Auge herauf; dann sah sie sich selbst, wie sie sich Jean näherte und an seine Brust sank. Jean schloß die Arme um sie und küßte sie, zärtlich und begehrend.

Marie mußte einen Seufzer unterdrücken, als sie sich von diesem Wunschbild löste, um das Ritual zu vollenden. Sie tauchte die Spitze des Streichholzes, mit dem sie die Kerze entzündet hatte, in die schwarzen Überreste des Räucherwerks und schrieb auf das Pergamentpapier: JEAN SOLL MICH FÜR IMMER LIEBEN.

Mit Ausnahme der Beschriftung des Zauberpapiers wiederholte Marie dieses Ritual vorschriftsgemäß an den beiden folgenden Tagen. In der Zwischenzeit und danach trug sie das Gris-gris-bag stets bei sich, und wann immer sie an Jean dachte (was ungemein häufig der Fall war), berührte sie den Zauberbeutel mit einer Fingerspitze.

Am Tag nach der dritten Wiederholung des Rituals ging eine erstaunliche Veränderung mit Jean vor. Da Marie noch immer als Kellnerin in dem Café arbeitete, in dem er zu frühstücken pflegte, spielte sich die magische Romanze nach wie vor unter den Augen aufmerksamer Beobachter ab, darunter mein Freund Martinéz, der sich auf einen Wink des Wirtes hin pünktlich eingestellt hatte.

Wie an jedem Morgen servierte Marie ihm eine Tasse Kaffee. Anders als sonst blickte Jean jedoch nicht kurz und mürrisch auf, sondern fuhr regelrecht zusammen und stammelte: »Das ... nicht doch ... Marie ...«

»Was willst du?« fragte die Schöne streng (hierbei noch immer den Empfehlungen der Mambo folgend). Worauf Jean zu ihrem unsäglichen Entzücken den Kopf senkte und mit ersterbender Stimme hauchte: »Dich ...«

Man werde sicherlich niemals beweisen können, so Martinéz abschließend zu dieser höchst bemerkenswerten Begebenheit, daß dieser junge Mann tatsächlich durch die magischen Zurüstungen der Mambo und Maries verzaubert worden sei. »Aber es steht außer Zweifel, daß von einem Tag auf den anderen seine Einstellung zu Marie vollkommen verändert war.« Während seines restlichen Aufenthalts in der Stadt, immerhin noch fast drei Wochen, war Martinéz den beiden noch mehrfach begegnet und hatte sich auch weiter durch den Wirt vom Fortgang der Ereignisse unterrichten lassen. »Jean las ihr jeden Wunsch von den Augen ab und gehorchte ihr aufs Wort – fast wie ein Hund, möchte man sagen, zumal auch sein treuer, schmachtender Blick, der förmlich an Maries Zügen klebte, mehr und mehr an einen bettelnden Straßenhund erinnerte.«

Fortan führte Marie ihren Jean an einer unsichtbaren Leine mit sich herum, die aus Magie gewoben war.

Wenn man bedenkt, daß in Haiti nicht selten auch gewerbsmäßige Zuhälter sich solcher Liebeszauber bedienen, dürfte vollends klar geworden sein, daß hier die Grenze zur schwarzen Magie bereits überschritten ist. Oder vielmehr: daß sich eine solche Grenze im Reich der Zauberei eben nicht präzise ziehen läßt.

Das gilt nicht minder für das Gebiet der magischen Schatzsuche: Auch auf Hispaniola sind, wie in der restlichen Welt, die kostbarsten Güter zugleich die begehrtesten und die meisten von ihnen daher längst verteilt. Die »Schätze«, welche schlaue Zeitgenossen mit magischer Hilfe aufzuspüren trachten, sind folglich selten so herrenlos, wie die Schatzsucher dies vorgeben. Ohnehin läßt sich die gleiche magische Zurüstung, die einen verborgenen Schatz in der Wildnis offenbaren soll, auch dazu gebrauchen, Verstecke aufzufinden, in denen ehrbare Personen ihre rechtmäßig erworbenen Reichtümer verwahren.

Ein unverfänglicher Fall magischer Schatzsuche spielte sich, kurz bevor Martinéz dort eintraf, 1997 bei Port-au-Prince ab. Ein alter Mann hatte im Traum wiederholt eine Schatzkiste gesehen, die »in den Bergen unter einem Mombinbaum vergraben« sei. Mehrfach öffnete sich vor seinen Augen die Kiste und war voll glänzender Münzen »aus der Zeit der Sklaverei«. Der Alte wandte sich an einen Hungan (andere behaupten, der Priester sei seinerseits bei dem Greis vorstellig geworden). In einer magischen Sitzung, über die leider keine Einzelheiten zu erfahren waren, »bahnte« der Hungan »den Weg«, wie die Voodooisten sagen: Er ließ den Alten in Trance die gesamte Strecke von Port-au-Prince bis zum Schatzversteck in den Bergen abwandern, und zwar so ausgiebig, daß dieser nachher möglichst viele Details wiedererkennen konnte.

Nicht lange danach machte sich ein kleiner Schatzsuchertrupp auf den Weg in die Berge. An der Spitze stapfte der Hungan, begleitet von vier Hunsis, die den Alten in einer Sänfte trugen. Man wanderte drei Tage lang durch zunehmend unwegsames Gelände; mehrfach wähnte sich die Expedition schon verirrt, doch dann wieder deutete der Greis mit heiserem Aufschrei auf einen Baum, einen Fels, eine andere Einzelheit, die er aus der Trancesitzung wiedererkannte. Kurz und gut: Am vierten Tag traf man weit draußen in den Bergen vor dem ehrwürdigen Mombinbaum aus dem Traum des Alten ein. Und die Hunsis begannen zu graben.

Die riesige Schatzkiste, die sie dort angeblich fanden, steht noch heute in der Scheune neben dem Humfò des betreffenden Hungan. Ob sie tatsächlich aus der Erde unter dem geträumten Baum stammt, läßt sich naturgemäß nicht mehr mit Sicherheit feststellen; ebensowenig, was sie ursprünglich enthielt. »Als wir den Deckel aufstemmten«, behauptete einer der Hunsis gegenüber Martinéz, »fanden wir in der Kiste nur noch ein paar Louisd'or. Offenbar ist uns irgendwer zuvorgekommen – vielleicht hat sogar der Alte selbst ein doppeltes Spiel gespielt …«

Von plötzlicher Geisterfurcht befallen, von Angst vor Werwölfen und »Totensendungen«, deren sich in der Einsamkeit der Berge kaum ein Haitianer erwehren kann, jagte die Expedition zurück nach Port-au-Prince. Ich dagegen möchte die geneigte Leserschaft einladen, zusammen mit mir noch ein wenig bei den Monstern des Voodoo zu verweilen, bei den Werwölfen, Zombies und anderen Kreaturen der Nacht.

Bokor, Baka, Zombie: schwarze Magie

Wer behaupten möchte, daß die Magie des Voodoo bloßer Mummenschanz sei, findet zumindest bei den Behörden Haitis keine ungeteilte Zustimmung. Jedenfalls galt im Stammland des Voodookultes bis zur Reform des Strafgesetzbuches im Jahr 1953 die Ausübung von Zauberei als Straftatbestand.

Artikel 405 dekretierte:

> *Alle Betreiber von* ouangas, caprelatas, vaudoux, compèdre, macandale *und anderen Zaubereien werden mit drei bis sechs Monaten Gefängnis und einer Geldbuße von sechzig bis hundertfünfzig Gourde a) durch das einfache Polizeigericht bestraft; im Wiederholungsfall mit sechs Monaten bis zwei Jahren Gefängnis und einer Geldstrafe von 300 Gourde bis 1000 Gourde b) durch die Strafkammer, ungeachtet der höheren Strafen, die sie aufgrund von begangenen Delikten oder Verbrechen zur Vorbereitung und Ausführung ihrer Untaten zu vergegenwärtigen haben.*

Auch wenn viele Geschichten, die in Haiti über schwarzmagische Übergriffe kursieren, frei erfunden oder zumindest stark aufgebauscht sein dürften, steht außer Zweifel, daß auf der Halbinsel nach wie vor mächtige Bokors praktizieren. In der Bevölkerung erregen sie unverändert Grauen durch sogenannte Totensendungen, die Erschaffung von Zombies oder die Verwandlung ihrer selbst in Werwölfe. Man mag einem ländlichen Bewohner Haitis noch so schlüssig »beweisen«, daß es auf dieser Erde weder Zombies noch Werwölfe, weder aus ihren Gräbern steigende Tote noch kleine abscheuliche Monster namens Baka geben könne – der haitianische Bauer pflegt diese Erklärungen mürrisch anzuhören, aber er glaubt dem Sprecher aus guten Gründen kein Wort. Kennt nicht mehr oder weniger jeder Einwohner dieses Landes mindestens einen Fall, in dem eine Person mittels einer Puppe verzaubert oder durch eine »Totenexpedition« mit tödlichen Folgen »ausgezehrt« wurde? Es mag sein, daß es all das »nicht geben kann«, denkt der Haitianer bei sich. Aber Tatsache ist, daß es sich tagtäglich ereignet.

Wangas – Schadenzauber mit begrenzter Wirkung

Kehren wir noch einmal zu den sogenannten Wangas zurück, die ich im Zusammenhang mit der Abwehr von Schadenzauber bereits gestreift habe. Ein solcher Schadenzauber haftet grundsätzlich an greifbaren Gegenständen. Er kann also einerseits durch einen erfahrenen Hungan dingfest gemacht werden, andererseits steht prinzipiell jede

Sache im Verdacht, ein Wanga zu sein. Denn zur Verwandlung eines harmlosen Dings in einen tödlichen Zauber genügt es, daß ein Bokor die betreffende Sache »bespricht« oder unter Umständen lediglich berührt. Voodooanhänger sagen, eine Sache sei »arrangiert« worden, wenn sie ausdrücken wollen, daß ein Bokor das betreffende Ding verzaubert oder »vergiftet« habe.

Da das Unbehagen, die Angst, das kalte Entsetzen die Wirkung eines Schadenzaubers nur verstärken können, plazieren Bokors häufig Wangas von absonderlicher, zutiefst unheimlicher Gestalt. So findet man etwa auf Wegkreuzungen unförmige Ballen, aus denen phallusartige Schläuche ragen. Dann wieder entdeckten beunruhigte Anwohner Arrangements aus Knochen und Lumpen im Garten oder auf der Terrasse. Allerdings darf man in allen diesen Fällen davon ausgehen, daß es sich hier nur um die »Schauseite« der schwarzmagischen Aktivitäten handelt, während die eigentlichen Wangas, die ja nicht entdeckt werden sollen, an einer unauffälligen Stelle plaziert worden sind. Beliebt sind unter anderem Nadeln, die »arrangiert« und in eine Manteltasche praktiziert werden: Greift der arglose Manteltrager in die Tasche hinein, so versetzt ihm die Nadel einen Stich, der an sich harmlos wäre – doch da es sich um eine »besprochene« Nadel, um ein Wanga, handelt, stirbt der Verzauberte wenig später oder siecht für sein restliches Leben mit rätselhaften Symptomen unheilbar dahin.

Als Wangas dieser Art lassen sich zahllose Gegenstände verwenden (oder verstehen): ein Stock, mit dem jemand »versehentlich« geschlagen wurde; ein Glas, an dessen scharfer Kante man sich schneidet; selbst ein »scheinbar zufällig« herumliegender Stein, an dem man sich bei einem Sturz das Knie blutig schürft. Ebenso stehen Puder, Pulver, Staubpartikel aller Art stets im Verdacht, »arrangiert« zu sein: Findet man Puder unklarer Herkunft auf dem Ärmel, auf dem Revers oder einem sonstigen Teil der Kleidung, so besteht Anlaß zu der Furcht, daß man Opfer eines magischen Giftanschlags wurde.

Dabei kommt auch als »Gift« im zauberischen Sinn jede beliebige Substanz in Frage. Die Bezeichnung »Gift« ist in diesem Zusammenhang weitverbreitet, allerdings höchst mißverständlich, da die verwendete Tinktur, das Pulver oder was auch immer ausschließlich denjenigen, für den es »arrangiert« wurde, zu vergiften vermag. Denn für alle Wangas gilt, daß sie nur das vom Bokor anvisierte Opfer schädigen können, dieselben Dinge, Pulver, Nadeln also für jede andere Person vollkommen ungefährlich sind. Und einzig in diesem Sinne lassen sich die fatalen Wangas als Schadenzauber »mit begrenzter Wirkung« bezeichnen. Dem ausersehenen Opfer dagegen können sie grenzenlosen Schaden zufügen – von unheilbarer Krankheit über die berüchtigte »Auszehrung« bis zum sofortigen Tod.

Verzauberung mit Puppen

Die in diesem Abschnitt vorgestellten Schadenzauber sollten Sie auf keinen Fall auf Personen Ihrer Umgebung anzuwenden versuchen. Liebe Leserinnen und Leser, nehmen Sie diese Warnung bitte so ernst, wie sie gemeint ist.

Ich appelliere keineswegs nur an Ihr Gewissen; bedenken Sie auch, daß nach voodooistischer Anschauung jeder Magier, der einer anderen Person Schaden zuzufügen trachtet, seinerseits riskiert, Schaden zu nehmen. Zum einen begibt er sich in die Hand der beschworenen Dämonen. Zum anderen besteht jederzeit die Gefahr, daß die Angehörigen des Opfers ihrerseits einen Schadenzauber gegen den Verursacher ihres Leids und Verlustes aussenden werden. Zur Sicherheit wird im folgenden der Wortlaut der jeweils zu murmelnden Beschwörungsformeln unterdrückt.

Zerstörung einer Persönlichkeit

Der Bokor fertigt aus schwarzer Pappe den Schattenriß einer menschlichen Gestalt. Sodann fixiert er eine Haarlocke der Person, der Schaden entstehen soll, lose im Kopfbereich der Pappfigur. Er nimmt eine Fotografie der betreffenden Person und befestigt sie an dem Schattenriß, indem er sowohl die Pappgestalt als auch das fotografische Abbild im Herzbereich durchbohrt.

Das Ganze vergräbt er schließlich, Beschwörungsformeln murmelnd, in schlammiger, sumpfiger Erde, welche die Auflösung der Gegenstände beschleunigt. Im gleichen Maß, wie die Pappgestalt, die Locke und die Fotografie vermodern, wird sich auch die Persönlichkeit des Verzauberten auflösen. Dieser wird seine Willenskraft, sein Gedächtnis, seine Vitalität und endlich den Verstand verlieren.

Man fertige eine schwarze Puppe an und schreibe den Namen des ausersehenen Opfers auf ein Papier. Der Rücken der Puppe wird aufgeschlitzt, das Papier zusammen mit scharfem Pfeffer in die Puppe geschoben und die »Wunde« mit schwarzem Draht verschlossen.

Nun fesselt man die Hände der Puppe auf dem Rücken und läßt sie in einem verlassenen Winkel mit dem Gesicht zur Wand niederknien. Solange die Puppe dort kniet, wird der Verzauberte gleichfalls gedemütigt und niedergedrückt sein.

Ebenso kann man das Opfer auf andere Weise erniedrigen und entwürdigen: Man lasse es auf allen vieren kauern wie einen Hund. Man verbinde ihm die Augen, um es mit Blindheit zu schlagen, und so fort.

Invasion der Toten

Vor kaum etwas fürchten sich Voodooanhänger mehr als vor der sogenannten »Auszehrung«, von der in diesem Buch schon mehrfach die Rede war. Wer an »Auszehrung« leidet, magert unglaublich rasch bis auf die Knochen ab, spuckt Blut und Galle und liegt meist schon wenige Tage später im Grab – bei den Toten, die ihn nach Überzeugung der Hinterbliebenen zu sich geholt haben.

Wer einem Feind den Tod durch Auszehrung wünscht, läßt durch einen Bokor eine »Totensendung« initiieren. Hierfür stellt der Schwarzmagier ein Abbild des heiligen

Expedit, des Schutzherrn aller Expeditionen, kopfüber auf und ruft den Heiligen etwa so an: »Sankt Expedit, ich bitte dich, vernichte den [Name des Feindes], mach, daß er sich auszehrt und auflöst wie Tau in der Sonne. Du, heiliger Expedit, finde für mich heraus, wo sich [Name des Feindes] versteckt hält, mach, daß alle Toten aller Friedhöfe aus ihren Gräbern steigen, und sende sie zu [Name des Feindes], damit sie in seinen Körper, seinen Geist und seine Seele eindringen und ihn innerlich und äußerlich vollkommen verzehren, Amen.«

Damit finstere Wünsche wie dieser in Erfüllung gehen können, wird allerdings auch die Zustimmung der Gèdès benötigt, namentlich des obersten Todesgottes Baron-Samedi. Um diese Einwilligung einzuholen, begibt sich der Bokor in schwarzer Nacht auf einen Friedhof, wo er mit seiner Machete dreimal gegen das steinerne Kreuz, das Zeichen des Barons, schlägt. Er opfert ihm einige schwarze Tiere, außerdem kleingeschnittene Kartoffeln, deren Bleichheit das Verbleichen des Opfers vorwegnimmt. Mit einer Handvoll Friedhofserde begibt sich der Bokor sodann zur Wohnung des Opfers und streut die Erde an Stellen aus, die der Arglose am nächsten Tag betreten muß.

Damit ist die Spur gelegt; kaum ist das Opfer aus der Tür getreten, da dringen die Toten auch schon in es ein. Sie füllen seinen Körper, sie blähen ihn auf, erfüllen ihn mit Krankheit, Faulgas, Kälte, Tod. Von so plötzlicher wie nachhaltiger Schwäche erfaßt, wird das Opfer rasch abmagern, hinfällig werden, Appetit, Zuversicht und Lebenskraft verlieren, und dies alles binnen weniger Tage, denn in wen einmal die Toten eingedrungen sind, der kann kaum mehr auf Rettung hoffen.

Eine verwandte, eher noch gräßlichere Verzauberung besteht darin, daß man einem Opfer »Kreaturen« in den Körper praktiziert. Gemeint sind Tiere, die durch magische Kunstgriffe in Magen oder Blutkreislauf geschmuggelt werden und dort zum Leben erwachen. Ein Beispiel mag in diesem Zusammenhang genügen:

Der Bokor fängt eine Schlange und tötet sie »möglichst grausam«. Noch während die Schlange am Leben ist, läßt er ihr Blut aus einer Arterie in einen Behälter rinnen. Das Schlangenblut wird mit Staub von einem Friedhof vermengt. Nachdem diese Mixtur zu einem roten Pulver getrocknet ist, mischt man ein wenig davon in Essen oder Trinken des Opfers. Nicht lange danach werden Tausende winziger Schlangen in den Venen des Opfers wimmeln.

Bakas, die gekauften Dämonen

Ungleich mehr als alle Wangas zusammen fürchten Voodooanhänger die sogenannten Bakas. Hierbei handelt es sich meist um »gekaufte Dämonen«, also um solche Loas, die ein Hungan oder Bokor nicht auf dem Wege übernatürlicher Berufung, sondern durch Bestechung für sich bzw. für den Auftraggeber eines schwarzen Zaubers gewinnt. Der Preis, den man für die Unterstützung des Dämons zu zahlen hat, wird selbstverständlich in Seelen entrichtet; in der Regel muß jemand, der einen Baka dazu bringen will, eine bestimmte Person zu zerstören, dem

Dämon hierfür einen oder zwei seiner eigenen Angehörigen »verschreiben«.

Bakas gehören sicherlich zu den schauerlichsten Manifestationen innerhalb der Voodoowelt. Sie können fast beliebige Gestalten annehmen. Häufig treten sie als Hunde oder Katzen, Schweine oder Kühe auf. Abseits der Wege aber verwandeln sie sich in alptraumhafte Monster, deren bloßer Anblick einen arglosen Menschen töten kann. Gewiefte Bokors sollen imstande sein, auch Astralzombies, körperlose Seelen also, so zu manipulieren, daß sie sich als Bakas gegen bestimmte Opfer einsetzen lassen.

So unberechenbar Bakas auch sind, weder die Schwarzmagier noch deren Auftraggeber scheuen vor dem Versuch zurück, diese monströsen Dämonen für ihre Zwecke zu manipulieren. Manche Auftraggeber sind allerdings zu naiv und uninformiert, um die Risiken zu überblicken; wüßten sie beispielsweise, daß der Baka normalerweise eine »Ziege ohne Hörner« als erste Gegenleistung fordert, würden sie den Pakt wohl noch einmal überdenken. Hat der Bokor ihnen aber erst einmal einen »heißen Punkt« verkauft, wie der gedungene Baka eigentümlicherweise auch genannt wird, so ist es für einen Rückzug aus dem Vertrag zu spät: Der Dämon ist bereit, die schrecklichsten Aufträge entgegenzunehmen; doch nach deren Erledigung muß ihm unverzüglich ein »nackter Bock« geschlachtet werden. Mit anderen Worten: Der übernatürliche Auftragskiller wird mit einem Menschenopfer entlohnt, wobei der Baka kindliche Opfer bevorzugt.

Wer annimmt oder sich vom Bokor einflüstern ließ, daß sich der Baka mit einem solchen Opfer zufriedengibt, sieht sich bald schon furchtbar getäuscht: Die Dämonen sind unersättlich. An Vereinbarungen halten sie sich praktisch nie. Oftmals handelt es sich um Seelen von Toten, die ein Bokor, mit einem korrupten Leichenwäscher im Bunde, in Govis abgefüllt hat, um sie für seine Zwecke abzurichten. Diese Seelen (oder eben »Astralzombies«), furchtbar verstörte und erzürnte Geister zwischen Menschen- und Unterwelt, irren ruhelos umher und sind jederzeit bereit, Verträge zu brechen oder zu schließen, wenn dies sie nur ihrem einzigen Ziel näherzubringen scheint: der Befreiung aus der schrecklichen Zwischenwelt, in der sie gefangen sind, den Manipulationen der Bokors ebenso ausgeliefert wie übermächtigen Einflüssen aus der Welt der Mystères.

Wer also »einen heißen Punkt angenommen«, sich mit einem Baka eingelassen hat, wird bald nach dem ersten ein zweites, nach diesem ein drittes Opfer bringen müssen. Um den Auftraggeber zu täuschen, bedient sich der Bokor oftmals einer beschönigenden Ausdrucksweise: »Oh, der heiße Punkt kostet dich höchstens noch ein oder zwei Hühner«, heißt es da – und der Auftraggeber ist erleichtert, bis sich herausstellt, daß mit »Hühnern« zwei seiner Kinder gemeint sind. Nicht selten lieben es Bakas auch, sich an schwangeren Frauen zu laben; in diesem Fall raunt der Bokor, daß der Dämon »nur noch eine Flasche Milch« verlange, womit aber die Schwangere nebst ihrem ungeborenen Kind gemeint ist. Obwohl der Auftraggeber auf diese Weise grausam getäuscht wird, bleibt ihm keine Chance, eine einmal gegebene Zusage zurückzuziehen. Hat er erst zugestimmt, dem Baka »zwei Hühner« zu opfern, so sind die beiden Kinder unwiederbringlich in der Gewalt des Dämons.

Die Todesqualen, die der Baka seinen Opfern auferlegt, sind unbeschreiblich; und ließen sie sich schildern, so würde ich es gewiß nicht tun. Furchtbare Szenen müssen sich abspielen, wenn einem Auftraggeber bewußt wird, worauf er sich eingelassen hat. Aber selbst wenn er den Schwarzmagier anfleht, zumindest die Qualen der Opfer (seiner Frau, seiner Kinder) abzukürzen, wird ihm doch nicht einmal diese geringe Gnade zuteil. Denn Tatsache ist, daß die Bakas sich von Schmerzen, Qualen, Leiden der irdischen Kreaturen nähren; je mehr Leid sie einem Opfer abpressen, desto höher ihr Gewinn an negativer Energie. Die einzige Möglichkeit, den Greueln ein Ende zu machen, besteht darin, daß der Auftraggeber schließlich sich selbst dem Bokor als Opfer darbringt.

Die Werwölfe des Voodoo

Nach Auffassung der Haitianer handelt es sich bei den Werwölfen in aller Regel um Frauen, denen durch einen vererbten Fluch auferlegt wurde, sich nachts in zauberkräftige Bestien zu verwandeln. Allerdings verfügen auch gewiefte Bokors über die Fähigkeit, die Gestalt von Werwölfen anzunehmen. Dann streifen sie durch die Wälder, auf der Suche nach arglosen Wanderern, die sie ergreifen, um sie zu schinden und ihnen das Blut bis auf den letzten Tropfen auszusaugen.

Wer einem Werwolf begegnet und sich durch Hieb-,

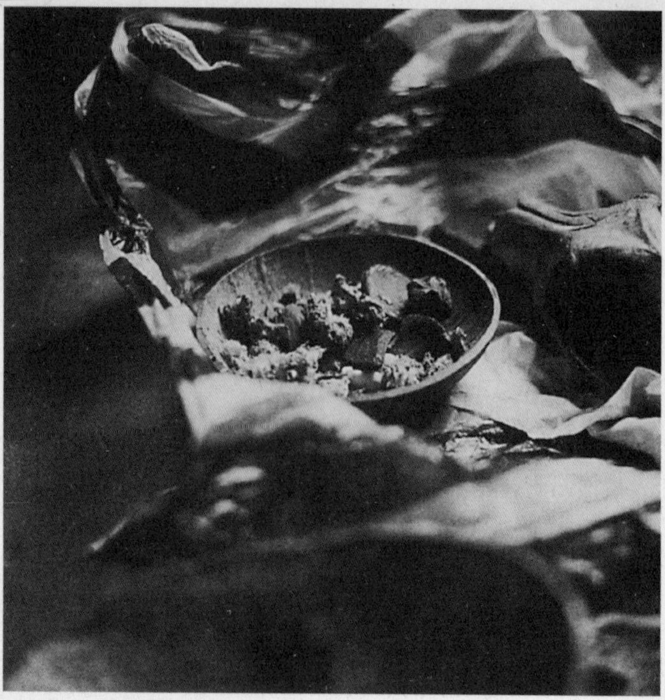

Durch ein schwarzmagisches Ritual soll der säumige Schuldner zu besserer Zahlungsmoral angespornt werden. Als erstes bereitet der Bokor hierfür in einer Kalebasse magische Kräuter und Knochenstücke vor. Diese Mixtur wird unter magischem Gemurmel in den Hundeschädel gefüllt.

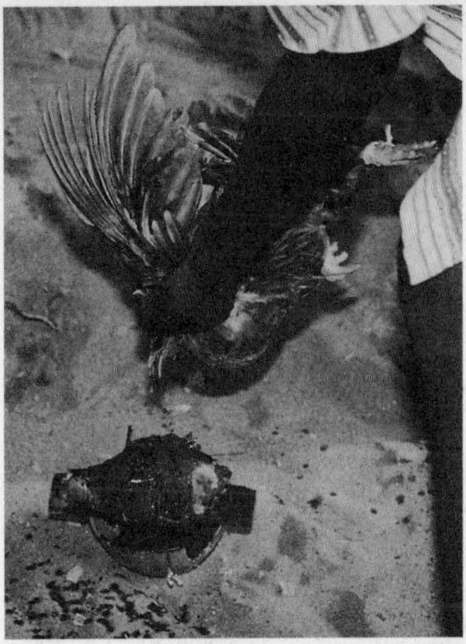

Der Zauberer tränkt den gefüllten und umwickelten Hundeschädel mit Hühnerblut.

Der verzauberte Hundeschädel wird dafür sorgen, daß der Schuldner des Auftraggebers allnächtliche Alpträume bekommt, in denen wilde Hunde eine Rolle spielen.

Stich- oder Schußwaffengebrauch zu wehren versucht, wird an genau der Verletzung, die er dem Werwolf beibringen wollte, binnen einer Woche sterben. So zumindest die Überzeugung zahlreicher Haitianer, die Pío Martinéz befragt hat.

Seltsamerweise ist zumindest in den ländlichen Gebieten Haitis meist weithin bekannt, bei welchen Frauen eines Ortes es sich um Werwölfe handelt. Diese Frauen werden mit zurückhaltender Freundlichkeit behandelt; man nimmt es ihnen sozusagen nicht übel, daß sie sich nachts in Werwölfe verwandeln. Allgemein geht man davon aus, daß dieser Fluch eine Strafe für in einem früheren Leben aufgehäufte Schuld sei – wobei nicht ganz klar ist, ob nicht auch Opfer von Werwölfen auf diese Weise eine karmische Schuld abbüßen. Jedenfalls unternehmen die Dorfbewohner normalerweise keine Anstrengungen, um sich einer als Werwolf bekannten Frau zu entledigen. Aber natürlich versucht man, seine Kinder vor werwölfischen Übergriffen zu sichern. Denn es ist bekannt, daß diese Frauen nach kindlichen Opfern gieren, wie überhaupt der Fluch ihres Daseins mit ihrer verfehlten Rolle als Mütter in enger Verbindung steht. Werwölfe selbst haben normalerweise keine Kinder, abgesehen von einer Tochter, auf die sich der Fluch vererbt.

Angeblich handelt es sich bei manchen Werwölfen auch um Frauen, die ihrerseits einen Bokor beauftragt haben, ihnen einen »heißen Punkt« zu kaufen. Als Gegenleistung müssen sie ihrer Verzauberung zu Werwölfen zustimmen und fortan nachts Jagd auf »Ziegen ohne Hörner« machen, damit der gekaufte Baka sich an den Qualen des Opfers laben kann. Dieses »Engagement«, die allmähliche Verwandlung zum Werwolf, ist den betroffenen Frauen anfangs nicht bewußt. Es beginnt damit, daß sie morgens erschöpft und zerschlagen erwachen und sich wundern, warum sie sich so unausgeschlafen fühlen. Später beginnen sie sich an Fetzen kruder Ereignisse zu erinnern, die sie lange Zeit als Traumgeschehen abtun; dabei wird ihnen immer klarer, daß es sich um eine grauenvolle nächtliche Wirklichkeit handelt. Risse in Kleidung und Haut, Blutspuren, gar der Geschmack von Blut und rohem Fleisch auf der Zunge berauben sie endlich letzter Zweifel an der furchtbaren Wahrheit: Sie sind Werwölfe und gezwungen, allnächtlich nach Menschenfleisch zu jagen.

Die wölfische Natur ergreift mehr und mehr von ihnen Besitz, verdrängt alles Menschliche aus ihrem Wesen. Bei dem bloßen Gedanken an eine »nackte Ziege«, die sie in der Nacht jagen und verschlingen werden, läuft ihnen das Wasser im Mund zusammen, und das Blut singt in ihren Schläfen. Doch sosehr es die Werwölfe gerade nach Kinderfleisch gelüstet, ist ihnen doch auferlegt, ein Kind nur mit Zustimmung seiner Mutter zu fressen. Die Werwölfe sind daher gezwungen, durch täuschende Rede und allerlei

Vorspiegelungen der Mutter das Kind abzulisten, wobei auch hier gilt: Eine einmal, und sei es aus Versehen, gegebene Zusage kann nie mehr zurückgenommen werden. Daher kursieren zahllose Werwolfgeschichten in Haiti, die allesamt nach dem gleichen Muster gestrickt sind:

Unglückliche Umstände verschulden, daß eine junge Mutter mit ihren kleinen Kindern nachts in unwirtlicher Landschaft unterwegs ist. Auf einmal, wie aus dem Nichts, steht eine Frau vor ihnen. Ein wenig unheimlich sieht sie aus, und hat man nicht wenig vorher an gleicher Stelle gelbe Wolfslichter glimmen gesehen? Jetzt aber ist nichts eigentlich Wölfisches mehr an der Fremden zu entdecken; mit heiserer Stimme, wenn auch freundlichem Tonfall bietet sie der Mutter und den kleinen Kindern an, bei ihr zu übernachten. Natürlich wird das Angebot angenommen; die Wirtin sagt nur wie beiläufig: »Ein kleines Entgelt erbitte ich mir – die beiden Beutel, die ihr mit euch führt.« Bei den Beuteln handelt es sich um leere Kartoffelsäcke; erstaunt und erleichtert stimmt die Mutter zu. Doch dann stellt sich heraus, daß mit den »Beuteln« niemand anderes als die beiden Kinder gemeint waren, und wie die Mutter auch weint und bettelt, die Fremde, längst wieder zur Werwölfin verwandelt, stürzt sich auf ihre Beute und verschlingt sie unter den Augen der Mutter, daß die Knochen knacken.

Von anderen Werwölfen heißt es, daß sie vorerst nur das Blut der Opfer saugten, den Leichnam nachher zu ihren Kumpaninnen auf den Friedhof zerrten und dort gemeinschaftlich den Toten fräßen. Vorher freilich pflegen sie ihren Schmaus durch Zauberei zu verwandeln: Werden die

Werwölfe gestört und von ihrem Freßplatz zwischen den Gräbern verjagt, findet man dort regelmäßig nur »Fischköpfe und Schweineknochen«.

Wie man den Werwolf überlistet

Da Werwölfe nach keiner anderen Labung so sehr gieren wie nach Kinderblut und Kinderfleisch, setzen auch die magischen Schutzmaßnahmen gegen Werwölfe bei den Neugeborenen an. Das einzige, was diese übernatürlichen Bestien überhaupt nicht vertragen, ist »bitteres Blut«. Also beeilen sich kluge Mambos, Hebammen und Heilerinnen, das Blut der Kinder möglichst noch vor der Geburt zu verbittern. Zu diesem Zweck flößt man der Schwangeren starken schwarzen Kaffee mit einer großzügigen Beimischung von Clairin ein. Außerdem soll sie vor der Geburt in einer Mixtur baden, die zu gewissen Teilen auch Wasser, vor allem aber Knoblauch, Zwiebeln, diverse bittere Kräuter und weitere Dosen an Kaffee und Clairin enthält.

Nicht allzu lange nach der Geburt wird auch das Kind in einer Kalebasse mit einem solchen »bitteren« Gebräu gebadet und anschließend über die Flammen von brennendem Clairin geführt. Die Kalebasse wird schließlich im Garten vergraben. Wenn dann doch noch ein Werwolf herbeischleicht, um das Kind zu verschlingen, und die Mutter durch zweideutige Fragen zu täuschen versucht, so wird die Kalebasse anstelle der Mutter antworten: »Dieses Kind bekommst du nie.«

Vergeht sich der Werwolf trotz all dieser Vorsichtsmaßnahmen an einem Kind mit »verbittertem Blut«, so ereilen ihn Krämpfe. Er muß erbrechen und wird sich mit so elender Langsamkeit zu seinem Haus schleppen, daß man zumindest den Trost hat, nun zu wissen, wo dieser Werwolf wohnt.

Zombies

Über die Zombies des Voodoo kursieren derart haarsträubende Legenden, daß es mir ratsam scheint, zunächst ein paar Punkte zurechtzurücken.

Es steht außer Zweifel, daß die Zauberer Haitis über gewisse Methoden verfügen, um Menschen in einen Zustand zu versetzen, in dem sie auch nach westlichen Maßstäben als »klinisch tot« oder als »hirntot« einzustufen wären. Anders als die abendländische Medizin können die Bokors einen solchen »toten« und bereits begrabenen Menschen jedoch »wieder zum Leben erwecken« – zu einem Leben allerdings, das er als körperlich intakter Automat ohne eigenen Willen fristet.

Es hat wenig Sinn zu beteuern, daß die begrabenen »Toten«, die von den Bokors erweckt werden, »nicht wirklich tot«, sondern nur scheintot gewesen seien. Das mag zwar zutreffen, ändert aber nichts daran, daß wir mit westlichen wissenschaftlichen Maßstäben den zugrundeliegenden Vorgang nicht oder nur zu winzigen Bruchstücken verstehen.

Mit den abenteuerlichen Geschichten, die in Hollywoodfilmen um die Zombies des Voodoo gesponnen werden, hat das alles wenig zu tun. Zombies sind natürlich nicht »unverwundbar«, können sich nicht in Geister oder Monster verwandeln, verfügen über keine übernatürlichen Kräfte und stammen nach allem, was wir wissen, auch nicht von einem anderen Stern.

Die Verwirrung um angebliche Verwandlungsfähigkeit der Zombies mag auch darin begründet sein, daß der Voodoo – wie bereits erwähnt – zweierlei Zombies kennt: Auf der einen Seite gibt es die körperlichen Zombies (»*zombie cadavre*«), wiedererweckte Tote, deren Seele (Geist, Bewußtsein) zum größten Teil abhanden gekommen ist. Auf der anderen Seite glaubt man an die sogenannten Astralzombies (»*zombie astrale*«), umherirrende Seelen oder Geister, die von einem Bokor eingefangen worden sind.

Sofern dieser Raub der Seele erst dann erfolgt, wenn der Betreffende bereits physisch tot ist (und zwar derart tot, daß selbst der Bokor ihn nicht wiedererwecken kann), gewinnt der Schwarzmagier lediglich einen Astralzombie. Raubt er die Lebensgeister des Bedauernswerten aber im Zuge der Erschaffung eines »Zombie cadavre«, so wird die Person gleichsam in zwei Teile zerspalten: eben den Astralzombie, der dem Bokor fortan als Baka dienstbar ist, und den körperlichen Zombie, der als Roboter und Sklave alles ausführen muß, was sein Herr ihm aufträgt.

Erschaffung eines Zombies

Skeptische Zeitgenossen werden vielleicht einwenden, daß nicht nur der Hollywood-Zombie, sondern auch der

»Zombie cadavre« eine abergläubische Vorspiegelung sei. Diese Ansicht würde allerdings zumindest vom alten, bis 1953 gültigen Strafgesetzbuch Haitis nicht unterstützt. »Es wird auch als Anschlag auf das Leben einer Person durch Vergiften gewertet«, liest man dort, »wenn Substanzen gegen sie verwendet werden, die nicht den Tod verursachen, aber einen lethargischen Zustand von mehr oder minder langer Dauer hervorrufen, und zwar ungeachtet der Art und Weise, in der diese Substanzen zur Anwendung kommen, und der daraus entstehenden Folgen. Wenn die Person als Folge dieses lethargischen Zustands beerdigt wird, wird der Anschlag als Mord gewertet.«

»Lethargischer Zustand« ist zwar gewiß eine euphemistische Umschreibung für die bleierne Willenlosigkeit, die einen wiedererweckten Zombie umfängt. Dennoch geht aus dem Gesetzesauszug mit wünschenswerter Deutlichkeit hervor, daß die Obrigkeit Haitis noch vor wenigen Jahrzehnten das »Zombie-Machen« als Verbrechen verfolgte.

Was aber geschieht im einzelnen mit den bedauernswerten Personen, die man aus ihrer bürgerlichen Umgebung reißt, um sie zu töten, zu verscharren und als »lebende Tote« wiederzuerwecken? Versuchen wir auf den folgenden Seiten zusammenzutragen, was über diese geheimnisvolle Prozedur bekanntgeworden ist.

Von der Erschaffung eines Zombies kann nur dann die Rede sein, wenn der Betreffende zuvor von Amts wegen für tot erklärt worden ist. Er wird im Rahmen einer ordnungsgemäßen Beerdigungsfeier bestattet, und alle seine Angehörigen und Freunde sind sicher, daß dieser Mensch für immer von ihnen gegangen ist. Jahre später aber wird der Betreffende in einem weit entfernten Landesteil gesehen: Offenkundig erfreut er sich bester körperlicher Gesundheit, auch wenn er geistig abwesend wirkt, ja geradezu den Eindruck eines Stumpfsinnigen macht. In vielen Fällen wird überdies berichtet, daß der so wundersam Genesene unter menschenunwürdigen Umständen vegetiert: als »menschliches Arbeitstier« auf einer Plantage oder sogar, in einem besonders makabren Fall, von dem Martinéz hörte, als Mitglied eines Monsterkabinetts in einem ländlichen Wanderzirkus. Was also ist mit den Betreffenden geschehen?

Oftmals handelt es sich wohl um Mitglieder einer voodooistischen Geheimgesellschaft, gegen deren Regeln und Gebote sie verstoßen haben. So wird von einem Mann berichtet, der dem Alkohol verfallen war und seine Frau und seine Kinder in betrunkenem Zustand mißhandelte. Er erhielt mehrere Aufforderungen, zu einem ehrenhaften Verhalten zurückzukehren; als die mit der dritten Ermahnung gesetzte Frist ungenutzt verstrichen war, erschien eines Abends in seinem Haus der Bokor. Dem Trunkenbold wurden die Knie weich. Vergebens flehte er um Gnade, wimmernd, daß er sich bessern, dem Schnaps entsagen werde – das Urteil war gefällt, für Reue blieb keine Zeit mehr. Der Bokor vollführte einige beschwörende Gesten und murmelte Formeln, die beängstigend klangen, auch wenn man ihren eigentlichen Sinn nicht verstand. Für kurze Zeit schienen rötliche Schatten an den Wänden aufzuflackern, und etwas wie ein heißer Luftstrom zog durch den Raum.

Zugleich zwangen die Gehilfen des Bokors den Mann, ein Gebräu zu sich zu nehmen, das sie mitgebracht hatten. Er trank es und stürzte im selben Moment wie ein gefällter Baum zu Boden. Auch seine Frau, die hinter dem Schlüsselloch gelauert und gelauscht hatte, erstarrte vor Entsetzen. Widerstandslos ließ sie es geschehen, daß der Zauberer und seine Männer sich wieder entfernten. Als endlich ein Arzt kam, konnte er nur noch den Tod des Trinkers feststellen. Tags darauf wurde der Unglückliche begraben – bei lebendigem Leib oder zumindest in einem Zustand zwischen Leben und Tod.

In der dritten Nacht nach der Bestattung müssen der Bokor und seine Männer abermals tätig geworden sein. Sie öffneten das frische Grab, stemmten den Sargdeckel auf und zogen den scheinbar Toten empor. Neuerlich murmelte der Magier Formeln, beschwor Geister und erbat den Beistand der Unterwelt. Währenddessen flößte er dem Bedauernswerten abermals eine Essenz ein, und allmählich kam der Erweckte zu sich. Allerdings wurden nur seine körperlichen Funktionen wieder in Gang gesetzt, während sein Bewußtsein verdunkelt blieb.

Die Frage lautet nun aber: Wurde der Mann durch die Beschwörung der Geister erst »getötet« und nachher »wiedererweckt«, oder gehen beide Wirkungen einzig auf die verabreichten Essenzen zurück? Nach allem, was wir heute wissen, handelt es sich bei dem Trunk, den die »Zombie-Macher« ihren Opfern einflößen, um ein außerordentlich starkes Gift – und zwar um ein Gift in toxikologischem Sinne, das jede Person in einen todesähnlichen Zustand versetzen kann, unabhängig davon, ob der Betreffende an

Magie und Zombies »glaubt«. Ein wichtiger Bestandteil dieses Giftes ist offenbar Tetrodoxin, eine der giftigsten unter den proteinfreien Substanzen. Das Nervengift Tetrodoxin allein bzw. in allen bekannten Mischungen kann jedoch keine Wirkung hervorrufen, die an Zombies beobachtet oder diesen zugeschrieben wird – weder das offenkundige (und doch nur scheinbare) Erlöschen der Lebensfunktionen noch die dauerhafte Abwesenheit von Wille und Bewußtsein bei den Wiedererweckten.

Bei verschiedenen Untersuchungen von »Zombiegiften« wurden außerdem Bestandteile wie Knochenpulver und Bestandteile von Schlangen oder Kröten festgestellt. Außer den Sekreten gewisser Giftkröten sind diese Komponenten jedoch in pharmakologischer Hinsicht wirkungslos.

Durch keine chemische Analyse läßt sich im übrigen erfassen, welche irreversiblen seelischen Verwüstungen ein Mensch erleidet, der drei Tage und Nächte in einem grauenvollen Schwebezustand zwischen Leben und Tod verbringt: außerstande, sich zu bewegen, gar zu schreien, zu sprechen, auch nur zu flüstern, und doch offenbar so weit bei Bewußtsein, daß er das gräßliche Geschehen erfaßt. Lebendig begraben! Diese Vorstellung allein ist schrecklich genug. Doch im kulturellen Kontext Haitis weiß der Betreffende, in vollständiger Lähmung seine Herren erwartend, auch bereits, daß ihm ein fürchterliches »Nachleben« als versklavter Zombie erwartet.

Wenn der Bokor dann endlich das Grab, den Sarg wieder öffnen läßt, werden die ohnehin schon erschütterte Identität und die zerrütteten Nerven des lebendig Verscharrten durch gezielte Maßnahmen noch weiter untergraben: Man zerrt ihn aus dem Grab, Fackeln blenden ihn nach den Tagen vollkommener Finsternis; als erstes erhält er erbarmungslose Prügel. Die magische Begründung für diese weitere Grausamkeit lautet, daß man den Astralzombie hindern müsse, in den Körper zurückzukehren. In psychologischer Hinsicht aber geht es wohl darum, den Willen des Verstörten vollends zu zermalmen.

Man flößt ihm einen Brei aus einer Art Stechapfel ein, eine halluzinogene Substanz, die ihm die Sinne vollends benimmt. Aus der Verwirrung und Desorientierung, in die er nun stürzt, wird der Exhumierte nie mehr erwachen: Er ist endgültig zum Zombie geworden. Willenlos läßt er sich von seinen Peinigern vom Friedhof führen; eilige Hände verschließen das Grab, damit der Raub und die Wiederbelebung des Leichnams nicht ruchbar werden; währenddessen stolpert der Zombie bereits, angetrieben von Faust- und Peitschenhieben, zu einem Wagen, der ihn noch in der Nacht in ein weit entferntes Dorf bringt. Dort wartet sein neuer Herr, der meist einen stattlichen Preis für den Sklaven bezahlt hat. Man weist dem Zombie einen Winkel im Stall an; dort darf er sich fortan für zwei, drei Stunden in der Nacht zusammenkauern; die restliche Zeit wird er erbarmungslos zu den härtesten, niedersten Arbeiten eingesetzt.

Nach voodooistischer Anschauung verfügt der Zombie deshalb über keinen eigenen Willen mehr und nur noch über ein Minimum an Bewußtheit, weil der Bokor ihm nur einen winzigen Lebensfunken eingeblasen hat. Körperlich sind Zombies zu gewaltigen Leistungen fähig, doch selbst die Entscheidung, ob sie an einer Kreuzung nach links oder rechts gehen sollen, überfordert sie bei weitem. Scheinbar ohne innere Regung führen sie prompt jeden Befehl aus, den ihr Herr ihnen erteilt. Selbst ihre Schmerzempfindlichkeit soll stark herabgesetzt sein; doch dies ist vermutlich nur ein dürftiger Rechtfertigungsversuch derer, die ihre Grausamkeit an diesen menschlichen Ruinen auslassen.

Im günstigsten Fall werden Zombies in der Landwirtschaft als Arbeitstiere eingesetzt. In vielen anderen Fällen aber dienen sie, zumal im heutigen Haiti, auch als Sklaven abseitiger Gelüste, denen man sich in gewissen diskreten Clubs hingibt. Überdies pflegt man Zombies für Raub und Diebstahl einzusetzen, ein Verfahren, das allerdings in der geistigen Starre der ferngesteuerten Delinquenten seine engen Grenzen findet. Mit Zombies bestückte Monsterkabinette schließlich, die in Wanderzirkussen über Land rollen, gehören zu den ältesten Lustbarkeiten des ländlichen Haiti. Diese Vergnügungen sind freilich von durchaus ambivalenter Art: Der Anblick eines Zombies mit seinen gläsernen Augen, der wächsernen Miene, den roboterhaften Bewegungen ist gewiß schreckerregend, und unheimlich klingt auch seine näselnde Stimme, die allzusehr an den nasalen Tonfall der Gèdès gemahnt. Doch die meisten Haitianer fürchten nicht, daß ein Zombie ihnen etwas Böses antun könnte – weitaus tiefer sitzt ihre Angst, eines Tages ihrerseits als Zombies versklavt zu werden.

Um diesem Schicksal vorzubeugen, empfehlen viele Hungans, einen Toten, von dem man fürchtet, daß ein Bokor ihn manipulieren könne, ein zweites Mal zu töten. Zu diesem Zweck hängt man die Leiche auf, spritzt ihr ein tödliches Gift oder treibt ihr gar einen Pfahl ins Herz – wahrhaft sonderbare Methoden, um die letzte Ruhe eines Menschen zu sichern.

Aber die Aussicht, als lebendiger Toter wiedererweckt zu werden, ist allzu gräßlich. In der Tat war auch ich sehr erleichtert, als mein Freund und Gewährsmann Pío Martinéz von seiner letzten Exkursion, die ihn unter anderem mit einem Bokor zusammenführte, zu mir nach München zurückgekehrt war – unversehrt an Geist und Körper und ohne daß seine Seele von einem Priester oder Zauberer extrahiert worden war.

Anhang

Glossar

Adjuntò	Haupttrommel des Rada-Rituals
Agwé	mächtiger Wasser-Loa, Patron der Schiffe und Gewässer
Asson	heilige Rassel der Voodoopriester, die diese erst nach ihrer Einsetzung führen dürfen
Assoto	Die heilige Trommel des Voodoo kann mehr als zwei Meter in der Höhe messen. Während der »Kampagnen gegen den Aberglauben« in den 1940er Jahren wurden fast alle Assotos vernichtet oder verschleppt.
Astralzombie	→ Zombie astrale
Ayida	göttliche Gemahlin von → Damballah, dem Schlangengott
Ayizan	mythische erste Priesterin des Voodoo, oberste Ahnen-Loa und Patronin der Heilkunst; Gemahlin von → Loco
Azacca	Loa der Landwirtschaft, der meist als alter Bauer, aber auch als »Agrarminister« auftritt
Bagui	Altarraum eines Humfò, in dem die heiligen Gegenstände aufbewahrt werden

Baka	übler Dämon, ein vom → Bokor gekaufter Loa oder → Zombie astrale
Banda	obszön parodistischer »Begattungstanz« der → Gèdès
Baron-Samedi	oberster Todesgott des Voodoo von der Sippe der → Gèdès
Bois-Caïman	Dem Mythos nach begann mit der Voodoozeremonie in Bois-Caïman am 14. August 1791 der Aufstand der Schwarzen Haitis, der zu ihrer Befreiung und schließlich zur Unabhängigkeit des Landes führte.
Bokor	Schwarzmagier, voodooistischer Experte für Schadenzauber, Gegenspieler des → Hungan bzw. der → Mambo
Bondieu	oberster Schöpfergott des Voodoo; transzendente Gottheit, die in das irdische Geschehen nicht eingreift und bereits die Schöpfung selbst durch die obersten Loas bewerkstelligen ließ
Bossale	wörtlich: »wild«; kann den Voodooanfänger (Hunsi bossale), aber auch den Loa bezeichnen, der an sein »Menschenpferd« gewöhnt werden muß
Bruler-zin	Feuerprobe, ritueller Abschluß der Initiation und vieler anderer Voo-

doozeremonien: Der Initiierte greift mit bloßer Hand in einen Topf voll siedenden Öls und zieht mit nackten Füßen einen Topf von der Feuerstelle, ohne Brandwunden zu erleiden.

Bula kleinste Trommel des → Rada-Ritus

Canzo Voodoo-Initiation

Casser-canari »Zerbrechen der Krüge«, Ritual zur Freisetzung des → Gros-bon-ange nach dem Tod eines (nicht initiierten) Voodoo-Anhängers

Dahome altafrikanisches Königreich, von wo aus die Sklaven nach Haiti verschleppt wurden

Damballah Schlangengott, mächtiger Loa

Dansé-loas Tanz der von den Loas Besessenen während der Voodoozeremonie

Dessounen Ritual, um den → Gros-bon-ange eines Verstorbenen aus dem Leichnam zu geleiten

Diab → Loa, Engel, Dämon, Geist

Dossa weibliche Zwillinge (→ Zwillingskult)

Dossu männliche Zwillinge (→ Zwillingskult)

Ezilie → Ezilie Ge-Rouge, → Metrès Ezilie

Ezilie-Ge-Rouge → Petro-Manifestation von → Me-

	très Ezilie, der Loa der Liebe und Schönheit
Gèdè(s)	Todesgott bzw. Todesgötter des Voodoo
Govi	geweihter Krug, in dem der → Gros-bon-ange initiierter Voodooanhänger versiegelt wird
Gris-gris-bag	Zauberbeutel, magisches »Paket«, mit dem man Glück anziehen und Schaden abwehren kann
Gros-Baka	große Trommel des → Petro-Rituals
Gros-bon-ange	»Großer guter Engel«, die individuelle und unsterbliche Seele der Voodooisten, die nach dem physischen Tod einer Person in die Unterwelt der Geister zurückkehrt (→ Ti-bon-ange)
Guinea	Urheimat und mythisches Jenseits des Voodoo
Hispaniola	Name der Insel, die Kolumbus entdeckte und auf der sich heute die Staaten Haiti und Dominikanische Republik befinden
Houngenikon	oberster Rang bei der Priesterausbildung im Voodookult. Der oder die Houngenikon führt gemeinsam mit dem → Hungan oder der → Mambo wesentliche Teile des Rituals aus.

Humfò	Tempel des Voodoo, Heiligtum
Hungan	Priester des Voodoo
Hunsi	»Gemahlin des Geistes«, Gehilfe oder Gehilfin des Voodoopriesters mit verschiedenen zeremoniellen Pflichten
Huntò	mittlere Trommel des → Rada-Rituals
Invisibles	die Unsichtbaren, die Gesamtheit der Geister
Kay-mystè	»Hütte des Geistes«, Raum (oder Gebäude) innerhalb eines Humfò, der einem bestimmten Loa geweiht ist und die zu dessen Verehrung und Manifestation benötigten Gegenstände enthält
La-place	ursprünglich »Commandant general de la place«, der Zeremonienmeister des Voodookultes
Legba	Mittlergott des Voodoo, öffnet anfangs der Zeremonie den »Kanal« zwischen den Welten
Libation	Trankopfer für die Loas, meist in Form von Clairin (Zuckerrohrschnaps)
Loa	Gott, Geist, Engel, Dämon des Voodoo
Loa mèt-tèt	»Meister des Kopfes«, der durch Initiation als Haupt-Loa eines Menschen etablierte Geist

Loco dem Mythos nach der erste Voodoopriester; oberster Ahnen-Loa und Gemahl von → Ayizan

Makandal heroischer Voodooführer des 18. Jahrhunderts, dessen Name bis heute für Schutzamulette steht

Mambo Priesterin des Voodoo (→ Hungan)

Manjé-loas Speisung der Geister, Opferzeremonie

Manjé-tambour zeremonielle Speisung der Trommelgötter

Manman größte Trommel des → Rada-Ritus

Marassa Zwillinge, im Voodoo als göttlich verehrt

Marinette-bois-chèche → Petro-loa mit kannibalistischen Gelüsten, Gemahlin von → Ti-Jean-Pied-Sec

Marrons entflohene Sklaven, Wegbereiter des Voodoo und der Revolution

Mawu-Lisa androgyne Urgottheit

Mèt Carrefour → Petro-Manifestation von Mittlergott → Legba

Metrès Ezilie → Rada-Loa der Liebe und Schönheit, des Luxus und Flirts

Migan ritueller Trunk, der hauptsächlich aus Opferblut besteht

Mystères Geister, → Loas, → Invisibles

Ogu Feuer-, Schmiede- und Krieger-Loa

Peristyl Innenhof, offen oder überdacht, im

	Voodooheiligtum, in dem die Zeremonien zu Ehren der → Loas stattfinden. Meist gibt es je ein Peristyl für die → Rada- und die → Petro-Loas.
Pè-savann	»Buschprediger«, pseudokatholischer Priestergehilfe in der Voodoozeremonie
Petro	einer der beiden Hauptriten des Voodoo: Anrufung der »bitteren«, aggressiven, auch der Magie zugeneigten Loas karibischer Herkunft (→ Rada)
Poteau-mitan	Mittelsäule des Voodooperistyls, symbolische Achse, die Verbindung zwischen Menschen- und Geisterwelt stiftet
Pot-tèt	geweihtes Gefäß, das den → Gros-bon-ange des Voodoo-Initiierten enthält
Prière Guinée	»Allerheiligenlitanei« des Voodoo
Rada	einer der beiden Hauptriten des Voodoo: Anrufung der »sanften«, beschützenden, defensiven Loas afrikanischer Herkunft (→ Petro)
Retirer d'en bas de l'eau	Zurückfordern der Seelen vom Grund des Meeres: Ritual zur Heimholung der → Gros-bon-an-

	ges Verstorbener, frühestens ein Jahr nach ihrem Ableben
Simbi	Wassergottheit des → Rada-Rituals, Schutzpatron der weißen Magie
Société	Voodoogemeinde
Ti-Baka	kleine Trommel des → Petro-Rituals
Ti-bon-ange	→ Kleiner guter Engel«, kosmischer Energiefunke im Menschen und sein (unpersönliches) Gewissen (→ Gros-bon-ange)
Ti-Jean-Pied-Sec	→ Petro-Loa mit kannibalistischen Gelüsten, Gemahl von → Marinette-bois-chèche
Totensendung	schwarzmagischer Schadenzauber: Tote steigen aus ihren Gräbern und dringen in einen Lebenden ein, der daraufhin meist an »Auszehrung« stirbt.
Vèvès	symbolische Zeichen zur Anrufung der → Loas
Vodun	In der afrikanischen Fon-Sprache »Gott, Geist«; Urform des Voodoo
Wanga	individualisierter Schadenzauber; schädigt nur die Person, für die er bestimmt ist.
Werwolf	eigentlich Werwölfin, im Voodoo weibliche Personen, die sich nachts aufgrund eines ererbten Fluchs in

menschenfressende Bestien verwandeln. Auch → Bokors können zu Werwölfen werden.

Zanj Geist, Engel, → Loa, Dämon

Zemi in den Sprachen der indigenen Ureinwohner »Geist, Fetisch, heiliger Stein«. Möglicherweise leitet sich von diesem Wort sowohl → »Zombie« als auch »Samedi« (→ Baron-Samedi) ab.

Zombie astrale Gelingt es einem → Bokor, die Seele einer Person zu rauben, so muß diese als »Astralzombie« dem Zauberer dienen, der sie beispielsweise als → Baka einsetzt.

Zombie cadavre »lebender Toter«, der als willenloser Automat die Befehle seines Herrn ausführt

Zwillingskult Abgeleitet von der Verehrung der androgynen bzw. zwiegesichtigen Urgottheit → Mawu-Lisa, werden im Voodoo sowohl Zwillings-Loas als auch alle lebenden Zwillinge als gottgleich verehrt.

Literaturhinweise

Christoph, Henning / Oberländer, Hans: Voodoo. Köln 1996

Demangles, Leslie G.: The Faces of the Gods. Vodou and Roman Catholicism in Haiti. North Carolina 1992

Deren, Maya: Der Tanz des Himmels mit der Erde. Die Götter des haitianischen Vaudou. Wien 1992

Elwert-Kretschmer, Karin: Religion und Angst. Soziologie der Voodoo-Kulte. Frankfurt/New York 1997

Haskins, Jim: Voodoo & Hoodoo. The Craft as Revealed by Traditional Practioners. Boston 1990

Hurbon, Laennec: Voodoo – Search for the Spirit. New York 1995

Kremser, Manfred (ed.): Afro-Karibische Religionen Teil 2: Voodoo. Wien 1996

Métraux, Alfred: Voodoo in Haiti. Gifkendorf 1996

Werke von Pietro Bandini

Die Rückkehr der Engel. Von Schutzengeln, himmlischen Boten und der guten Kraft, die sie uns bringen. Bern, München, Wien 1995 (Tb. München 1998)

Drachenwelt. Von den Geistern der Schöpfung und Zerstörung. Stuttgart, Wien, Bern 1996 (Tb. München 1999)

Der heilige Kalender der Maya. München 1998

Die vierzehn Wiedergeburten des Dalai Lama. Bern, München, Wien 1998 (zus. m. K.-H. Golzio)

Werke von Pío Martinéz

Das Götterorakel von Yucatán. München 1998 (zus. m. Pietro Bandini)

Der Maya-Kalender. Jahrbuch 2000. München 1999

Abbildungsverzeichnis

Ausführliches Inhaltsverzeichnis

Einführung:

2
Die Götter und Geister des Voodoo

3
Die Masken der Loas:
Katholizismus als Kulisse des Voodoo

4
Priester, Tempel, Rituale:
Vielfalt und Gemeinsamkeit einer Religion ohne Dogma

5
Die Magier des Voodoo

Anhang

Die Sensation:
Das Geheimwissen der Maya für das neue Jahrtausend entschlüsselt!

Das alte Volk der Maya besaß einen komplexen astrologischen und prophetischen Kalender, dessen geheimes Wissen lange als verloren galt. Pío Martinéz, einer der letzten Nachkommen der alten Maya-Aristokratie, wurde auf der Halbinsel von Yucatán in das Geheimnis dieses besonderen Kalendariums eingeweiht. Zusammen mit dem bekannten Mythenkundler Pietro Bandini ist es ihm gelungen, die Weissagungen des Kalenders neu zu deuten und so zu interpretieren, daß das Götterorakel des Mayakalenders für den modernen Menschen ohne größeres Vorwissen Tag für Tag anwendbar ist.

Das Basisbuch:
Pío Martinéz & Pietro Bandini
Das Götterorakel von Yucatán
(77383)

Die Deutungen für jeden Tag:
Pío Martinéz
Der Mayakalender 2000
(77416)

Knaur